阅读推广丛书

中国图书馆学会阅读推广委员会 编

顾 问 王余光 吴 晞

数字阅读

你不可不知的资讯与技巧

主　编　李东来
副主编　徐丽芳　钟新革

国家图书馆出版社

图书在版编目(CIP)数据

数字阅读：你不可不知的资讯与技巧/李东来主编．—北京：国家图书馆出版社，2010．9

ISBN 978－7－5013－4400－0

Ⅰ．①数…　Ⅱ．①李…　Ⅲ．①电子出版物—基本知识　Ⅳ．①G237．6

中国版本图书馆CIP数据核字（2010）第139415号

责任编辑：邓咏秋

书名　数字阅读：你不可不知的资讯与技巧

著者　李东来　主编

出版　国家图书馆出版社(原北京图书馆出版社)

（100034 北京市西城区文津街7号）

发行　010－66139745　66151313　66175620　66126153

66174391（传真）　66126156（门市部）

E－mail　btsfxb@ nlc. gov. cn（邮购）

Website　www. nlcpress. com→投稿中心

经销　新华书店

印刷　北京佳顺印务有限公司印刷

开本　710×980(毫米)　1/16

印张　14

字数　200千字

版次　2010年9月第1版　2012年5月第2次印刷

书号　ISBN 978－7－5013－4400－0

定价　29．80元

目　录

序：我们不得不面临的时代　1

第1章　解密数字阅读

1.1　数字阅读是什么？　2
1.2　数字阅读就在我们身边　4
1.3　纸质书会消失吗？　7
1.4　数字阅读与纸本阅读唇齿相依　10
1.5　“纯数字阅读人群”的出现　13
1.6　数字阅读＝浅阅读吗？　15
1.7　免费阅读与付费阅读　17
1.8　数字阅读的优势　20
1.9　数字阅读时代，读者为王时代　23
1.10　数字化购书体验　27

第2章　数字阅读美丽新世界——内容篇

2.1　一本大书叫谷歌图书　32
2.2　豆瓣，我的精神后花园　36
2.3　名人博客中的经典语录　40
2.4　烹饪书阅读新时代　44
2.5　中小学生适读的数字资源　47
2.6　电子杂志新天地　51
2.7　全民阅读的网络百科全书　57
2.8　“推倒愚昧与无知的藩篱”——小记“古登堡计划”　60

第3章　数字阅读美丽新世界——技术篇

3.1　Web 2.0 工具玩转数字阅读　66
3.2　视障人士可使用的电子图书　71
3.3　如何指导儿童数字阅读?　74
3.4　美国人阅读生活的新伴侣——Kindle　77
3.5　数字阅读新平台——iPad　80
3.6　不止是耳朵在跳舞,乐享潮流视频网站　84
3.7　手机阅读是一种时尚　88
3.8　真正简单的聚合——RSS　92
3.9　如何查找电子书　98
3.10　让阅读资源自己送上门——手机订阅的5种资源和方法　102
3.11　听书也是一种阅读　106

第4章　数字阅读达人访谈

4.1　盛大文学和它的数字出版蓝图　112
4.2　“数字出版在线”发起人屈辰晨的数字阅读　115
4.3　中国出版集团员工传授数字阅读秘诀　118
4.4　来看看身边人的数字阅读世界　121
4.5　出版博士和他的数字阅读感言　125
4.6　大学教授也是数字阅读铁杆粉丝　128
4.7　图书馆研究馆员带你开采数字阅读资源宝藏　131
4.8　吧主和版主的故事　136
4.9　一位爸爸的数字阅读指导经验　139

第5章　数字阅读技能 ABC

5.1　你所不知道的 Google 使用技巧　146
5.2　常用数据库使用技巧(维普、方正、龙源等)　149
5.3　维基百科使用十大技巧　153
5.4　如何选购适合自己的数字阅读设备?　156

5.5 手机阅读时,如何保护你手机的寿命? 159
5.6 你会利用博客的TrackBack功能吗? 160

第6章 图书馆与数字阅读

6.1 图书馆在数字阅读中的定位 164
6.2 图书馆常见数字资源及其提供商 167
6.3 如何利用国家图书馆的数字资源? 171
6.4 如何从各类图书馆查找并获取电子资源? 177
6.5 怎样获取图书馆的数字阅读服务? 181
6.6 身边的数字图书馆 184
6.7 在线借阅新体验 187
6.8 图书馆怎样提高了我的信息素养? 190

附录1 百科全书网站汇集 193
附录2 外文在线书库汇集 194
附录3 女性资讯网站汇集 197
附录4 烹饪网站汇集 199
附录5 常用中文学术全文数据库 201
附录6 主题索引 206

序

我们不得不面临的时代

王余光

阅读转型，这是我们不得不面临的事实。近一千年来，我们面临过几次重要的阅读转型。

第一次阅读转型，应该是在十一世纪印刷术开始普及的时候。

此前，抄书是一种职业，如班超就是抄书人。汉代置有专门的“写书之官”，后来历代都有抄书的活动。不少私人藏书、官府藏书、寺庙藏书、书院藏书，都有专人进行抄书。即便在印刷术发明后，我们还能看到一些知名抄本传世，如《永乐大典》、《四库全书》。明代官府藏书中，有书近百万卷，刻本只占三分之一，抄本则占了三分之二①，可见抄本并没有因印刷术的发明而消亡。不仅中国如此，在西方，不少图书馆、修道院、学校都有专职的抄书人，八世纪的法国就要求抄写员应注意勿令本身的浮薄习气散布在所抄的字里行间，也不得轻率抄写，以免在匆忙之中产生错误。当时，抄写书籍被认为胜于栽植葡萄，因为后者仅能满足口腹，而前者则是为灵魂效劳，十分神圣。直到十六世纪后，抄写员才在西方逐渐失业。② 作为一种职业，抄书人消失了。作为一项活动，抄书之事并非遥远，我本人就有过抄书的经历。

在古代，抄书不仅是为了复制图书，它还是一种读书的重要方法。北宋时期，正是雕版印刷术的普及时期，苏轼(1037—1101)适逢其时，理应欢欣，但他对雕版印刷物对阅读的冲击却迷惑不解。他在《李氏山房藏书记》一文中说：

> 自秦汉以来，作者益众，纸与字画日趋于简便，而书益多，世莫不有。

---

① 参见《明史·艺文志总序》。

② 参见 Georgges Jean《文字与书写》第四章“从抄写员到印刷工”，上海书店出版社，2001 年汉译本。

然学者益以苟简，何哉？余犹及见老儒先生，自言其少时欲求《史记》、《汉书》而不可得，幸而得之，皆手自书，日夜诵读，惟恐不及。近岁，市人转相摹刻诸子百家之书，日传万纸。学者之于书，多且易致如此，其文词学术，当倍蓰于昔人。而后生科举之士，皆束书不观，游谈无根，此又何也？①

苏轼的前辈学人以抄读为主，到苏轼的时候，印刷术普及，图书多而易得，后学却不读书了，让这位大文豪慨叹不已。

第二次阅读转型，应该是在十九世纪末到二十世纪初。这次阅读的转型，不仅是因为印刷术的变革，而且还在于西学的引进与新式教育的普及。

随着机械印刷术的普遍应用，图书出版更加快捷，报纸杂志等一些大众读物也不断增多，这对传统阅读带来了很大冲击。而随着西学引进与新式教育的开展，阅读的内容也变得比以往更为丰富多样。从阅读的形式上看，过去强调高声朗诵、熟读成诵，而今大多数人只是默读、泛泛浏览。

第三次阅读转型，应该是二十世纪末到二十一世纪初，即我们今天所处的时代。这次阅读的转型，主要是荧屏的冲击。从电视荧屏到电脑荧屏，再到手机荧屏。

这次转型的影响差不多涉及每一位读书人。自上世纪九十年代以来，我在教学中，与学生们就读书或阅读的转型问题展开过多次讨论。1995 年，我与研究生们曾就古籍翻译与阅读、双休日读书、荧屏时代的读书等问题，以笔谈的形式在《光明日报》上发表文章，以期引起人们对阅读的关注。② 当时网络还不普及，我们所说的荧屏主要指电视、卡拉 OK 等。其实，读书是否重要，阅读是否有情趣等话题，自古以来就有分歧。我们在《荧屏时代谈读书》的笔谈中，当时一位研究生就说，我们何苦为读书唱挽歌？她说：

中国自古就有“不为功名不读书”的说法。今天，仍然有不少人在为学业或需要而苦读。至于说到读书的情趣，也是那些有了生活保障并有较高文化素养的少数人的事，与普通百姓似乎无缘。一些人拿起书本不是打瞌睡，就是为读不懂或文字晦涩而苦恼，何乐之有？而影视则不同，它形象直观、声情并茂，使人在紧张的工作之余得到休息和放松，生动的内容和丰富

① 苏轼《苏东坡全集》卷三十二。

② 参见相关文章：《神交往哲、通古今之变——漫谈古籍今译》（《光明日报》1995 年 8 月 3 日）；《荧屏时代谈读书》（《光明日报》1995 年 11 月 23 日）；《双休日谈读书》（《光明日报》1995 年 12 月 7 日）。

的色彩，真正给人以乐趣和美的感受。更不用说它知识新、传递信息快、让人们开阔眼界了。既然时代已为我们提供较读书更令人陶醉、令人着迷的新事物，我们又何苦为那渐被冷落的读书唱挽歌呢？时代的变迁，科学的发达，影视传媒必将以其极大的优越性和不可抗拒的诱惑力征服整个人类。到那个时候，人们大概再也不会谈论"电视杀手"的问题了。

这是一种真实的感受，直到今天，很多人仍然有类似的感受。而谈论读书，是不是读书人自说自话罢了？

阅读的热情与是否具备读书的习惯，与一个民族的特性相关。网络的普及，正在逐渐改变着人们固有的阅读习惯。从读书的热情到读书人口率的下降，从读纸本到读网络，以及读什么、大众阅读等一系列问题，一直是不少人关心的问题。近十年来，我曾就经典阅读与选择、推荐书目、信息时代与阅读、阅读文化、社会阅读等问题发表文章，表达对经典阅读或读书的重视。① 2005 年初，我与汪琴撰写《世纪之交读者阅读习惯的变化》，认为浅阅读、读图与读网是当前阅读的主要特征。② 其实，是读书还是读网，这或许并不重要，重要的是，读什么内容。阅读习惯的改变，是不可阻挡的历史潮流。当年苏东坡虽然大为感慨，但印刷术的发展并没有因此而停止脚步。

虽然如此，在阅读文本的选择上，我本人仍然是个保守主义者。一年前，我曾在一篇文章中写到：

> 很多人都知道，在今天，电子图书、网络阅读这些概念广为流传，不少人甚至认为电子图书与网络阅读可以替代图书馆与纸本阅读。以我自己的体会，图书馆与纸本阅读是不可替代的。一个正常的人，可以爱一个不太漂亮的姑娘，但不会爱一张美人照。电子文本就像一张赤裸的美人照，它让阅读陷入可悲的尴尬境地。而纸本阅读，就像你面对一位真实的衣着整齐的姑娘，她不仅有内容，更有可抚摸的物理属性。我们真的进入 e 时代了吗？我们还有书籍之恋、图书馆之恋？③

在网络普及的今天，我有着苏东坡同样的感受。但是，阅读转型，我们是不

---

① 参见《推荐书目中的文化背景》(《光明日报》1999 年 2 月 12 日)；《论阅读传统经典》(《北京大学学报》2001 年第 1 期)；《中国经典的选择与阅读》(日本《图书馆与情报学杂志》2004 年第 18 卷)；《让阅读成为我们生活的一部分》(《中国图书馆学报》2006 年第 5 期)等文章。

② 参见王余光、汪琴：《世纪之交读者阅读习惯的变化》，《中国图书商报》2005 年 1 月 21 日。

③ 王余光、李雅：《图书馆与社会阅读研究述略》，《山东图书馆季刊》2008 年第 2 期。

得不面对的了！

在阅读转型的过程中图书馆到底该发挥什么样的作用呢？面向全社会持之以恒地开展阅读推广工作是我们的责任。2006 年 4 月，中国图书馆学会科普与阅读指导委员会在东莞图书馆成立。2008 年，该委员会推出《中国阅读报告》第一辑，包括《耕读传家》、《书香社会》和《爱书人的世界》三种。报告出版后，受到了业界的好评。2009 年，中国图书馆学会决定将科普与阅读指导委员会更名为阅读推广委员会，并于当年 9 月在苏州图书馆成立。委员会成立之时，即决定整合行业力量和社会力量，继续《中国阅读报告》的工作，开始编撰与出版《阅读推广丛书》，以弘扬中国优良的阅读传统，关注今日的社会阅读。

《阅读推广丛书》由中国图书馆学会阅读推广委员会，联合国内数家知名图书馆共同主持编写，计划包括以下四种图书：

1.《亲子阅读》，邱冠华主编。这是一本送给 0—12 岁孩子家长的亲子阅读指南和百科全书。

2.《绘本阅读》，王惠君主编。是一本儿童绘本的阅读指导书。

3.《分享阅读》，吕梅主编。一本分享阅读的指南。

4.《数字阅读》，李东来主编。面向广大读者，介绍数字阅读的最新资讯与技巧。

我期待着这套书的面世，以分享作者们推广阅读的智慧与读书的快乐。

2010 年 7 月

本文作者是中国图书馆学会副理事长，北京大学信息管理系主任、教授。

第 1 章

解密数字阅读

生活中当朋友们谈起数字阅读时，浮现在你脑海的也许是一位年轻人悠闲地躺在沙发上看着 Kindle 阅读器里最新下载的畅销书，也许是学生族在公交车上拿着手机看小说；也许你会想到一些名词，诸如电子书、网络小说、起点中文网和潇湘书院等等；也许你有很多关于数字阅读的问题，比如“纸质书会消失吗?”“数字阅读就是浅阅读吗?”你所联想起的这些场景、名词和疑问或许能够说明你对数字阅读有一定的关注和了解，但这还远远不够。

面对 21 世纪最具历史意义的阅读革命，你所要做的是对数字阅读有一个清醒而全面的认知，从而帮助自己在未来的数字化时代更好地把握阅读的方向和重心。我们和你一样对数字阅读的未来抱有浓厚的兴趣，并愿意身处其中，探究它的奥秘与神奇。

我们将从纸质阅读与数字阅读的关系出发，探寻我们身边熟悉而又陌生的数字阅读，对这一种新的阅读方式的特征、优势、要求等方面采取近距离扫描，解答常见的问题和疑惑，最终打造一份数字阅读入门指南奉献给你。

跟我们来吧，共同进入数字阅读的解密之旅!

1.1 数字阅读是什么?

魏 蔚

有时候,我也会把自己脑袋中那种刻意做作的情绪调出来,想象自己放弃所有的电子设备,困在一个全是图书的世界,甚至会像小说《纸房子》中的布劳尔一样发疯似地为自己的图书分类不吃不喝不眠不休数天,只为做出一套自己的书目卡片。发疯到深处时,用自己所有的藏书做砖头,在海边砌一座"纸房子",让自己完全生活在书的世界。但不得不承认的是,即使有患上书痴症的嫌疑,我的生活仍然已经离不开数字阅读。

当我询问大家是否有数字阅读的习惯时,大部分人都摇头说"不"。但他们或许没有发现,自己的生活已经充满了电子化的阅读。Word 文档、手机电子书、PDF 文件、电子杂志、网页新闻、博客……我们从来不主动接近它,然而它就已经满满占据了我们生活的各个角落:浏览各大门户网站的新闻、接收信息提供商每天发送的手机报纸、下载最新一期的时尚电子杂志,或者去关心各类名人在自己的博客里又贴出了怎样的生活信息。总之,你或许觉得这只是生活中很简单的一些小动作,但其实这正是你我都深处于数字阅读世界最简单而有力的证明。

数字阅读是什么?这种定义性质的问题似乎并不好回答,因此我倾向于用另外四个字来表达我对它的理解:电子阅读。如果说电子阅读这四个字仍然显得太过精炼,那么,"通过一种电子化的工具,从电子屏幕上阅读文本内容",这大约就是数字阅读的实质。这也是为何说人们已经埋入数字阅读海洋的原因所在。你可以问自己,现在的生活,有哪一刻没有电子屏幕的陪伴?

虽然生活已经离不开数字阅读,但我仍然认为,我对于传统纸质阅读的痴迷并没有减少。然而选择综合症的性格作祟,让我永远在两者间不断徘徊,在尝试分析两者的优劣想要做出一定选择时,那种痛苦的感觉永远都只会上升、增加,乃至把我淹没。

谈及数字阅读,第一个进入我脑海的,是它为我、为我们的阅读生活带来的那种不言而喻的革命性、便捷性的变化。我现在已经很难想象,让我翻开《辞海》,查找和"阅读"这个词语相关的任何注释、词条。这件事情当会花费我不止半天时间,而在电子图书中,只需用半分钟时间就可以检索出来,供人阅读查看。这难以想象的时间差，想必让很多人和我一样，感受到了数字阅读的便捷，或曰，魅力，进而被吸引，并不时为遇到这个 10 年前还难以想象的事物而暗自高兴。

除了为我们带来时间上的巨大差额，金钱上的差额也让许多人心动不已。在这里，我要承认我并没有大量购买电子图书来阅读，但是我仍愿意比较一下：花去 25 元购买一本实体小说，和在网站上支付 2 元下载同样的小说到自己电脑上进行阅读，这样的差额并不算小。况且，还可以足不出户便得到自己想要的图书。对于收入较高，有一定支付能力的人来说，或许定期购买实体书是一件稀疏平常的事，但是对更多人来说每个月 100 到 200 元购买新书的开销并不是个小数目。尤其对于学生群体以及一些收入并不高的工作人群来说，购书行为将带来一次又一次激烈的心理斗争。而数字阅读，让想要读书的愿望变得更加简单、实惠。

况且在我看来，实体书依然在某种程度上依赖数字阅读。最近看到一个消息，一本名为《失恋 33 天》的小说出版了。这本小说最开始便是在著名的 SNS（Social Networking Services，社会性网络服务）社区豆瓣网上直播发布的。直播的时候便人气颇高，许多人追着看完了这部小说，最后终于出版成书。这和晋江、起点等文学网站上许多作品的命运类似，先在数字媒体上发布，继而成为纸质图书。在数字媒体上进行广泛有效的传播，让足够多的人免费、低价阅读到这些图书，再在作品人气足够高以后，出版纸本图书，以便可以同更多的人分享，这样的模式想必是很多人乐于见到的。

我想这基本的三点，足够让更多的人来关注数字阅读，来推动数字阅读，因为这个概念在中国仍然稍显稚嫩，不够完善。

最近，我在自己的电脑上安装了一款免费软件，Adobe 出品的数字图书馆 Digital Editions，它可以导入电脑中所有的电子图书、电子文件，进行分类管理，并任意调出一部图书进行阅读。Adobe 擅长的舒适界面再一次赢得了我的好感，加上便捷的操作，我预言此软件将会加入我电脑中常驻软件的行列中。

在这篇文章中，我将要第三次强调我对传统图书的无限热爱，那种打开图书时候的墨香、阅读完毕后整本书留下的那种属于个人的痕迹和气息，这应当是短期内数字阅读很难达到的。然而，我也要第无数次表达我对数字阅读的好感，那种时间、空间、金钱上的巨大解放，对于大多数喜爱阅读的人来说，是一个伟大的发明。如果我要旅行，我会带上 5 本我最爱的图书，你或许认为我的背包将会鼓起来，并且很大，像是一个塞入怪物的布包，然而我仅仅将 5 本书放入了一个手机大小的阅读器里面，便轻松上路。因为，我们开始已经进入阅读 2.0 时代。我们大可在传统和数字阅读中任意驰骋，享受阅读的无限乐趣。

1.2 数字阅读就在我们身边

麦志杰

仿佛是一夜之间，网络时代便急匆匆到来了。网络，改变了人们的生活，也改变了人们的阅读方式。随着互联网的迅猛发展，原本初现峥嵘的数字阅读借助网络之风，逐渐显示出一马当先、独领风骚的发展前景。

我的一位朋友一直在 IT 行业工作，平常上班就一直挂在网上。最近在 MSN 上闲聊时，他告诉我现在晚上回家后也要在网上泡几个小时，我好奇地问他是玩游戏呢、SNS 交友呢、还是在写博客。他竟然说看书！原来他迷上了小说网站，每天上去花几个小时在电脑屏幕上看书。

不仅如此，公交车上低头看看手机里的电子书和短信，旅途中随意瞟瞟 IPOD 上的同步歌词，上班时对着一堆文案 PPT……朋友，可能你还没意识到，在我们想当然地以为面对着纸质书籍才叫阅读的时候，一个叫数字阅读的概念已经在你生活中无孔不入了，这种阅读，是依靠数字手段生产、传播和提供的。

虽然数字阅读短期内还不能完全替代纸质书阅读，但纸质书已经无法承载今天的海量信息。从信息承载量和传播速度说，网络在今天无疑是纸张最好的替代物。不管你喜欢不喜欢、习惯不习惯，数字阅读正在改变人们的阅读方式、学习方式和教育方式。

❶ 数字阅读改变了我们的阅读习惯

首先就阅读活动来说，随着互联网的不断普及，人们的阅读习惯也在不断发生变化。在线阅读方式正被越来越多的人所接受。早在 2008 年，中国出版科学研究所公布的《第五次全国国民阅读调查报告》就指出，互联网阅读率已经达到 36.5%，仅次于报纸（74.5%）和杂志（50%），排第三位，首次超过纸质图书阅读率（34.7%），并持续快速增长。而 2009 年该所公布的《第六次全国国民阅读调查报告》也对数字媒介阅读进行了专门调查。数据显示，我国包括在线阅读、手机阅读、手持式阅读器阅读等数字媒介阅读开始普及，成年人各类数字媒介阅读率为 24.5%。在各类数字阅读中，“网络在线阅读”排第一（15.7%），其次是通过“手机阅读”（12.7%）。这份相当权威的调查报告揭示了一个有趣的现象，全国约有 2.8% 的成年人只阅读各类数字媒介而不读纸质书，成为纯数字阅读人群。

统计资料显示,近年来,美国部分主要大学图书馆购置电子数字资源的经费比重已上升至总经费的1/4。一些大学甚至散尽纸质图书,目的是为了给数字图书馆的建设让位。国内一些“985”高校图书馆采购数字资源的经费比重甚至已超过总经费的1/3。越来越多的研究信息直接来源于数字化资源,参考阅读传统文献型信息的比重正在下降。伴随图书馆数字资源的增加,直接阅读数字文献进行学习和研究的模式越来越普遍。

❷ 我们的学习习惯也在发生巨大改变

诵读(背诵)是中国古代重要的阅读方式。但是,在今天这种信息大爆炸的时代,仅靠背诵去学习知识显然行不通了。在数字阅读时代,人们将从出口成章变为触网成章,从读书破万卷变为读网破万卷。数字和网络技术不断发展,必将推动阅读的革命性变革,最大限度地减少背诵学习,让网络成为人们的外脑和知识宝库,最大限度地减轻人们的各种负担,让人们更自由地享受阅读。

在数字阅读时代,网络成了阅读对象的新载体。但人们不应当仅仅把纸上的东西简单地搬到网上,而应当把纸上的东西创新性地再现网络。在网络学习中,应通过综合利用网络技术改革教师们的教材、教学、教法,实现缩短学习时间、加快学习理解进程的目标,让网上阅读成为一件快事,让网上学习成为一种享受。

❸ 数字阅读与教育革命

对教育来说,网络取代纸张不是简单的阅读载体的变化,而是意义深远的技术革命。网络技术的发明和发展将从技术上全面冲击传统的教育理念、教育手段、教学设施和教学方法。在依托网络技术的基础上,数字阅读将打造出一批全新的教育管理者、全新的教师和全新的学生。

在数字阅读时代,网络能创造“一对一”的教学环境,让因材施教成为可能。教师不再苦于班上同学的程度不一,可以为每名同学实现即时辅导、即时在线交流。这正是目前国内外教育专家们深入探讨的“一对一”学习模式。

在数字阅读时代,学生还需要背那么沉的书包吗?如今,跟传统袖珍口袋书非常接近的阅读器已经现世,可以存下一座“小型图书馆”:里面既可以存储四书五经、中华古典名著,也可以存储网络上走红的各种小说。甚至通过网络下载,这座可随身携带的“小型图书馆”还能不断扩容,进行内容更新。它的显示效果跟纸质书日益接近,而且携带非常方便,可以放在口袋里。2009 年秋季亚马逊公司开展了一项引起业界关注的行动,将其新产品数字阅读器 Kindle DX 正式推向了学校,佩斯大学、凯斯西储大学、普林斯顿大学、励德学院、弗吉尼亚大学达顿学院以及亚利桑那大学等 6 所高等院校与其签订协议,用 Kindle 取代了纸质教材。

成长于网络时代的新一代由于对数字产品耳濡目染,潜意识里已经把数字阅读当成了学习、生活的主要手段。数字阅读已经在不知不觉间来到了我们身边。

1.3 纸质书会消失吗?

麦志杰

早在20世纪70年代,美国著名图书馆学家F. W. 兰开斯特就提出了广为人知的大胆预言:人类社会将在21世纪进入无纸化信息时代。随后发生的事情同样广为人知,21世纪的前10年中,非但社会生活中的用纸量没有减少,亚马逊雨林的树木倒是被越来越多地投入制浆机中。当有人问及此事时,兰开斯特说道:“我的预言是正确的,是社会发展错了!”

难道真是社会发展错了?那么究竟错在哪里呢?是方向错了,还是步调错了?

❶ 无纸化社会的景象

从当前进展来看,“无纸化社会”涉及的领域可以归结为三方面:办公无纸化、商业交易无纸化以及书报刊等媒体的无纸化。

办公无纸化早已被提及,《商业周刊》在1975年就预言“无纸办公室”时代即将来临,但是自那以后复印机、打印机、传真机的血盆大口丝毫没有收敛的迹象,反倒日益吞噬着越来越多的纸张资源。办公用纸消耗的增长长期超过其他各类纸张消耗总量的增长。造成这种现象的原因,一方面是当前社会活动频繁,政治、经济联系的紧密度处在历史最高水平;另一方面,“无纸办公室”往往与办公自动化挂钩,然而人们对这种信息技术安全性能的不放心催生了传真机、复印机的盛行。

相比办公无纸化,商业交易无纸化的表现则更为让人满意。电子商务近年来风头尤甚,自2006年突破万亿大关以来,电子商务交易额每年以高于70%的速度持续增长。淘宝网、亚马逊、当当网等一系列网上购物公司品牌早已在人们脑海中根深蒂固,Q币、支付宝、点卡等虚拟货币也在人们日常生活中扮演越来越重要的角色。

如果说办公无纸化、电子商务进程已是大势所趋,书报刊媒体传播的无纸化进程则显得扑朔迷离。尤其书籍这一伴随了人们上千年的事物的数字化让我们陷入了爱恨交织的境地。我们的祖先在使用甲骨和简牍时无法想象一叶扁舟、一盏淡酒、一卷书香的快意,手捧纸书的我们又如何能知道未来电子书籍带来的究竟是惊喜还是遗憾？台湾出版人郝明义接受采访时曾将我们所处的时代描述为数字阅读的“新石器时代”，并指出我们一方面正在远离“阅读”，另一方面又前所未有地热爱“阅读”。这就是我们当前面临的纸质书逐渐式微、数字阅读日益崛起的复杂境地。

❷ 无纸化的优点

从当前发展中，我们可以看到无纸化有诸多优点。

• 存储量巨大的信息载体符合信息社会信息爆炸的趋势。

磁盘、光盘等存储设备的出现曾经让信息存储方式产生了巨大变化，人们为能把《不列颠百科全书》放进一张光盘而欣喜不已。进入互联网时代后，信息技术和通信技术的结合为信息存储开创了全新模式。网络提供了无限丰富的信息资源，网上阅读资源的无限丰富性是人们对网络的最深刻体验。相较于纸质书体积较大和相对孤立的局限，计算机网络的存储空间所能承载的文章数量是纸张无法比拟的。网络的联通又使不同的计算机（或其他数字存储设备）之间能够互通信息，实现信息资源的共享，使整个网络成为巨大的资源库。

• 数字信息资源的组织和检索方式更利于人们利用。

自文字产生以来，无论信息载体如何变化，信息的表现形式不外乎图像和文字两种，而简牍和纸张对于承载此类信息也是绰绰有余。但进入互联网时代以后，我们发现自己处于一个信息如此丰富的时代，不仅数量上如此，信息类型同样让人着迷。大量的文字、图像、声音、动画充斥周围。此时纸质文献已经不能容纳如此复杂多样的信息，而基于多媒体存储、传输技术的数字设备开始大放异彩。我们可以随意地进行跳跃式阅读，更甚者，我们可以利用网络进行全方位检索，通过搜索引擎尽可能多地检索相关阅读材料，从而真正达到杂学旁收、博览群书的境界。

• 数字出版物拥有双向互动和开放式信息交流的优势。

千百年来，俞伯牙和钟子期的故事让我们每每发出感叹：“天涯何处觅知音”？交通状况的限制、通信手段的缺乏使得人们对于某一事物有再多想法也只能暂时写几笔评注，而不能当即找来共鸣者把酒言欢、彻夜畅谈。如今，WEB2.0 已经逐渐进入我们的生活，博客、TWITTER、电子邮件、MSN 等即时通信方式使我们能在短时间内将想法诉诸文字并向社会传播，并通过不同方式获得他人回应。倘若俞伯牙活在当世，说不定已找到众多知音，而不必为了唯一知音的仙去而心灰意冷痛砸爱琴了。

拥有上述种种优势，笔者也认为，某一天数字阅读将占据人们阅读生活的绝大部分，纸质书籍也许将慢慢退出历史舞台，只是这种现象的到来可能并不如人们想象得那么快。相较于竹简木牍取代甲骨铭文的数千年，纸张活字取代简牍的数百年，从电子信息技术产生到数字阅读技术蓬勃发展的今天不过短短数十年，能达到如此地步已经很是不易。在 2009 年 10 月的法兰克福书展上，德国出版业杂志《书业报道》对 840 位来自世界各地的出版人进行了一项调查，其中 80% 的受访者认为数字化带来的是机遇而不是危机，50% 以上的人认为到 2018 年数字化出版将超越传统图书。果真如此，2018 年会是一个转折点吗？如果书籍都数字化了，那一年的法兰克福书展是不是应该在网上召开呢？或许，这又将是一个有待时间验证的“兰开斯特预言”呢。

1.4 数字阅读与纸本阅读唇齿相依

梁增剑

阅读是什么？阅读，对于文艺作品的读者而言，是莎士比亚笔下的罗密欧与朱丽叶；对于考古学家来说，是龟甲上的文字；对于人类学家来说，是人们口中吟唱的歌曲；对于数学家来说，是一连串跳动的数字符号……

对于互联网时代的人们来说，阅读可能是打开一个网页读一段文字，可能是看一段视频，也可能是听一首歌。还记得写信是什么吗？当初我们洋洋洒洒地写了满满几页信纸，再恭恭敬敬地贴上心爱的邮票，随着邮差把我们的思念带往远方的感觉一去不返了。随着数字化浪潮扑面而来，传统的信纸、笔墨、邮票被邮件或者手机短信取而代之，人们拥有了许多数字阅读平台，报纸、杂志、书籍、信件、音乐、档案等都有了数字化面孔，Kindle 电子书阅读器、Zcom 杂志阅读器等各种形式的数字阅读工具层出不穷。

据统计，截至 2009 年，我国个人电子阅读终端超过 1.8 亿台，手机网民已达 5000 万，电子图书有 43 万多种。这些巨大的数字表明，传统阅读不再是稳坐第一把交椅的阅读方式，互联网时代的人们对于数字阅读不再陌生。数字阅读将是今后阅读的一大潮流，数字化浪潮正在影响人们的阅读行为。

数字阅读是一种休闲、轻松且不失理性的时尚阅读。在数字阅读日益风行的时代，阅读率不断攀升。这种逐渐成为主流的阅读方式动摇了传统阅读的主流地位。那么，传统阅读是否还能存在下去？传统阅读在数字阅读的冲击下是否会被取而代之并逐渐走向消亡？传统阅读与数字阅读是否是你死我活、水火不容的关系？笔者认为，答案是否定的。

尽管网络技术和信息技术的发展为数字阅读提供了越来越雄厚的技术支持与保障，各种形式的信息都可以通过网络进行存储、传递和利用，数字化文献及其阅读将在未来的信息传播利用中起着越来越重要的作用，但是传统印刷型文献及其阅读由于经过了几千年的历史演进及洗礼，将会与数字阅读一起长期生存下去，继续成为人们的阅读选择，原因如下。

首先，数字阅读与传统阅读各有千秋，因此两者将在人们的阅读生活中平分秋色。

数字阅读的长处是跨越时空、体积小、容量大、媒体形式丰富、表现立体、传递快速、检索迅捷。阅读的数字化给人们带来了诸多方便，减少了阅读成本。购买一本畅销书至少也得花费 20 元以上，甚至还要不辞劳苦冒着严寒酷暑跑到书店购买。传统的寄信方式，需要购买信封、信纸、邮票、笔，还要花费一个星期左右的时间才能将信寄给对方。而数字化的电子书籍、电子报纸、电子邮件等，只要用户在家轻轻点一下鼠标或者电子阅读器，就会跳出使人眼花缭乱的海量信息。读者除了读取信息，还更多地体会到一种便利、快捷和高效。面对各种数字化的工具，阅读实在是一件轻松美妙的事情。

当然，数字阅读并不是万能的，它也有先天的不足。如使用时需要专用设备，内容的权威性与可信度较低；通俗化、快餐化等问题使得阅读只是浮光掠影，没有永久的回味和深入的思考。

传统阅读的优势正弥补了数字阅读的不足，纸本图书易于携带、可随时随地展卷阅读而不必担心设备故障或停电、权威性与可信度较强。相对于数字阅读冷冰冰的硬件，更多人尤其是老年读者喜欢一卷在手、肌肤相亲、身心交融的韵味。所以都市报这一纸质报纸的重要成员并不会因为电子报的产生而销量锐减，因为都市报已经成为人们生活中的一份“守候”；杂志也不会因为电子报的风行而缩小市场，因为杂志已经成为人们定期的“约会”；书籍，更不会因为网络盛行而失去读者，因为书籍已经成为人们生活里一种长久“留恋”。生活需要的不仅是速度和便利，还需要质感。

但传统阅读文献体积大、占空间，尤其是不能多元表现、检索慢等缺陷又正是数字文献的优势。这就注定了两者既是敌人，又是朋友，在竞争中相互促进，互为补充，共同发展。

其次，从读者的角度来看，则是萝卜青菜，各有所爱，多元的文化需求将使两者各占半壁江山。不同的阅读形式有不同的阅读体验，不同的阅读体验对应不同的阅读需求。这正如中华民族几千年的饮食文化，虽然山珍海味数不胜数，可是四川的“麻”、广东的“甜”、湖南的“辣”都没有被“山珍海味”所取代。东北人对酸菜仍然情有独钟，所以“翠花牌酸菜”依然有它的消费群体与市场。传统阅读可能正是未来生活中的一棵“老酸菜”，它虽然不合时宜，却独有韵味，深受人们喜爱。[①] 有人说萝卜好，就有人说青菜香。为数不少的读者反映：“看数字阅读器和电脑屏幕，要比捧一本书累得慌，再加上屏幕辐射和眼睛干涩，总不如读纸质书轻松自在。”也有一部分读者认为：“同样是阅读，网上阅读可以无

① 柳晓莹. 传统阅读与网络阅读谁主沉浮. 数字图书馆论坛，2006 年第 7 期。

限链接和查阅资料，这种阅读素养的培养，对未来成才非常重要。”作家刘震云则表示：“传统文学和数字文学，本质上都是文学。我愿意在长江文艺社出书，也愿意在盛大文学直接发表。”

数字阅读和传统阅读的功能、方法各有所长，二者应相辅相成，互为补充。我们可以根据各自的文化需求进行有选择的阅读。在进行文献检索或信息浏览时，根据计算机检索快捷的特点，可采用数字阅读方式来节省时间和提高效率；在做研究或深层次阅读时，就要采用传统阅读方式慢慢地进行经典式的深入阅读。这样才能发挥两种阅读方式各自的优势，达到我们阅读和求知的目的。数字阅读与传统阅读如萝卜和青菜，游走于不同阅读文化需求之间。

薄薄的纸张承载着中华文明和世界文明，无论科技如何变化，传统阅读这一传承文明的方式仍然有着至高的地位，诚如一位学者所言：“宇宙飞船可以遨游太空，但不能取代步行。”无论是传统阅读还是数字阅读都有其无法替代的一面，也有其不足之处。数字阅读的兴起势必在一定程度上预示着传统阅读的衰落，但并不意味着数字阅读可以完全替代传统阅读，两者完全可以相辅相成。

最后，用作家余华的话来总结数字阅读和传统阅读的未来：“对我来说重要的不是图书是否会消失，而是阅读是否会消失。只要阅读仍然存在，那么用什么方式去读并不重要。网络阅读已经成为一种无法逆转的趋势，我们希望看到一个网络阅读与传统阅读共繁荣的局面。”

1.5 “纯数字阅读人群”的出现

杨　累

媒介是社会发展的基本动力。每一种新媒介的产生都开创了人类感知和认识世界的新方式。传播的变革改变了人类的感觉,也改变了人与人之间的关系,并创造出新的社会行为类型。随着互联网的不断普及以及数字技术的不断发展,人们的读书行为和阅读习惯也不断地受到冲击和影响,并随之发生巨大变化。数字阅读依靠网络、移动终端设备等快速获取海量信息,交互性强、阅读方式灵活多样,迅速发展成为现代社会日益流行的阅读方式。

数字阅读正被越来越多的人所接受。作为数字阅读中种类最为丰富的一个大类,网络阅读的读物类型包含网络新闻、网络文学、网络杂志、论坛、博客、邮件、RSS 订阅和各种教程等。网络阅读的子类丰富多样,各具特色,这正是网络阅读生命力顽强的原因所在。另一个重要原因则是网络在线阅读成本低廉。一台电脑接入网络,在家就能遨游网络世界,享受网络在线阅读的乐趣。以网络在线阅读为代表的数字化阅读迅猛发展,短短几年内便令发展迟缓的传统阅读阵营受到了巨大冲击。中国出版科学研究所 2006 年完成的第四次国民阅读调查显示:6 年来,国民图书阅读率持续走低,已从 1999 年的 60.4% 下降到 2005 年的 48.7%;同时,我国网络阅读率却持续 6 年呈增长态势。2009 年完成的第六次全国国民阅读调查显示:2008 年国民数字阅读的整体接触率为 24.5%,其中网络在线阅读的比重位列首位,为 15.8%。

“手机阅读”也已成为一种较流行的数字阅读方式。在第六次全国国民阅读情况调查中,首次开展了针对“手机阅读率”的调查,得到的数据为 12.7%,仅次于“网络在线阅读”,排第二。数据还表明,我国 18—70 岁国民平均每天“手机阅读”的时间为 4.47 分钟,在这一领域平均花费是 17.04 元人民币。“手机阅读”在 14—70 岁国民中所占比例已超过 10.0%。其中,男性、年纪较轻、学历较高、收入较高的群体,“手机阅读”使用者比例最高。来自《通信信息报》的数据显示,目前我国手机网民的数量已达 1.176 亿①。手机具有携带方便、随时

① 廖庆升. 手机阅读时代已然来临,六大优势促迅速发展. 通信信息报.(2009-04-23). http://labs.chinamobile.com/news/22444

随地可读,可提供多媒体图书浏览,具备内容定制和检索功能,可参与互动和文化传播活动等特点和优势。这些特点和优势使手机阅读成为最具发展前景的数字化阅读工具之一。随着3G的正式商用、智能手机的日益普及以及阅读内容的日益丰富,相信在不久的将来,手机阅读将成为主流阅读方式之一。

除了排第一的网络在线阅读和排第二的手机阅读外,调查还显示,有4.2%的人通过PDA、MP4、电子词典阅读,有3.3%的国民通过光盘阅读,还有1%的人通过其他手持式电子阅读器等阅读。可见除了网络和手机之外,其他数字阅读方式还不是很普及。另外,人类在印本时代积累的知识财富要完全数字化,成为数字阅读的对象,这个过程也将是漫长的。从历史发展来看,现代纸书取代古籍简册,印刷取代手抄,都经历了相当长的过程。不过尽管过程漫长,人类也开始了这方面的尝试和努力。美国国会图书馆从1995年开始实施"美国记忆"(American Memory)项目,实现了几百万件文献的数字化,集中反映美国建国200多年来的历史遗产及文化。我国于2002年开始实施了全国文化信息资源共享工程,应用现代科学技术,将中华优秀文化信息资源进行数字化加工整合,通过工程网络体系,以互联网、卫星、移动存储、镜像、光盘、有线电视/数字电视网等方式,实现优秀文化信息资源在全国范围内的共建共享,目前已自建合建各级中心和基层服务点超过61.4万个。文化共享工程资源建设总量达到69TB。①

《第六次全国国民阅读调查报告》揭示了一个有趣的现象,全国约有2.8%的成年人只阅读各类数字媒介而不读纸质书,成为"纯数字阅读人群"。这是一个值得关注的信号。这说明,已经有一部分阅读群体完全脱离了纸本阅读习惯,只是单纯地通过各类数字媒介获取知识信息。伴随着网络而来的,依托于各类数字技术的图像阅读、影音阅读、多媒体阅读等正在慢慢改变人们的阅读传统和阅读体验。阅读与数字媒介的逐渐结合虽然给阅读提供了许多便利,但就目前情况而言还存在一些问题,如数字设备的依赖性、清晰度、上下文翻阅、标记注释等,所以数字阅读的全面普及或许还需要一个过程,需要一些时间。但这些都只是技术问题,相信随着数字技术的日益成熟和普及,将有越来越多的人习惯于利用数字媒介来进行阅读、获取知识、查找数据。可以期待,"纯数字阅读人群"将会越来越庞大。

---

① 全国文化信息资源共享工程介绍.[2010-07-14].http://www.ndcnc.gov.cn/libpage/gxgc/index.htm

1.6 数字阅读 = 浅阅读吗？

杨 絫

阅读有深浅之分。所谓“浅阅读”，是指一种浅层次的、以简单轻松甚至娱乐性为目的的阅读形式，其特征是快餐式、跳跃性、碎片化。与之对应的深度阅读是以提升学识修养和理论思维、工作能力为目的的深层次阅读形式。

数字媒介阅读往往被人们认为是“浅阅读”。在互联网不断发展演变的过程中，“浅阅读”也确实成为人们利用互联网阅读的主要行为。这些浅阅读一般包括看新闻、收邮件、逛论坛、读博客等，而深度阅读的众多形态（如研读等）在互联网发展的早期，受限于数字阅读技术、网络带宽和经费成本等诸多因素而没有得到普及和发展。数字化阅读技术不断发展，客观上也为这种走马观花、蜻蜓点水似的阅读方式提供了充分的技术条件。与纸本等传统阅读方式相比，“数字化阅读”需要付出的成本显著降低，而可供阅读浏览的信息量则呈爆炸式增长。这两大变化空前拓展了人们的阅读空间。面对目不暇接的信息流，即使排除娱乐性需求，用最少时间浏览最多信息的“效益最大化”追求也日渐成为人们的目标。于是，一目十行、片面化、片断式的阅读行为逐渐成为更多人的习惯，而“掩卷深思”的时间则越来越少①。

“浅阅读”在当今时代有其存在的合理性，可以快速获得信息，扩大知识面，但如果仅仅把读书当成简单的消遣方式，或作为获取某种利益的途径，而不是作为提升学识修养和理论思维的手段，过于功利性的读书目的会使人在失去学习自觉性的同时带来思维的钝化。所幸的是，近年来“浅阅读”现象已经引起了全世界有识之士的反思。互联网和数字技术发达的英、美等国家，已经开始采取多种措施鼓励人们进行深度阅读。对“浅阅读”现象的反思也扩展到对数字化阅读技术的重新认知，越来越多的人意识到数字化阅读作为一种新技术，其本质仍是辅助性的，人们应该主动使它与社会、人文等因素共同构建良性的互动。联合国教科文组织 2009 年 4 月正式推出的“世界数字图书馆”就得到了包括中国在内的众多国家的支持。

---

① 杨凤. 数字化阅读≠浅阅读. 中国艺术报. (2009 - 05 - 05). http://www.cflac.org.cn/pinglun/2009 - 05/05/content_16433277.htm

就数字阅读是否等同于浅阅读这一命题来看，两者其实没有必然的等同关系。应该说，数字阅读仅是阅读的一种方式。这种方式阅读的内容既可以是浅显，也可以是深刻的。这也意味着，数字阅读既可以是“浅阅读”，也可以是“深阅读”。读者可以在网上走马观花地浏览，可以锁定一篇文章细细品读，也可以把文章下载下来离线阅读。虽然之前大部分数字阅读都呈现出浅阅读的特征，但是近几年来，如方正电子书等网络文献资源的积累，再加上 DRM（数字版权保护技术）等数字出版技术的成熟，这些都为数字媒介深度阅读的发展奠定了必要的基础。数字阅读演变成为深阅读渐成为趋势。在网上“深阅读”时，读者可以调动网上的各种资源，包括各种链接、名词解释、书评、历史背景、视音频资料等进行辅助阅读。这是读一本纸质书时所无法享受到的。

目前，我国电子读物的阅读率已经超过了传统图书，在线阅读、手机阅读等数字化阅读方式一直在迅猛增长。可以说，数字阅读是不可阻挡的社会趋势。作为科学技术发展上的重大进步，数字阅读不应该意味着对人文空间的挤压和消解。为此，我们要不断反思和提醒自己，要避免数字阅读中的功利化心态，莫让数字阅读成为“浅阅读”。

在阅读大众化、通俗化甚至娱乐化趋势日益明显的今天，我们更需要深度阅读、深度思维，借助数字阅读的便捷高效、快速获取等优势进入深度阅读的境界。我们期待出现更多的在线数字图书馆，来为国内 4 亿多网民提供越来越多、越来越好的精神食粮。

1.7 免费阅读与付费阅读

梁增剑

互联网自诞生那天起就被当作免费信息资源的代名词。免费阅读似乎是天经地义、理所当然的。各大门户网站也通过提供免费内容来增加点击量以赚取广告收入。然而天下没有永远的免费午餐,出版商需要有赢利才能生存,目前他们主要的收入来源是通过网络广告这个丰厚的大蛋糕。但是仅靠以网络广告作为收入来源难以支撑数字出版的发展。为了帮助出版社逃过收入锐减的劫难,同时解决因数字出版引发的版权问题,数字出版的利益相关者不得不将眼光投向了消费者。

事实上,“付费阅读”并不是最近才出现的新鲜事物。早在十多年前,国内就有了收费的数字版图书、期刊、报纸等出版物,并有专门的需要付费才能登录的文献数据库;一些原创文学网站如起点中文网、幻剑书盟等也在三四年前开始了“付费阅读”;甚至连部分电子版报纸也需要注册付费才能阅读。通过这种收费方式,数字阅读实现了一定程度的赢利。

2007 年,腾讯网借助其广泛的社会影响和庞大的用户基础推出收费阅读项目。它采取 VIP 会员收费阅读的方式。收费价格分为包月和单本,单本印刷图书标价 30 元以下的每读一本收费 2 元,30 元以上的每增加 10 元阅读费增加 1 元。包月暂时收 5 元,当内容库增加到 1000 本后包月费将提高至 10 元。腾讯将文本内容分为两部分,一部分完全免费开放,另一部分只能由 VIP 收费会员阅读。许多专业文学网站也纷纷开展付费阅读项目。

随着网络文学的兴起及成熟,网络读者群也逐步扩大,各大门户网站的读书频道都呈现火爆之势。免费的连载小说和原创小说使得网站的人气与流量双增长。面对不断增长的流量和人气,将免费阅读转为付费阅读已经水到渠成。以下是典型的付费阅读例子。

- 付费购买电子书

用户为了第一时间在腾讯、新浪、搜狐等网站上在线阅读刚刚出版的新书全文,通常心甘情愿地自掏腰包而毫无怨言。如 2000 年 3 月,美国著名恐怖小说家 Stephen King 名为“Ridng the Bullet”的电子书刚上市的 24 小时内就售出逾 40 万本,造成出版界的轰动。连作者本人也大呼意外,原来“付费阅读”也疯狂。

• 付费阅读电子报和手机报

少数电子版报纸由于自身突显的价值而让忠实读者乖乖买单。如2009年秋季《华尔街日报》网络版开始启动微支付系统,《金融时报》也开始让读者买单,阅读超过三篇文章的读者都被要求注册,而阅读超过十篇则被要求付费;在其120万的注册用户中,付费用户数量约占1/10。

手机报也是家喻户晓的有重大影响的新媒体,拥有庞大的用户群。手机报在我国虽然起步较晚,但从2004年7月18日《中国妇女报》推出全国第一家手机报《中国妇女报——彩信版》起,手机报就显出强大的生命力。据统计,2005年底全国手机报用户达到100万,2007年底这一数字超过3000万,2008年底全国手机报用户接近5000万,每月订费收入超过亿元。手机报以每月3元到5元不等的月租敲开了"付费阅读"的大门,但并没有因为收费阅读而吓跑读者,相反,它以个人化、移动性、即时性等特点,追上了现代人的生活节奏,有着巨大的潜能。它对传统的广播、电视以及印刷媒体形成强大冲击,成为中国移动、联通、电信三大运营商炙手可热的香饽饽。各报业集团及众多报社也以空前的热情和积极探索精神争先恐后进军这一领域。可以预测,手机报将会继续让数量成倍激增的用户替它买单。

• 付费使用文献数据库

为数众多的数字资源由于自身的专业性和学术性是读者必须使用的,因此"付费阅读"同样占有为数不少的市场。如索引网创办了42种电子连续出版物,整合出版各类文献资源5900多万篇,将全国9094种期刊的精彩阵容分毫毕现地一一展现。目前服务的读者超过4000万,中心网站及镜像站点年文献下载量突破30亿次,成为国内各大高校图书馆争相购买的知识与情报服务。维普资讯数据库也是颇受欢迎的综合性文献数据库,它提供中文报纸400种、中文期刊8000多种、外文期刊5000余种。很多用户为了读到一些专业文献而毫不吝啬地掏腰包,并认为物有所值。超星数字图书馆可在线阅读电子图书10万种,这也让爱好电子图书的用户心甘情愿地自掏腰包。

读者对于免费阅读莫不拍手高呼,想想谁不乐意享受免费的午餐呢?但是"鱼"和"熊掌"是不可兼得的。网站希望通过免费阅读增加点击量,出版社希望通过免费阅读宣传新书,这都涉及版权问题。而越是知名的作者,越是把网络出版权牢牢掌握在自己手中,最典型的就是著名作家王朔,他曾经打算将新书《我的千岁寒》刊登在自己的博客上要求读者付费阅读,而不是将版权交给出版社,最后由于技术原因放弃了该计划。网站要提供新书在线阅读服务,必须首先通过出版社向作者购买网络出版权。这无形中增加了在线阅读服务的成本,加上网络广告收入锐减,付费阅读成为网站挽救危机不得已采取的冒险行为。

尽管如此,数字内容提供商也会“见风使舵”,根据不同类别的内容决定是否收费,以夺人眼球的免费社会热点新闻吸引读者浏览、积聚人气,而对那些专业性强的数字资源收取一定的费用。面对生存危机的传统媒体机构正在积极地创新数字阅读体验,绞尽脑汁地让读者买单。

免费阅读日落西山,付费阅读是大势所趋,当然,这并不是一朝一夕就能办到的。如 ebay 刚由免费平台变为付费平台时便遭遇众多反对声,腾讯网站刚开始推出“付费阅读”服务时也遇到了不少网友的异议。随着付费阅读的不断推进,有些已经改变了阅读方式的读者,面对现实也许会逐步接受公平合理的收费作品。付费阅读势在必行,网站、出版商、作者通过付费阅读达到“共赢”的目的指日可待。

1.8 数字阅读的优势

梁增剑

随着网络的普及和现代信息技术的应用，与几年前的初级发展阶段相比，数字阅读人群正在不断扩大，年龄段从青少年、成人扩展到儿童、老人；身份从职员、公务员、教师扩展到工人、农民和学生。人们已经习惯于点击鼠标即时浏览信息，数字阅读已成为一种潮流和时尚，成为人们生活中必不可少的活动。出版界人士曾经形容“传统出版”是“草”，互联网是“羊”，手机阅读是“狼”。传统纸质阅读与高速运转的互联网、手机阅读博弈的时候，纸质总是输多赢少。传统阅读似乎已经没落，数字阅读开始捷足先登，一场“羊吃草、狼吃羊”的阅读革命悄然降临。

从结绳记事，到文字出现，到造纸印刷术发明，再到现在光与电的突变，知识与文化的载体不断发生着变化。数字阅读因具备传统阅读望尘莫及的优势而呈现蓬勃发展之势，并且对传统阅读带来巨大冲击，这与其自身的魅力不无关系。

- 数字阅读十分方便、快捷和高效

数字出版物拥有体积小、容量大、媒体元素丰富、表现立体、检索迅捷和跨越时空等优势，在进行文献检索时有着传统阅读无法比拟的方便与快捷。传统印刷型文献要求我们安静地坐在案边投入极大的注意力静静地品读，阅读对象是单一的文本或图片，遇到不懂的地方还要终止阅读，去查阅相关参考资料，这浪费了不少时间和精力，非常不便。

电子书籍中就附有参考资料、事件索引、人名索引、术语索引，读者只需用鼠标点击相关链接即可从一个节点跳到另一个节点，通过链接来进行交互式查询、跟踪，获得丰富的信息；或者通过网站数据库进行检索和查阅。比如遇到陌生的词语，点击一下就会出现对该词汇的注释，相当于翻查《新华字典》或《辞海》，即使专业术语也一样可以连接百科全书或专业辞典。如果读者对有关内容不理解或者有兴趣深入了解，只需输入关键词就可以自动链接到相关参考书籍或文章。这样的阅读辅助功能将大大提高读者的阅读兴趣，读者不会因为个别地方读不明白而放弃阅读，这有助于帮助读者吸收、消化知识，大幅提高阅读效率，节省时间。

也许有人会问:“我不可能随时随地带着电脑设备阅读吧?”电脑阅读确实有难于移动的特性,纸质读物的厚重感也给出行的人们带来了诸多不便。当我们为不能随时随地随心所欲地阅读而感到烦恼时,手机阅读“小荷才露尖尖角”,却轻而易举地解决了这个烦恼,显示出无可替代的便捷性。在地铁和公车上经常会看到这样的景象:年轻人全神贯注地盯着自己的手机屏幕,大拇指则不停地按着键盘翻页。他们在津津有味地阅读手机报或电子书。阅读是如此方便,只要拥有一部手机并且花上几元钱订阅手机报或付费下载电子书,就可以实现想阅读就阅读的梦想。

- 数字阅读交互性能好、趣味性强

数字阅读丰富多彩的新文本界面带给我们的是多重感官刺激和真切形象的阅读体验。利用强大的搜索引擎,读者可以通过输入关键词瞬间获得海量信息。鼠标一点,世界就在我们眼前,全球是一家。

互联网以其友好的界面、活泼新颖的形式和大信息量,让许多青少年觉得数字阅读比书本阅读更有趣、更轻松、更愉快、更能激发想象力。电子读物的内容改变了单一的文字或音像表现形态,能够对文字、图片、影像、声音等信息形态进行有机合成。网上报纸不是仅仅局限于文字或照片,而是包含多种媒体形式。电子书籍的概念远远超越了传统书本的概念,提供读、看、听三方面的内容,因此阅读的趣味性大大提高了。阅读一本电子版烹调书籍本身就充满了乐趣,菜谱不再是一大串抽象的名词,而是清晰可见的实物图像,甚至同步散发诱人的香味,色、香、味三要素中只差“味道”一项品尝不了。这样的书籍能不吸引人吗?并且,数字文献是真正开放的文本,通过网络,读者还能及时发表评论,与别的读者进行在线交流,充分发挥自己的阅读潜能和创造性,提高阅读积极性和阅读兴趣。新的数字出版模式更颠覆了传统的作者写——读者读的出版传播模式,使作者与读者之间不再是泾渭分明,现在读者不需要出版社约稿便可主动发布自己创作的作品,通过维基软件,读者可以直接修改他人作品中的错误,从而参与作者的创作,实现“大家一起写”的理想。这些更利于张扬阅读主体的个性,充分发掘社会上每个人的潜能,集中大众的智慧。

阅读电子读物同样有助于人们提高阅读能力,对于增长见识、开阔眼界、活跃思维也有很大帮助。网站应该开发更多跟学习有关的益智网、学习网、经典阅读网、青少年文学网,吸引青少年的注意力,引导他们进行深层次的数字阅读,以弥补快餐式数字阅读的不足,促使数字阅读走向更加美好的明天。

• 数字出版物语言时尚、新颖

数字阅读对于青少年具有巨大吸引力，尤其是80、90后的青少年是伴随着网络成长的一代，他们对网络有着无比的亲切感，由于经常上网接触到一些数字化的音频、视频、图片和动画等，因此，他们已经慢慢习惯了这种数字化的阅读方式。

伴随着数字阅读方式而来的是时尚、新颖性的网络语言。当下网络文化作为一种鲜活的极富创造力的全新文化，与传统文化风格大相径庭。尤其极具时尚性的网络语言汹涌而至，是数字化时代现实生活的真实写照。网络语言新颖、形象、时尚并充满活力，使数字阅读方式更加丰富多彩，更加风靡全球。这也是数字阅读给现代人快节奏的生活方式带来轻松愉悦感的原因之一。

1.9 数字阅读时代，读者为王时代

温 宝

数字阅读诞生时，传统阅读市场已经处在竞争白热化的状态，数字出版物想在这种情况下分一杯羹就注定不能以高高在上的姿态出现在读者面前，所以数字出版商一直靠丰富的内容和低廉的价格来吸引读者眼球。各种提供数字报纸、杂志、图书、视频、音频的网络平台层出不穷，各种免费或者价格是平面媒体几分之一的数字阅读资源充斥互联网的各个角落。

在这种情况下读者可以做的选择是无穷尽的，但在最初阶段他们还处于被动的地位。数字阅读资源的内容和形式都由出版商决定，获取资源的方式也由出版商控制，读者只能被动地接受。让用户创造内容是 Web 2.0 的重要特征，并且随着数字技术的发展和数字出版市场竞争的升级，出版商不得不想尽办法通过刺激读者的主动性来增加出版物被阅读的机会。在这种趋势下，越来越多的读者参与到数字出版物形式、内容、发行方式等要素的决策过程中来，通过积极参与和发挥作用昭示了这样一个道理——数字阅读时代已经成为读者为王的时代。

❶ 在阅读内容的编辑制作上，读者经历了从观众到主角的变化

和面对一份纸质杂志或报纸时只有买或不买的权利一样，曾经读者在面对数字阅读资源时只有看或不看的权利。至于资源的内容如何产生？资源以何种形式出版？这些都不在他们的决定权限内，而是由幕后的编辑制作人员大权独揽。但是在读者信息渠道越来越通达的情况下，每一家数字出版单位都承受着随时被别人排挤掉的压力和挑战。读者为王时代的到来，让很多数字出版机构认识到想要抓住读者眼球就必须先抓住他们的心。具体落实起来就是读者让出版什么就出版什么，读者想要哪种出版形式就用哪种出版形式。

这方面最典型的是美国 8020 公司旗下的两本杂志——旅游杂志《Everywhere》和图片杂志《JPG》。它们和传统杂志最大的不同在于所有图片和故事都是网友自己上传到图片交流社区和大家分享的，再由社区用户投票选出最好的，最后由一个小型编辑团队选择制作成杂志。这种参与性和互动性极强的做法大受用户欢迎，杂志在开张 7 个月后已经拥有 15000 的发行量和 75000

的注册用户以及每月5百万的浏览量。尽管8020公司没能挨过2009年的金融危机就退出了出版界,但是它所带来并盛行一时的"用户创造内容"的出版精神已经生根发芽并继续成长下去。

我国大有名气的原创社区豆瓣网是一个用户创造、分享内容的典范。在豆瓣网上,你可以自由发表有关书籍、电影、音乐的评论,可以搜索别人的推荐,所有的内容、分类、筛选、排序都由用户产生和决定,甚至在豆瓣主页出现的内容也取决于你的选择。与之前拥有强大的后台编辑与管理团队,并且只让用户参与体验的网站不同的是,豆瓣网把内容的把关权完全交给用户。一本书如果你给它一个"有用"评论它的排位会自动上升,给它贴上"我女儿的最爱",它会在整个网站的标签分类中出现。这种充分的自主性既激发网民(注册的)主动参与内容生产的积极性,又使被动网民(非注册)实现个性化阅读,还能以点击"推荐"等轻松的方式来决定内容的排行。这足以让人相信其创始人杨勃说的"豆瓣网没有一个编辑。"

这就是豆瓣内容的产生机制,本质上每个个体都在内容之间起穿针引线的作用,人与内容的关系变得更为自由、灵活。

❷ 在阅读内容的获取过程中,读者从客人变成了主人

过去的读者是客人,要到数字阅读网站"作客"才能找到自己想要的内容,而现在的读者是主人,不费吹灰之力,信息就会主动送上门来。

读者要在信息浩如烟海的网上寻找自己想要阅读的内容并不是件容易事。过去如果想及时看到电子版《时代》周刊"每周最热门的十条新闻"(Top 10 Weekly)栏目的最新内容,就一定要有好记性和好耐性——每周一准时到网上查看更新。读者为王时代的到来让数字出版商不能不为读者着想,强大的数字技术让这些新的想法得以实现。现在,周刊电子版推出了多种"上门服务",比如说邮件订阅能够将最新的内容发送到读者指定的邮箱;再比如说手机订阅,读者只要下载一个免费的《时代》手机阅读程序(TIME Mobile app)就可以随时随地查看更新;更独特的是"页面添加《时代》新闻"功能,《时代》网站提供了诸如Google、Yahoo等数十个常见网站,你只要选择一个自己经常使用的网站打开"页面添加《时代》新闻"功能,再打开这个网站时就会发现页面上有一个版块专门提供《时代》新闻。包括上述三种方法,《时代》周刊共有一系列六种"和《时代》保持联系"的服务措施。而国内外其他有数字版的各大报纸、杂志的出版商一般也都提供至少两种或两种以上的主动更新的内容服务。

Stay Connected with TIME.com

Subscribe to TIME RSS Feeds

Sign Up for Newsletters

Add TIME Widgets

Get TIME on Mobile

Fan TIME on Facebook

Follow TIME on Twitter

▲《时代》周刊"和《时代》保持联系"的服务选项

我国诸多品牌杂志如《中国国家地理》《瑞丽》等也都开通了博客订阅服务,手机用户只要开通相关功能就可以定时收到最新的手机杂志。除了报纸杂志,各大博客网站甚至为个人博客添加了更新用户通知的功能。用户只需开通博客 RSS 订阅功能并选择自己关注的博客,这之后,但凡这个博客有更新,读者就可以收到提示信息,及时去浏览和评论。和博客相类似的是很多电子邮箱网站也提供新邮件提示服务,用户只要将邮箱和手机号码绑定,邮箱在收到新邮件后便会发提示信息到用户手机上,其中还会显示邮件的发件人和邮件主题,方便用户决定是否马上查看。

❸ 在数字出版物的销售过程中,读者由购买者转变为销售者

出版商出版发行,用户购买阅读是大家习以为常的销售模式,但是用户销售内容的模式,你听说过吗?在数字出版领域这一模式成为可能并逐渐兴盛起来,最典型的代表是威客模式的诞生和发展。

威客模式是指网民在互联网上通过有偿方式寻求好的创意或解决问题的办法,那些提供创意或答案被采纳的人则会得到报酬和奖励。这些提供答案的人就叫威客。国内第一个威客模式网站"K68"成立于 2004 年,创立人阿康受一本名叫《横刀立马》的小说启发,将"悬赏"模式引入网站中。2004 年 4 月 12 日,K68 接到了"第一号"任务,客户以 300 元价格悬赏制作"Flash 片头",K68 将客户付费的 80% 即 240 元支付给被选中的设计者,20% 留给网站。此后"猪八戒""任务中国""威客中国""创意网"等越来越多的威客网站相继诞生,威客模式在互联网上火起来。威客们通过在互联网上解决科学、技术、工作、生活、

学习中的问题从而让知识、智慧、经验、技能体现经济价值，而以前担任卖方的出版商仅在威客模式中起到为买卖双方提供第三方平台的作用，其盈利方法也改为从用户销售内容的收入中获得提成。

数字阅读时代是一个角色定位模糊的时代，用户除了本职的“读者”身份外，还可以兼任编辑、发行职位。不过不论他们担任何种角色，他们在数字阅读领域的至高身份是不会改变的，这是因为——数字阅读时代，读者为王。

1.10 数字化购书体验

邹　莉

台湾博客来网络书店曾经有这样一则广告让人印象深刻：一个女孩洗完澡，披上浴衣走出浴室，轻轻松松地点击网站浏览图书。当你羡慕惊讶或者正在体验网络购书乐趣的同时，可曾想到三十多年前老一辈在新华书店门口排队买书的情形？经历了“文革”的书荒，深藏在读者心中的阅读欲望被激发出来，瞬间汇成阅读的洪流，于是，读者在各个书店为了心爱的书苦苦寻觅，有时还要忍受服务员的冷眼，高昂的邮寄费用和只是稍微意思了一下的折扣。这或许曾经让囊中羞涩的你望而却步，可是突然有一天，贝塔斯曼、当当、卓越这些网络书店的弄潮儿已经成为人们口中经常念叨的词汇，新华书店购书似乎成为离年轻一族远去的历史。不需要再步入书店在众多的书架间寻找心爱的精神食粮，轻击鼠标，足不出户，就可以在网络上淘到自己的所爱，网络购书已经迅速走入人们的生活，演变为网虫们的一种生活习惯。网络购书到底施展了何种魅力从而得到万千宠爱呢？

❶ 品种无限，选择无限

在中国，图书出版品种数量平均年增长率为7.0%，年产新书十多万种，加之重印再版品种，数量可谓惊人。传统书店因为门市和仓储空间的限制，往往以畅销书和大众喜爱的读物为主，而对读者需求或者较为冷门书籍无暇兼顾，而网上书店彻底打破了销售品种以及存储空间的限制。以亚马逊网上书店为例，提供图书达310万种，以平均年出版图书品种13万计算，则该书店经销约23年内全国出版的全部图书。这在传统书店是不可想象的。在网络“无限大”的虚拟空间里，通过简单的购书界面和分类系统，读者可以满意地获得自己需要的书籍。此外，对于古旧书等，只要顾客需要，也可以通过网络随时订购，这不仅让旧书复活，也充分满足了读者各个方面的需求。

❷ 价格低廉，购买方便

随着生活节奏的加快，人们逛书店的时间越来越少，而网上购书则非常方便。从购买流程而言，通常是选好网上书店，在该书店浏览图书，选好要购买的图书,选择汇款、网上银行付款或货到付款的购买方式,3—5 个工作日后,快递公司会以读者要求的方式将图书送货上门。此外,网络书店有传统实体书店不能比拟的价格吸引力,因为它抛弃了传统书店所需要的服务设施和多重环节,减少了店面、员工等成本的投入,节约下来的开支就能转换为优惠书价吸引读者。热卖新书在网络书店一般 7 折到 8.5 折销售。对于普通图书,如当当网折扣一般在 6.5 折左右,5 折或者更低折扣的图书会以广告形式呈现以及时告诉读者最优惠信息。另外还有 VIP 价格以及买书积分活动。此外,当当网、卓越网等网上书店还纷纷针对不同专业人群在网上做了个性化专题,以 5 元书、3 元书、2 元书这样的促销打折法让积压在各个出版社中的库存书变成“抢手货”。

❸ 信息检索,省时高效

网上书店拥有功能强大的信息查询系统。它像指路牌,把读者带到所需要的图书面前。所有的一切都可在家完成,心急如焚、腰酸腿疼找书的辛苦历程可轻松免除。

❹ 异地成交,永不打烊

网上书店经过多年发展,已经拥有强大的物流系统,天涯海角都可以完成送货任务,如当当网覆盖全国 360 个城市,卓越网依托强大的母公司,海内外图书配送均有强大的物流支持,因此广域配送范围内的读者均可以获取网上书店的产品服务。此外,24 小时永不打烊的网络书店能即时响应用户需求。只要服务器工作正常,网友就能查到并订购图书,打破了时间、空间对经营的限制,全天候服务于更广阔地域的读者,特别是能够满足出版发行业不发达地区的用户需求。以亚马逊网上书店目前服务世界 160 个国家和地区的渗透性来说,根本已经没有所谓的销售高峰或低谷及淡季旺季之分了。这项优点让网络书店营业时间倍增,效果无限扩大。

❺ 享受参与和交流的快乐

“买还是不买,我想听听其他顾客的评价再定”——相信很多人都有这样的想法。这些静悄悄的实体书店根本做不到的事情,在网上书店却可以轻松实现。

网上书店在收集到读者浏览、购买的图书信息后,可以凭借这些数据为读者开辟很多个性化服务项目,用以加强与读者之间的互动交流。比如,读者书评栏、求购登记栏、意见征集栏等。网上书店借助网络强大的数据传输、处理、保存能力,发挥网络跨时空、顾客参与、交互式沟通的优势,并能及时向读者提供出版单位销售信息和书业资讯。如当当网设有社区版块,是顾客交流的平台,此外,在每一次购买书籍之后,网上书店会依据读者之前提供的邮箱等信息邀请读者对所购书籍进行点评。这不仅是对自己服务效果的检验,同时通过读者书评又能够给更多读者提供购书指导。读者与读者之间达到完全互动,这也是传统书店完全不能比拟的。

网上购书的确具有很强的便利性,只要读者选择好自己信赖的网络书店,便可以享受良好便捷的购书服务。国内比较著名的网络书店如当当网、卓越亚马逊网、博库书城、上海书城网上书店、上海图书大厦、北京图书大厦网上书店、广州购书中心、台湾的博学堂网上书屋、澳门的中国现代书店等;国外如亚马逊网上书店、鲍德思网上书店等都是读者信赖的品牌网上书店,除了能够实现纸质图书数字化订购,网上书店的购书功能在数字化环境下也得到了更多的拓展,如亚马逊网站则提供电子书网上购买,通过支付一定金额,即可以将该书电子版本下载到亚马逊 Kindle 阅读器上进行阅读。Kindle 商店发布的图书总数为88 000本,通过付费即可阅读,是比通过网络书店购纸本书更加便捷高效的阅读体验。与之类似的还有苹果公司的 iBooks 商店,其推荐的电子书绝大多数都在 9.99 到 14.99 美元之间,店内现在约有三万本来自古登堡计划(参见本书 2.8 节)的免费图书和六万本来自主流出版社的收费图书,可以推断,随着电子阅读器的逐渐发展,通过付费点击阅读电子书的购书方式将会更加普及。

小贴士:儿童喜欢的英语学习网站(上)

尹伊琳/辑录

资料来源:黄智成主编《不花钱亲子英文》,外语教学与研究出版社2010年3月版。

1. **网站:费雪牌 Fisher-Price**

   网址:http://www.fisher-price.com/us/default.aspx

   特点:有很多有趣的小游戏。例如:“Sweet Streets™ Makeover”游戏我们玩得很喜欢,可以给模特换不同的衣服和发型。这个游戏可以按下面的方法找到:主页→Games & Activities→Online Games→Preschool Games→View All Preschool Games→找到“Sweet Streets™ Makeover”,点击就进入了。

2. **网站:Literacy Center**

   网址:http://www.literacycenter.net/

   特点:专门为学龄前儿童设计的语言学习网站。

3. **网站:迪斯尼美语世界**

   网址:http://www.worldfamily.com.tw/mkt/

   特点:为3—6岁的儿童准备了英语亲子游戏。

4. **网站:布奇乐乐园 Hellobooky**

   网址:http://www.hellobooky.com/

   特点:外研社开发的针对0—6岁儿童的家庭英语早教网,有英语小剧场、英语儿歌,还有精美的儿童电子书。由于这是一家中国网站,所以网站所有的提示语言都是中文,更方便儿童使用。

5. **网站:趣味英语**

   网址:http://english.bhes.tpc.edu.tw/

   特点:适合初学英语的儿童,有英语儿歌等。这家台湾网站提供英语和中文两种界面,可以在主页选择(默认是英语界面)。

6. **网站:Songs for Teaching**

   网址: http://www.songsforteaching.com/

   特点:适合于小学低年级和高年级,收集了上百首英语教学歌曲。

7. **网站:Storyline Online**

   网址: http://www.storylineonline.net/

   特点:适合中年级和高年级儿童,有很多明星级的故事播讲人为孩子讲故事。

8. **网站:Phonetics**

   网址: http://www.uiowa.edu/~acadtech/phonetics/

   特点:为初学者准备的英语发音学习网站。

参见 本书第162页:儿童喜欢的英语学习网站(下)

第2章

数字阅读美丽新世界——内容篇

古语有话“书中自有颜如玉，书中自有黄金屋”，阅读能够给读者带来的精神上的享受和思想上的满足感是其他娱乐休闲活动望尘莫及的。在数字阅读日益盛行的今天，我们不禁要问：读者在浩如烟海、日新月异的数字阅读资源中还能够找到颜如玉和黄金屋吗？值得庆幸的是，答案是肯定的，因为很多数字阅读资源是对传统阅读资源的汇集甚至是升华。

尽管如此，读者想要在门类繁杂、良莠不齐的所有数字阅读资源中快捷地找到自己需要的内容并不是一件易事，曾经有过数字阅读体验、特别是网络阅读体验的读者很多都有过这样的感触——自己在网上寻找阅读资源的时候，往往被五花八门的网络链接带到和阅读初衷完全不相干的领域中去，并在这些领域浪费大量时间和精力，最终却难以体会到数字阅读带来的便捷和实惠；而那些没有数字阅读经验的读者要么面对着丰富的数字阅读矿藏不知如何下手，要么在横冲直撞一通后在纷乱复杂的网络世界中迷了路。针对这种情况，本章将对多类优秀阅读资源进行汇集整理，对谷歌图书、名人博客、烹饪书阅读、各类人群适读的数字资源分别进行推荐介绍，以方便读者在进入数字阅读的广阔天地时能够迅速找到适合自己的阅读内容。

2.1 一本大书叫谷歌图书

从　挺

如果要说谷歌图书的起源,那还得从谷歌创世之初说起。当谷歌的合伙创始人 Sergey Brin 和 Larry Page 还是斯坦福大学的研究生时,他们一直从事学校数字图书馆的技术研究项目。那时,两位年轻人就预想着未来世界各地的人们可以通过搜索的方式来找到想要的图书。但是,他们没有想到的是,六年之后的一天,他们真的启动了一个计划来实现这个理想。

2002 年,由谷歌员工组成的一个小组正式启动了秘密“图书”计划,开始与专家讨论未来面临的挑战,讨论从一个简单却至关重要的问题开始:数字化扫描全世界每本图书需要多长时间?说来奇怪,结果没有人知道。根据谷歌公司的做事风格,Larry Page 决定自己进行实验。一天在办公室里,他和 Marissa Mayer(谷歌最早的产品经理之一)使用节拍器保持节奏,从头至尾地翻阅了一本共 300 页的图书。翻到最后一页时一共花了 40 分钟时间。当了解到这样一个事实后,谷歌人开始了富有创造性的革命之旅。经过无数次实验,该小组最终开发了一种基于非破坏扫描技术的扫描方法。原本扫描一所大学图书馆中七百万卷图书估计需要 1000 年,而采用谷歌的扫描方法仅需要六年。

就这样,伴随着技术的成熟,以及这一设想本身所具备的文化意义和商业价值,愈来愈多的图书馆和出版商期待加入这项计划。最终在 2004 年 10 月,Sergey Brin 和 Larry Page 在德国法兰克福书展上正式对外宣布“谷歌图书扫描”(Google Print)计划。2005 年,该项目更名为“谷歌图书搜索”(Google Book Search)。

❶ 谷歌图书知多少

“谷歌图书”究竟给我们带来什么?这也许是许多人听说这一计划时首先想问的问题。“图书搜索使我可以快速获取图书主题的基本信息,而不必局限于寻访附近的书店和图书馆。”这是一位名叫 Gustavo Arballo 的律师在谈到谷歌图书时说的一段话。“谷歌图书”就好比是把一个超大型图书馆搬到互联网上,读者不仅可以通过关键词搜索方式准确找到自己想要的图书,还能够像以前逛书店时一样简单浏览图书的个别篇目,最后还能知道这本书具体在我们周围的哪家书店有售或哪个图书馆有藏。简单地讲,这种方式不仅快速,而且准确。

除此之外,您可能还想知道,“谷歌图书”究竟有多少书?都有哪些类型的书?有中文书吗?我们能读到杂志吗?……下面一一为您解答。

• 藏书量:截至2008年,谷歌图书搜索的数据库已收录500万册图书。当然,由于世界范围内不断有新的图书加入谷歌,这个数目正处在快速增长过程中,谷歌甚至自信满满地表示要将谷歌图书馆建成世界上最大的数字图书馆。这对于广大读者来说无疑是天大的好消息,因为这意味着我们可以越来越方便地从互联网上找到并阅读各种各样的图书。

• 图书种类:目前,谷歌图书的种类繁多,包括小说、非小说类文学作品、参考文献、学术文献、教科书、儿童读物、科技书籍、医学书籍、专业书籍、教育书籍等。更重要的是,随着合作图书馆提供的图书不断增多,许多绝版书都能够在“谷歌图书”中轻易找到。

• 语言类别:谷歌的目标是将全世界所有语言和文化的图书纳入庞大的“谷歌图书馆”,而不局限于英语图书,截至2007年,图书搜索界面已支持超过35种以上的语言,其中也包括中文。来自100多个国家/地区的10 000多个出版商和作者参与了图书搜索合作商计划,参与图书馆计划的合作商数量已增加到28个,其中包括七个国际图书馆合作商:牛津大学(英国)、马德里康普鲁腾塞大学(西班牙)、加泰罗尼亚国立图书馆(西班牙)、洛桑大学图书馆(瑞士)、根特大学(比利时)和庆应义塾大学(日本)。这大大丰富了“谷歌图书”的语言种类。

• 杂志搜索:除了图书资源,谷歌还推出了“杂志搜索”。由于杂志已与图书搜索结果整合在一起,因此每当用户在“谷歌图书”上执行搜索时,其实是在整个图书和杂志库中进行的。据了解,目前国内外已有多家杂志出版商与谷歌建立了合作关系,因此用户可以浏览到各种主题的杂志存档内容,其中比较著名的有《素食时代》、《科技新时代》、《大众机械》和《纽约杂志》等。

• 预览方式:目前,“谷歌图书”主要有两个来源:一类来自世界著名图书馆的藏书;一类是合作出版商提供的图书。其中受版权保护的图书,谷歌一般提供部分内容预览或图书基本信息;对于不受版权保护的图书,如古代作品,即进入公共领域的图书,读者可以阅读或下载整本图书。具体来看,“谷歌图书”可分为以下三种预览方式。

①无预览。在出版者或作者明确要求的情况下,谷歌图书搜索只提供图书

的书评、作者、出版社、ISBN 等基本信息，不提供任何预览。如中文版《哈利·波特》系列图书。

②部分预览。主要针对处在版权保护期内的图书，谷歌一般提供读者图书部分页面的在线阅读，预览的比例是根据出版社或作者要求制定的。

③全书预览。全书预览适用于两种情况：第一，该书版权保护期结束，已进入公共领域；第二，获得了出版商或作者许可。

• 手机版本：2009 年 2 月 5 日，谷歌推出手机版“谷歌图书搜索”。目前，手机版本可在苹果 iPhone 和谷歌 T-Mobile G1 智能手机上阅读，用户只需在浏览器输入“books. google. com/m”就可进入手机版“谷歌图书搜索”。

❷ 今天你谷歌图书了吗?

既然“谷歌图书”拥有庞大的图书资源，并且资源数量还在不断上升，那么应该如何更好地利用这一资源以丰富我们的精神世界呢?

谷歌为广大读者提供了“个性化图书馆”服务，读者可以对自己选择的图书进行标记、评论、评分，并可以将个人图书馆的链接发送给好友分享彼此的丰富藏书。

第一步，通过注册创建自己的谷歌账户。

第二步，搜索到合适的图书，点击“添加到书架”，将图书添加到用户的数字图书馆。

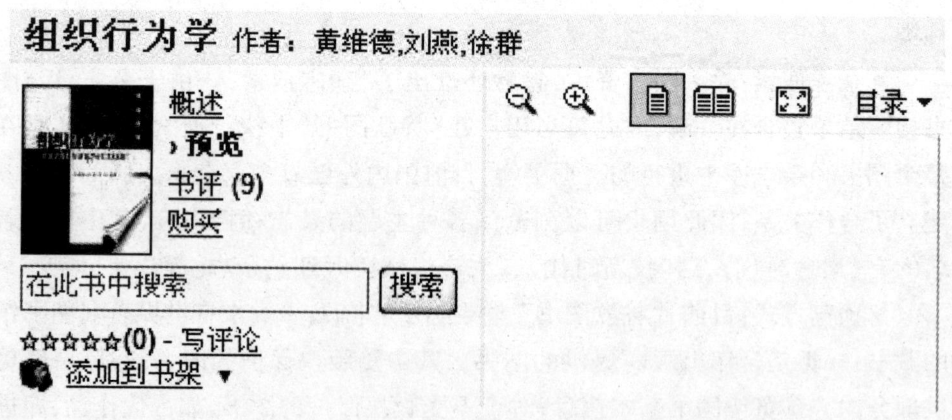

▲谷歌图书之添加到书架

另外，通过导入图书 ISBN 号，可以添加多本图书到个人图书馆。

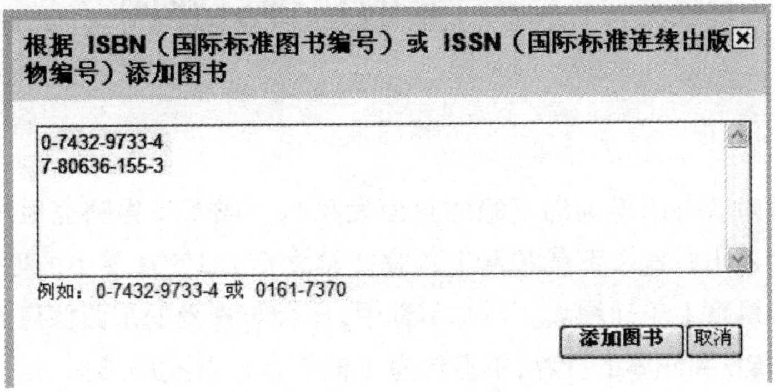

根据 ISBN（国际标准图书编号）或 ISSN（国际标准连续出版物编号）添加图书

0-7432-9733-4
7-80636-155-3

例如：0-7432-9733-4 或 0161-7370

添加图书 取消

▲根据 ISBN 添加图书

第三步，点击“写评论”就可以写下对本书的评论，除此之外还能为图书评分。

第四步，谷歌还为读者分享图书提供便利，用户在浏览图书过程中，如果觉得某本书非常值得推荐给好友，就可以点击右上角的“链接”。首先复制该书链接，然后通过电子邮件或 IM 即时通信工具（如 QQ、MSN）等方式将该地址发送给好友，一起享受知识的快乐。

链接 反馈

将链接粘贴在电子邮件或 IM 中

http://books.google.com/books?id=yUM3Akvn4wYC&lpg=PP

嵌入

<iframe frameborder="0" scrolling="no" style="border:0px" sr

▲复制一本书的链接与朋友分享

其实，每一个有逛图书馆或书店经历的人都有这样的体会，面对琳琅满目的图书，想要找到自己想要的图书得花费不少精力，想要找比较专业或年代久远的图书，往往会从书店无功而返；在图书馆搜寻，只能在一馆馆藏中查找，上楼下楼辛苦不说，还要锻炼“火眼金睛”的本事，得从一排排书架中找到“真经”。“谷歌图书”颠覆了这一切！还犹豫什么呢，让我们享受最轻松、最自由的数字阅读乐趣吧！

今天你谷歌图书了吗？

2.2 豆瓣，我的精神后花园

卢振波

你经常对着书店里绵绵不绝的封面发呆吗？或者头昏脑涨地从音像店的琳琅满目中逃出？宽带下载和网上购物降临之后，即使在最小的城镇，你的选择也在每天成百上千地增加。不知不觉中，你会与喜爱的东西擦肩而过。对多数人而言，亲友和同事的推荐，不但传递了他们自己真实的感受，也包含了他们对你口味的判断和随之而行的筛选。如何能不一一结交，却知道成千上万人的口味，从中间迅速找到最臭味相投的？为了这一愿望，豆瓣诞生了。它不针对任何特定的人群，力图包纳百味；帮助你通过你喜爱的东西找到志同道合者，然后通过他们找到更多的好东西。

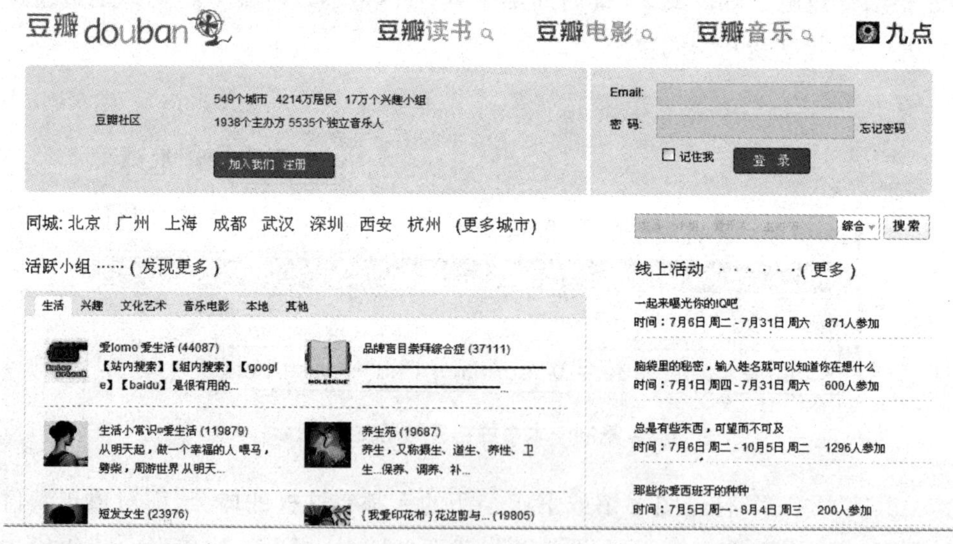

▲豆瓣网首页(www.douban.com)

❶ 豆瓣是什么?

豆瓣不是菜，它是一个集Blog、会友、交流、小组、收藏于一体的Web 2.0社区网络。豆瓣鼓励用户参与，参与得越多，贡献得越多，收获也就越多。通过用户的自我创造与分享，形成无数个志同道合、“臭味相投”的小组。

❷ 豆瓣有什么？

总括来说，豆瓣目前提供的服务有：特定用途的检索（书、电影、音乐，还有本站内的用户）、购买渠道推荐、特定商品的比价、资料的存储和共享（“我的豆瓣”）、站内线上交互（“小组讨论”和“豆邮”）、SN（“友邻”和“同城”）、“二手交换”，还有“豆瓣推荐”（“豆瓣猜”和“你可能感兴趣的豆列”）。

记录分享、发现推荐、会友交流，这是豆瓣在使用指南中对用户站内路径的指引，分别也可对应豆瓣导航的三大组成块：品味系统（读书、电影、音乐）、表达系统（我读、我看、我听）和交流系统（同城、小组、友邻）。

❸ 品味系统——读书、电影、音乐

可以搜索一切豆瓣已有记录的相应类别的产品，还有“新书速递”、“正在热映”影片以及“最近播放次数最多”的音乐列表。内容丰富，以豆瓣读书为例，包括：①产品信息，如书名、作者、ISBN、出版年、定价等。②评论相关信息，有评论人 ID 及图片、评论题目、内容、评论分、评论等级及回应数等。③产品销售信息，提供链接购买、比价、二手交换等服务。④推荐信息。通过“常用的标签”、“喜欢××的人也喜欢”、“豆列推荐”形式对用户进行推荐，引导用户站内流动。通过站内其他用户使用该产品状态显示（“谁读这本书”）和收藏该产品小组列表引导用户进行单对单、单对群的交友行为。⑤用户登录后，可参与修改产品信息，添加评价，进入该产品的论坛发帖或参与讨论。对产品标识自己“想读、在读、读过”的状态，并列入自己的收藏夹，同时也可以在五个评价级别中选择一个直接表述自己的态度。以上用户行为被网站记录，不但在“我的豆瓣”中体现，还进入到网站的数据库，通过豆瓣设定的计算模型，对网站的页面数据提取产生直接影响。

品味系统是资讯（相关产品）+功能服务+推荐（人和物）的架构，核心是资讯内容，关注点在“物”。不同于图书馆电子版一对多的开放分享，豆瓣由于开放给所有用户参与建设，因此是一个动态变化趋向完整的文化产品资料库，形成的是多对多的分享交流。正因为有交流元素的介入，所以豆瓣强调了参与建设信息的有用与否（评价和讨论），令贡献信息的私人性（BLOG 元素）变得公众化（BBS 和贴吧）。

截至目前，除了读书、电影和音乐，豆瓣又推出了豆瓣电台。不用添加任何

播放列表,更不用费神想听什么,只用打开豆瓣电台!豆瓣电台的后台机器人会不断模仿和学习你的口味,算出你真正想听的好音乐。豆瓣提供“公共电台”和“私人电台”两种选择。无论是谁,只要打开豆瓣电台,就可以收听“公共电台”;注册豆瓣,就可以开启你的“私人电台”,享受24小时专属音乐服务。

❹ 表达系统——我读、我看、我听

社区内的用户管理模块,需注册并登录,即“我的豆瓣”。我读、我看、我听:实质就是用户关于读书、电影、音乐的收藏夹。

表达系统是品味系统与交流系统的联接。如果说品味系统关注“物”,交流系统关注“人”,那么表达系统就是通过用户个体融合这两个重点。

以“我的豆瓣”中的内容为例,用户站内发布信息汇总(评论、回帖、讨论),收藏行为、向外推荐和交换信息都是用户对品味系统的贡献。而这些内容共同组成用户的个人展现,使其能参与交流系统。豆瓣作出的产品推荐,是以用户个体行为和用户交流系统中触及的其他用户行为为基础的,更有针对性,也可以看作是交流系统对表达系统的反馈。

在个人展现部分,收藏(列表)是豆瓣的核心体现,好比个人的网上书架。在豆瓣,个人展现应用方面的“收藏”还不单指“物”,还包括“人”,通过物和物、人和物的关系表达,用户对外展现自己和友邻的收藏。

❺ 交流系统——同城、小组、友邻

2010年2月,豆瓣变形了,网站内容进行了重组:从兴趣分享型网站向更接近线下生活的社区转变。书、影、乐是豆瓣的传统产品,是其核心内容,但日益崛起的豆瓣社区,以兴趣爱好为结合点,将用户关注的焦点扩展到衣食住行、摄影旅行、美容健康、品牌购物等多个方面,内容上更加多元化。

“同城”、“小组”、“友邻”,从交友来说,是一个范围逐渐缩小的过程。豆瓣以共同爱好“物”这个媒介,增加了交友纬度,也更有针对性。对于每一个成员来说,豆瓣的社区提供了一种以“兴趣爱好”为纽带扩展人际关系的可能。这种关系的形成无需刻意,它更多的是伴随着内容关系的形成而自然形成的。

❻ 豆瓣猜

超级喜欢“豆瓣猜”的功能,这是豆瓣给每个人的个人推荐。通过每天分析你的读过、想读、在读、评价行为,豆瓣会从海量数据里挑选你会感兴趣的内容

给你。用得越多，豆瓣猜得就越准确。例如，昨天我在豆瓣上对《杜拉拉升职记》标记了“读过”，对《杜拉拉3：我在这战斗的一年里》、《杜拉拉2：华年似水》标记了“想读”，然后在“豆瓣猜”中出现了如下内容，因截屏关系，并未显示全部，但从已经显示的内容来看，你不觉得它推荐的还是相当不错的吗？

豆瓣猜你的阅读兴趣 ······

▲豆瓣猜

由于书、影、乐、社区，四款产品形态各异，发展的成熟程度也各不相同，未来的豆瓣会循着四个不同方向发展，形成各自的风格特点。但不管如何发展，用户总能“发现不同的东西，并且适合自己”，这就是豆瓣。

2.3 名人博客中的经典语录

温　宝

博客(blog)又被称作网络日志,是一种通常由个人管理、不定期在上面张贴文章的网页。美国人工智能专家 Jorn Barger 于 1997 年最早用 weblog 这个术语来描述那些有评论和链接的网站。发展到后来,很多网站都开设了博客功能,供网友在网站内建立自己的博客。博客主人一般被称为“博主”。博主在博客上发表或者转载文章后,其他人就可以通过网络马上进行阅读和评论,博主还可以对这些评论进行回复。这种互动性极强的网站很快成为名人和网民交流思想情感的重要途径。

现在演艺界、文学界、教育界等社会各界的很多著名人士都在网上开办了个人博客。他们往往先选择一家网站建立博客,其他很多有博客功能的网站在征得他们同意后也会在网站上为他们建立一个博客转载其发表在主博客上的文章和消息。这样一来,名人博客的影响力更大了,网民也可以轻而易举地即时阅读这些名人的作品了。在那些点击量超高的名人博客中,人们可以发现很多闪光点,下面就是摘自这些名人博客的经典语录。

❶ 犀利作家韩寒的博客语录

网址:http://blog. sina. com. cn/twocold

- 以前人们都以为豆瓣小众,就自己上,结果一起身发现全办公室都是豆瓣,以前人们都以为陈绮贞小众,就自己听,结果钱柜里一点歌发现还大合唱。
- 我会不会加入作协? 如果我去了就能当主席,我就去,我下一秒就把作协给解散了。
- 占着茅坑不拉屎是可恶的,其实,最可恨的却是拉完了屎还要占着茅坑。
- 欠人钱和欠人情有很大的不同。比如别人欠你一笔钱,拖着久久不还,你已经断然失望,这时,那人突然还钱了,你便会觉得那仿佛是身外之财,不是你的钱,然后挥霍花掉;但若是别人欠你一份情,也久久不还,待到那人还你情时,你会倍加珍惜这情。
- 像《三联生活周刊》《南方周末》这些杂志,虽然不错,但有些时候他们过于讲究从另外一个角度去看问题,在大合唱的环境下发出不走调但又不是一个调的声音,有时候适得其反。

❷ 演员徐静蕾博客经典语录

网址:http://blog. sina. com. cn/xujinglei

- 笨的人必须自己摔跟头才能知道,聪明的人看别人,以己度人的想一想也能明白个一二。
- 人永远是不撞南墙不回头的,有时候撞了南墙也总是回头了又再回首……
- 人应该先放开了去做,再去谈选择和放弃。
- 对自己多好,都不过分。
- 谁是什么样子,要用他一生的时间才能描述完,而这之前的任何一次总结,都不过是断章取义。
- 我爸老跟我说的一句话,人拼到最后还是要拼学识什么的。
- 人间喜剧总是用悲剧来垫底子,一部悲剧引发了高超的票房,于是悲剧就成了喜剧。
- 到感动的时候,总是觉得无语……
- 真正能成为一个成功的人就要耐得住寂寞,否则就会很失落。

❸ 情感专家苏岑博客经典语录

网址:http://blog. sina. com. cn/suqinbk

- 让男人累心的女人必定美貌,让女人累心的男人一定多金。
- 婚姻不是爱情的结合,而是条件的加减乘除。
- 林黛玉其实代代常有,那是女孩子的通性。贾宝玉是可遇难求,那是男人们的神话。当代出不了林黛玉,因为,女人遇不上贾宝玉这样的惜花人。
- 恋爱中的女孩子常犯的一个错误:把分手当成是索要爱的手段。
- 一等人成龙成凤,次等人攀龙附凤。
- 青涩的女子,面对心仪的男子,会努力装得“复杂”,她用神秘感引他一探究竟。聪明的女人,面对心爱的男人,会变得“简单”,她明白了用爱还原最真实的本我。
- 聪明的女人被男人当成爱人,太聪明的女人被男人当成对手。
- 对于女人,一万朵玫瑰花也不如一枚订婚戒指来得实在。
- 长得很漂亮是运气,长得很不漂亮是晦气,长得不很漂亮是福气。
- 一个女人被夸赞漂亮是寻常,一个女人被夸赞性感是荣誉。漂亮女人总是敌不过性感女人。

- 女人可以做到不花男人的钱,但不花男人钱的女人亦希望身边这个男人口袋里能够有花不完的钱。
- 中国女人不嫁自己看好的男人,只嫁大家看好的男人。

❹ 中医养生学家徐文兵博客语录

网址:http://blog.sina.com.cn/hopeinstitute

- 一个人的寿命长短是母亲决定的。一个人的活力是不是充沛、是不是能冲能杀能打?父亲决定的。所以外在流露出来的那个是父亲。根儿里面、骨子里的是母亲。
- 六十岁是人生的开始。六十岁之前为了父母,孝敬父母,为了养育孩子,为了奉献给国家,或者奉献给自己的单位。为别人活着。退休以后呢?为自己活着,是一个新的开始。
- 孔子说过一句话,叫人贵有自知之明。到饭馆儿,把最贵的点一遍——这人叫富人。但是,到了饭店以后,今儿什么季节?我什么体质?我处在什么地方?然后点几个适应天时,适合地利,适合我的这么一个菜。这个人叫贵人。
- 别人打了你一个嘴巴,如果你一天想十遍,那就等于你挨了十个嘴巴。
- 饮食有节。道家有个观点,人这一辈子,吃的饭是有定数的,早吃,多吃,你就早完蛋;慢慢吃,悠着点吃,你就能活得长久。

❺ 童话作家郑渊洁博客语录

网址:http://blog.sina.com.cn/zhyj

- 合格的教师和父母的标志:发现孩子的优点,告诉他什么地方行。不合格的教师和父母的标志:发现孩子的缺点,告诉他什么地方不行。
- 吝啬的真实含义不是舍不得花自己的钱,而是舍得花别人的钱。
- 太阳的伟大之处在于它把光明撒向人间的同时不让任何人接近它。
- 冠军和亚军的实力其实相当。冠军之所以成为冠军,不是实力强,而是亚军的失误造就了冠军。
- 最稳妥最万无一失的保值是给自己大脑的才智保值。
- 要想成功,得有朋友。要想特别成功,得有敌人。

⑥ 演员姚晨微博语录

网址:http://t. sina. com. cn/yaochen

- 真理确实是越辩越不明,应该以不辩应万辩。
- 老话说:谁人背后不说人,谁人背后无人说。所以,保持沉默其实就是一种自我保护。
- 老公一走神,错把红灯当绿灯,提前拐了弯,嘴里一个劲儿念叨:对不起!对不起!我很奇怪:跟我说对不起有啥用,反正肯定是要被罚款了。他叹口气:我是对后面那辆车说的,刚才我拐弯,那哥们也糊里糊涂跟着我拐了。
- 别人说,你是一名人,你得忍着。呵呵,对,我是一"明"人,站在明处,永远都得忍着。
- 到某公司上洗手间,墙上贴着提示牌:同志们,冲啊!
- 影视工作者内部流通信息:哥们,考考你:拍戏、觌鳖、饕餮、饔礤、蘩颢、蝎鹕、鲦鳐、螗貊、貘鳌。发现自己除了拍戏什么都不会吧!新年快乐!虎年接着拍吧!
- 我:老公,今天是情人节耶!

  老凌:跟我有啥关系,我又没情人。

  我:这个其实就是恋人之间的节日。

  老凌:跟我有啥关系,咱俩是夫妻,又不是恋人。

  我:人家外国人夫妻间过情人节老公都会送老婆玫瑰花呢。

  老凌:跟我有啥关系,我又不是外国人。
- 小时候我总喜欢把电视里的人笼统分为好人或坏人。长大成人了才知道,人哪有好坏之分,都一个死德性。只是面对人生道路,各自选择不同而已。但道不同,一定不相为谋。

2.4 烹饪书阅读新时代

郑珍宇

❶ 烹饪书的历史

有人认为烹饪创造了人类。美国哈佛大学的生理人类学教授理查德·兰厄姆(Richard Wrangham)在《烹饪在人类进化中的重要作用》(Catching Fire: How Cooking Made Us Human)一书中提出的论点是,把生食做成熟食的过程开发了我们祖辈的智力,改变了原始人的人体结构、生理状态、生态、心理、生命历史乃至社会,推动了人的进化和文明社会的发展。不管结论如何,可以肯定的是,烹饪确实在我们意识到的很长一段时间前就与人类生活发生了紧密的联系。人类步入文明社会后,烹饪成为与每个民族及每个家庭保持着长时间紧密联系的元素,并进而发展成为一种特殊的艺术形态,构成了民族文化的重要组成部分。烹饪作为一种艺术形态,与其他艺术形态最大的不同大约就在于其与人类社会存在的这种关联。它最广泛地渗透于我们的生活,使得捧着各式各样的烹饪书、在厨房里大胆地操弄锅碗瓢盆成了一种喜闻乐见的实践艺术形式,而烹饪书在其中有至关重要的作用。

在进入大众领域之前,烹饪书是专由厨师撰写供给学徒学习使用的一种书籍。18 世纪之前,只有富人家才有烹调书。由于家里的仆人大多不识字,很可能是在做饭时由女主人把食谱念给她们听[①]。直到 18 世纪才出现了我们今天看到的烹饪书类型。烹饪书的风靡和发展与女性息息相关。当时,以 Hannah Glasse、Elizabeth Roffald 和 Maria Rundell 为代表的一些女性出版了一系列旨在帮助经验不足的家庭主妇及她们的仆人们提升厨艺的英文烹饪书籍,较知名的如 Glasse 的《烹饪的艺术》(The Art of Cookery made Plain and Easy)以及阿米丽亚·西蒙斯(Amelia Simmons)写的被誉为美国烹饪第一书的《美国烹饪》(American Cookery)。随着 19 世纪的临近,烹调书的销量日益上升。1876 年之前的一个世纪中美国出现了 1000 多种烹调书。书里除了各类食谱外,还有健

① 栗月静. 烹调书是烹饪艺术的编年史. [2010-07-14]. http://www.alllw.com/lishixuelunwen/02052PM2010.html

康饮食的小窍门,讲述持家之道的文章,以及如何成为得体的淑女等建议内容。因此这些烹饪书广受女性追捧,常被女性长辈作为送给女儿们的礼物,有的烹饪书甚至成为那时新娘人手一本的必备读物。女性成了大众烹饪书的最早读者群。

《纽约客》作家 Adam Gopnik 在《对烹饪书的渴求》一文中总结说,烹饪书的演变,经历了词典、百科全书、文集和语法四个阶段。之所以说现在的烹饪书更像是语法书,是指现在的烹饪书更多的是为零基础学者设计的,从如何烧开水到如何煮鸡蛋,巨细靡遗。这从一个侧面体现了现在烹饪书的功用和读者群的变化。如今,烹饪书读者已经绝不仅仅限于女性。男性阅读烹饪书不仅是生活需要,同样也是一种对时尚和品质的追求。在日本,由于“便当男”的增多,针对男性的烹饪书变得炙手可热。一本面向初学者的简单烹饪教程《太一与健太郎男子饭之书》从 2009 年 4 月上市以来销量已突破 10 万册①。除此之外,如今的烹饪书另一个必不可少的元素就是的令人垂涎欲滴的大幅美食图片。阅读烹饪书不再是实践的需要,它更可以是一次想象力的旅行,只需发生在头脑里。

❷ 烹饪书的博客时代

2009 年度奥斯卡提名影片《朱莉和茱莉亚》讲述的是两位同样对烹饪充满热爱,同样勇于尝试,同样平凡的女性所经历的不同的成名历程。朱莉通过一部教美国人学做法国菜的烹饪书扬名立万,而网络时代的茱莉亚却通过博客走红网络。茱莉亚的烹饪博客走红绝非偶然。中国本土也不乏范例:下厨房,文怡♥厨房,胖星儿的相对美女私房菜,美食情书,梅子的写食日记,80 后男人的厨房等等,种类繁多不一而足。

曾几何时,赏读美食图片成了烹饪书的又一功用。于是,烹饪书的博客时代应运而生。博客除了拥有显示精美图片的优势外,更重要的是它给读者以动态、互动的阅读体验。烹饪博客或者美食博客由草根撰写,以亲切、生动的方式记录美食生活,使得美食教学不那么“教条”。博客每天或是两三天就更新一次,应季推出时令小菜或是当季最适用的养生秘方。比如,正值春季,胖星儿就推出春季滋养煲汤。不同的烹饪博客拥有不同的特色,有北方菜系,也有南方小食,或是异域风情。有的博客博主碰巧是妈妈,博客在记录宝贝成长历程的

---

① 日本:“便当男”增多,烹饪书热卖. [2010 - 07 - 14]. http://press.idoican.com.cn/detail/articles/20090723172411/

同时，推出每日宝宝养生餐。比如梅子的写食日记，作为母亲的厨艺爱好者读了之后一定收获颇多。除此之外，博客还设有各地美食、厨房秘笈、厨房心经等板块，有的甚至推出“美食漫画”系列记录生活，提供特别不一样的阅读体验。另外，在阅读这些“烹饪书”的同时，读者可以实时提问，加入论坛、美食圈参与讨论、分享美食经，大大提升了数字阅读的价值。

❸ 最酷最炫的烹饪网站

除了美食博客之外，还有诸多横空出世的很酷很炫的烹饪网站。它们的出现展现着烹饪阅读新的时代特色。其中一类是具有 Web2.0 时代特性的烹饪网站，这些网站注入了用户创造、互动、分享及便捷搜索等元素，为美食爱好者提供了一个全新的交流方式和网络平台。在这些网站中，藏匿于大众中的烹饪高手或是拥有奇思妙想的美食爱好者都可以于此找到自己的展示平台，除了为用户提供文本记录功能，还提供强大的图片、美食相册功能，允许用户上传详尽的烹饪记录，使用户每一次烹饪艺术的“创作”过程都能第一时间被知晓、被分享。在这里，每一个用户都有可能是网站的内容贡献者，成为万千粉丝“顶”的社区明星。网站为用户构建出一个个社交网络，在此之中，用户分享美食、发现美食、交流美食，甚至沟通解决烹饪难题，不期而遇美食秘方，网站通过凝聚的力量放大一切的可能性，让用户置身其中欲罢不能。

另一类烹饪网站是汇聚四方美食的食谱百科。网络时代，烹饪爱好者不再需要翻开厚重的食谱书籍，直接利用一些垂直的食谱搜索引擎即可实现精准、便捷的查找。通过在检索框中输入所感兴趣的菜名或关键词，用户即可获得烹饪这道菜所需的食材及具体操作步骤。有些平台甚至允许用户输入现有的食材，而后将这些食材组合成一道食谱返回给用户。这些食谱百科的内容有来自名家、营养师的推荐，也有来自普通用户直接提供的食谱信息，内容丰富，涵盖面广。它们按不同菜系、不同的烹饪方式及不同的食用功能等体系来设类划分，用户可以通过多种方式查找所需食谱。

值得推荐的烹饪网站列表，参见本书后附录 4“烹饪网站汇集”。

2.5 中小学生适读的数字资源

施志唐

随着数字阅读在青少年群体中的普及,针对中小学生的数字资源不断推陈出新。利用计算机多媒体技术的特点,这些数字资源除了文字描述外,更以光影声电的配合达到趣味教学的目的,寓教于乐,这些学习资源能激发中小学生浓厚的兴趣。以下推荐几种适合中小学生的数字资源。

❶ 中华连环画数字阅览室

网址:http://www.gxiang.net

中华连环画数字阅览室由神州共享(北京)技术有限公司出品,包含了中国古典四大名著、中华成语典故专库、中外少年阅读典库、中华民间故事传说典库等4大类别8个小类1500余册(套)数字连环画。这当中既有《西游记》、《红楼梦》、《三国演义》等世界名著,又有《三毛流浪记》、《铁臂阿童木》、《丁丁历险记》、《阿里巴巴和四十大盗》、《木偶奇遇记》等青少年最喜闻乐读的小人书。

中华连环画数字阅览室目前有两种使用方式:一是用户名密码认证方式,用户须注册后才有权限使用;二是图书馆、学校或研究机构等以IP包库的方式,用户在授权IP范围内通过特定入口登录后即可在线阅览。

❷ 奥索乐儿动画

网址:http://leer.gzlib.com.cn/

《乐儿》是系列、综合的少儿科普动画产品。科普知识内容包括植物、动物、昆虫、海洋、自然等系列。该产品致力于全方位、立体化地让小朋友们更多地了解大自然,热爱大自然,通过玩去学,在孩子们的成长过程中丰富他们的生活。

我国有一些图书馆提供乐儿动画供读者使用,如东莞图书馆、合肥市少年儿童图书馆、贵州图书馆等。读者可到所在地区图书馆咨询并获取乐儿动画的访问权限。

乐儿
L nger
用户：
密码：
登陆
动物森林
虫虫世界
自然科学
植物趣闻
海底世界
智慧天堂
游戏乐园

▲乐儿动画主页

DigiBook
数字漫画平台
首 页
出版社分类
阅读器使用
作品,作者名,作品简介
搜索
外网授权用户登录 用户名:
密码:
登录
DIY专区
海宝系列
幽默类
历史武侠
科幻神话
侦探类
国学类
情感类
娱乐休闲
青春励志
本馆精选
国内原创
乌龙院大长篇...
作者：敖幼祥
制约黄昏（全...
作者：陈岚
睡美人（全一...
作者：娜娜
愿望（全一册...
作者：娜娜
国学精选
宋 词
老子说
六祖坛经

▲点点书库

❸ 点点书库

网址:http://www.dianjishu.com/Success.aspx

由点击书公司研发生产的“点点书库”数字动漫书库为读者提供大量的正版漫画。

数字动漫平台标准版是一套 B/S、C/S 整合多媒体漫画阅读系统。它既可以在浏览器中浏览检索,也可以让读者在精美的书架软件中体验翻书的乐趣。

许多图书馆都购买了使用权,分别提供两种使用方式:包库,读者可到购买了该产品的图书馆电子阅览室中阅览;馆外认证,通过图书馆读者证号密码认证的方式获得使用权限。

❹ 中国儿童资源网

网址:http://www.tom61.com/

中国儿童资源网是面向 5 到 10 岁儿童的少儿娱乐学习平台,里面包括了适合儿童的影片、游戏、歌曲、有声故事,也包括了汉字、古诗、拼音、数学、自然科学等趣味性学习课件。用户访问后到主页右上角注册为正式用户,即可使用各种课件资源。

▲中国儿童资源网主页

❺ 国家少儿数字图书馆

网址:http://kids.nlc.gov.cn

国家少儿数字图书馆网在2010年5月31日开通,在国家少儿图书馆馆内数字资源基础上建立该网站,数字资源总量为10T,针对少年儿童特点,设置了书刊阅读、校外课堂、展览讲座、我爱动漫、才艺展示、国图漫步、网站导航、活动预告等栏目。这些栏目生动活泼,寓教于乐,比较适合中小学生阅览。在资源表现形式上,采用视频、音频、多媒体动画等媒体类型,提供普通中文书刊、动漫图书、连环画、各类文化展览、在线讲座、经典诗文赏析、中英文学习软件、音乐欣赏等多种中小学生喜爱的内容。有关该网站更详细的内容,请查阅本书6.3节“如何利用国家图书馆的数字资源?”的第二部分。

❻ 小书房公益儿童文学网

网址:http://www.dreamkidland.cn

网站由儿童文学作家漪然发起,致力于儿童文学推广,并扶持中国原创儿童文学作者和原创图画书作者。散布各地的小书房义工(志愿者)为推广儿童阅读,开展了丰富的网上和网下活动。

小书房网目前提供一些资源可用,包括童书评论、亲子阅读、读书活动、原创作品、经典翻译、插图绘本等栏目,资源使用简单明了,也提供论坛供儿童文学爱好者共同交流和讨论。

参见 4.9 一位爸爸的数字阅读指导经验

儿童喜欢的英语学习网站(本书30页、162页)

2.6 电子杂志新天地

从 挺

谈到电子杂志，你可能会想到绚丽多彩的多媒体效果，模仿纸本杂志的翻页声音，与读者个性化的互动等。电子杂志最早起源于20世纪80年代，1980年，在美国的“电子信息交换系统”项目进行过程中，诞生了世界第一种试验性电子杂志《Mental Workload》；1995年诞生的《神州学人》是我国第一本网络电子杂志。到目前为止，国内外已有数十种电子杂志平台网站，如国内的XPLUS、ZCOM、POCO，国外的Zinio、Qmags等，这些平台或者拥有大量的知名杂志入驻，或者提供充满个性化的原创杂志，读者可以享受到不同以往的杂志阅读体验。

电子杂志网站介绍

现在向你主推的是国内一些知名的电子杂志平台。

❶ 悦读网

悦读网是国内领先的电子杂志网站，它为读者提供了800多种电子书刊资源，其中包括500多份电子杂志，基本都是和实体版同步上架。这些电子杂志中有不少属于免费产品，如《网络世界》、《新财经》等，无论当期还是往期，全部免费提供。即便是付费杂志，一般也要比纸刊便宜不少。

从杂志类型上看，悦读网几乎囊括了所有杂志种类，在网站“HOT”栏中主推精英地带、IT数码、汽车旅游、投资理财、体育娱乐、时尚生活等版块，其中不乏国内知名杂志，如《南方人物周刊》、《新周刊》、《互联网周刊》、《时尚》、《瑞丽》等。据悉，悦读网的在线注册用户有400万，每天浏览量达几十万人次。

除了“HOT”栏，网站还在主页中间专门开辟一块栏目“最新上架”，实现新刊的及时速递。在主页左栏，主要是“悦读网动态”、“杂志特别推荐”以及“下载排行榜”，读者能够从中发现最新最炫的电子杂志，还可以了解其他读者都在读哪些杂志。

❷ ZCOM

ZCOM是国内赫赫有名的电子杂志网站，成立于2004年初，它的创始人汪东风也是国内最早一拨投身电子杂志领域的人物。ZCOM从一开始就走在行业的最前端，截至目前，它的注册用户已突破3000万，用户遍及国内及北美东南亚等地，日渐成为国内下载量最大、读者群最广的杂志阅读平台。

ZCOM网站内容丰富多彩，通过对杂志内容有机整合的方式，它将栏目分为女性频道、男性频道、汽车频道、新闻频道、财经频道、旅游频道、IT频道、娱乐频道，使读者能够根据个人的兴趣选择相应的栏目阅读。在网页醒目位置有“ZCOM每日最新”提示，将新刊一网打尽。另外，ZCOM还建立了杂志社区，为读者提供快乐交流的天地。

▲ZCOM电子杂志网主页

除了著名的杂志品牌加盟ZCOM，网站还为众多杂志DIY爱好者提供了施展才华的场所，并开辟“最热门DIY杂志”排行榜。

国内方面，除了上述两家知名电子杂志网站，还有以POCO为代表的原创性时尚网站，以喜悦网为代表的主流媒体的数字报刊平台，以及龙源期刊网、VIKA等等。在电子杂志风潮席卷而来的时候，你也不妨亲自体验一下这场多媒体盛宴吧！

接下来，向你介绍的是国外一些著名的电子杂志平台，如果你对国外杂志资讯抱以热情和关注，那么下面的内容肯定会适合你哦！

❸ ZINIO

ZINIO 是美国颇具影响的电子杂志平台，为读者提供包括流行杂志、非虚构类图书、目录、通讯在内的多种电子出版物。目前已有超过 350 家出版商与 ZINIO 合作，推出 1500 多种世界流行杂志，杂志种类包括艺术、汽车、娱乐、家居、生活时尚、男性、女性、科技、旅游、体育娱乐等，涉及语言种类多达 13 种。①

在网站首页，点击"top seller"可以看到 ZINIO 推荐的热销杂志，"new arrivals"则会列出最新的杂志。同时，ZINIO 也提供许多免费的电子杂志，其中包括知名的《国家地理》(National Geographic)、《PC 杂志》(PC Magazine)、《商业周刊》(Business Week)，只需要几个简单的步骤，这些充满魅力的杂志就将展现在你面前。

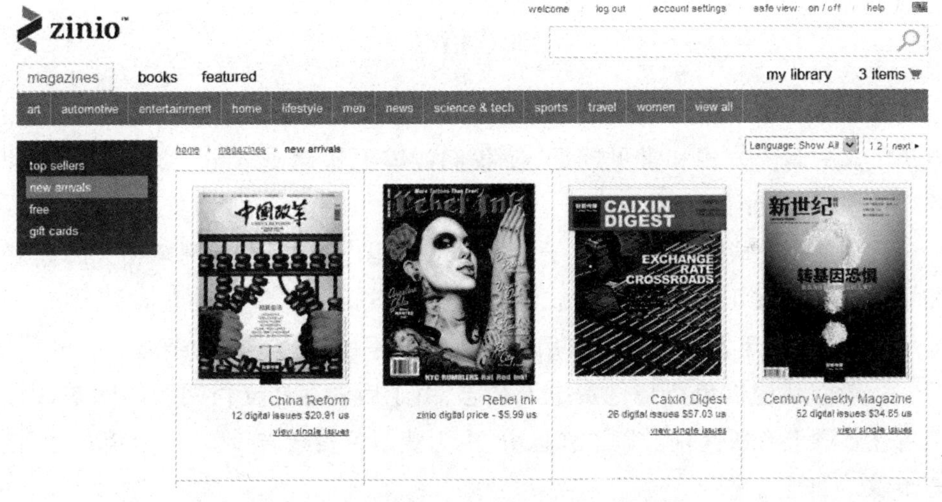

▲ZINIO 主页

ZINIO 一直倡导"与杂志零距离"的概念，它最大优势在于面向多种终端平台。读者除了在电脑上在线阅读，还可以通过手机网站、iPhone 应用软件的方式获取杂志内容。最近，ZINIO 又登录火热的数字阅读新平台 iPad，使得读者与杂志资讯实现完全意义上的零距离。

① 维基百科"ZINIO"词条. http://en.wikipedia.org/wiki/Zinio

❹ Coverleaf

相比于 ZINIO，Coverleaf 规模较小，大约提供五十种流行杂志。该平台的杂志种类包括商业财经、烹饪、工艺 DIY、时尚流行、男性、女性、体育娱乐等，其中比较著名的杂志有《男性健康》(Men's Health)、《跑步者》(Runner's)。

尽管 Coverleaf 杂志种类并不算丰富，但还是有非常精致的栏目。比如精彩内容剪辑“Most Clipped”，就是网站精心挑选近期杂志中的精彩内容，推荐给读者；还有博客栏目“coverleaf blog”，网站通过博客链接的方式，搜寻到其他有趣的杂志，可能这本杂志就放置于 ZINIO 平台。

除了以上两个知名的电子杂志平台，国外还有很多有趣好玩的网站，如 Qmags、Ceros、Issuu，这些平台在栏目设置或是阅读效果方面都有各自的独到之处。

阅读指南

在基本了解了目前国内外的电子杂志资源后，下面想向大家简单介绍一下电子杂志的阅读方式和常见问题，使我们能够更快地进入电子杂志的阅读世界。这里以悦读网为例。

首先需要完成注册，成为电子杂志网站的用户，然后安装网站相关阅读器，如 Zubu Reader。这样就进入杂志浏览和选购环节。

第一步：打开 Zubu Reader 阅读器，在报刊亭中选择喜欢的杂志。

一般网站提供免费与付费电子杂志，由于后者存在支付阅读的问题，因此两者在步骤上有所区别。以下作区分：A 为获取免费杂志步骤；B 为获取付费杂志步骤。

第二步 A：如果这是一本免费杂志，点击“下载”，会弹订购成功的页面。

第三步 A：此时，你已经开启了 Zubu 递送管理器，杂志将自动被下载到客户端。如果递送管理器没有自动获得你的未下载杂志列表，请点击“检查未下载杂志”按钮。

第四步 A：下载完毕后，杂志自动进入“图书馆”，你只要双击杂志封面即可阅读。

▲下载完毕,杂志自动进入“图书馆”

第二步 B:如果你选择的是付费电子杂志,点击“订阅”后,会弹出如下页面。

◎您现在的位置是:悦读网首页 ≫ 购物车

您可能还喜欢:

三联生活周刊	~~¥40.00~~	¥6.00	加入购物车	财经	~~¥45.00~~	¥15.00	加入购物车
理财周刊	~~¥8.00~~	¥6.00	加入购物车	美好家园	~~¥20.00~~	¥5.00	加入购物车
IT经理世界	~~¥20.00~~	¥10.00	加入购物车	数码摄影	~~¥48.00~~	¥8.00	加入购物车
文明	~~¥20.00~~	¥5.00	加入购物车	新周刊	~~¥45.00~~	¥6.00	加入购物车
年轻妈妈之友	~~¥6.00~~	¥6.00	加入购物车	科学新闻	~~¥42.00~~	¥6.00	加入购物车

名称	价格	删除
创业家(2010年4月1日)	¥3.90	删除

继续选购　　结帐

▲订阅付费电子杂志界面

第三步 B:点击“结账”,会进入下一个页面,需要选择合适的支付方式,悦读网支持包括网上银行、贝宝、腾讯财付通、悦读网点卡等多种支付方式。继续点击“结账”,用户将进入支付页面,如工商银行网上银行。

第四步 B:在完成订阅后,后续步骤参照“第二步 A”至“第四步 A”,实现阅读。

第五步:进入阅读页面后,会有“悦”读提示,如快捷键功能。在阅读器上方有几个小按钮,分别是“目录”、“注释”、“与朋友分享”等,这些功能键能够帮助读者享受到完全不同于传统杂志阅读的新体验。

对于我们大部分人来说，当然还是非常愿意享受纸质阅读那种休闲放松的感觉，但是这不应该成为我们拒绝电子杂志的理由。随着多媒体技术的发展，网站服务质量的提高，电子杂志阅读已经日趋成熟，甚至将成为未来生活中不可或缺的一种阅读体验。那就来吧，进入电子杂志的新天地！

附表：

国内知名电子杂志网站：

1. 悦读网　http://www.zubunet.com/site/magazineindex.html
2. ZCOM　http://www.zcom.com/
3. POCO　http://read.poco.cn/
4. VIKA　http://www.vika.cn/
5. Xplus 喜阅网　http://www.xplus.com.cn/
6. 龙源期刊网　http://www.qikan.com.cn/
7. ZINENET　http://www.zinenet.com/

国外知名电子杂志网站：

1. ZINIO　http://www.zinio.com/
2. Qmags　http://www.qmags.com
3. Coverleaf　http://www.coverleaf.com
4. Ceros　http://www.ceros.com/page/titles
5. Issuu　http://issuu.com

2.7 全民阅读的网络百科全书

温　宝

曾经，拥有一本厚厚的百科全书让人获得“一册在手，无所不知”的满足感，仿佛已将天下的知识和秘密尽收囊中。确实，百科全书囊括了跨越各个学科的丰富知识，知识再渊博的人也无法像百科全书一样博学和精准。但是世界是在不断的变化和发展的，随之而来的则是知识的不断更新，因此我们看到百科全书总是不断地更新着它的版本，丰富着它的内容。但百科全书的出版总是需要周期的，从查获资源到编辑排版再到付印和发行，这个繁琐的过程就注定了在信息爆炸的时代，百科全书不可能紧随所有信息变更的步伐。在人们及时掌握知识的需求和纸质百科全书的低效率之间的矛盾越来越突出时，网络百科全书诞生了，一切问题便迎刃而解。

1973 年，总部设在纽约州的美国书目检索服务社（简称 BRS）成立，专门开展书目文献数据库的联机检索服务。1980 年 4 月，BRS 率先推出了由 1000 篇文献组成的全文数据库，这个数据库不仅提供标题、文摘，而且可以进行全文检索。同年，《美国学术百科全书》出版，它是第一部以数据库为介质，通过网络向读者提供声像资料的百科全书，它的全文数据库可以通过 BRS，Dialog，以及 CompuServe，Dow Jones 等联机系统进行检索，从这种意义上说，《美国学术百科全书》是世界上第一部网络百科全书；不久，该百科全书的出版商 Grolier 又推出了 CD-ROM 版学术百科，它也是世界上第一张百科全书只读光盘，我们今天在互联网上看到的 Grolier Multimedia Encyclopedia 就是在前两者的基础上发展起来的。

据不完全统计，目前在互联网上可以查阅的在线百科及具有百科性质的工具书已有近百种之多，像我们所熟知的不列颠百科全书、美国百科全书、哥伦比亚百科全书、世界图书百科全书等均已经有了自己的网络版，西班牙的以补卷制著称的 Espasa（欧美插图大百科）及我国《中国大百科全书》也可以通过互联网进行全文检索。专业百科全书“触网”在最近的网络百科全书发展中特别值得关注，如网络哲学百科全书（the Internet Encyclopedia of Philosophy）、天主教百科全书（Catholic Encyclopedia）、鱼类百科全书（Regularly Fish Encyclopedia Browse Page）、法律咨询在线（Legal Research：On Pager and Online，它虽未以百科命名，实际上是 Nolo Press 法律百科全书的网络版）等数十种，具有相当高的参考价值。中文的网络专业百科目前可见到的有市场经济百科全书、奥林匹克百科全书、古代小说百科全书等。

网络百科全书有三大特点——无限性、平民性、互动性。

• 无限性。因为篇章字数有限，传统印刷版的百科全书在采集知识时往往去粗取精，挑选重点的词条进行收录。而网络百科全书不受条目数量的限制，因此大到生物、物理、化学等主要学科的知识内容，小到社会上的新生事物、网络流行语都可以被热心的网民整理收录到网络百科全书中；同时网络百科还不受条目长短的限制，百科数据库既可以提供内容专深的条目，也可以提供简短的事实性检索，两者可以同时进行，选择的主动权取决于检索者的要求。此外，网络百科对于热点问题还可以结合百科内容，提供背景资料形式的专深报道，如不列颠百科在线的“遗产”、“聚焦”、“档案”、“推荐查询”栏目，世界图书百科在线的“深度背景报道”（Deep Background）均可以体现大条目主义的作用。

• 平民性。传统的百科全书的编著者大多是权威的专家学者和业内人士，而网络百科全书却从这个限制中解放出来，普通的网民成为网络百科全书创建和更新的主力军。只要你对某一尚未得到定义的事物感兴趣，并能够准地的概括出它的意思，你完全可以在网上为它创造一个词条；如果你对某一已得到定义的事物有了客观的新发现，也可以对其网络词条进行更改或补充。每个人都可以自由访问并参与撰写和编辑，分享及奉献自己所知的知识。大家在写作中共同编写一部完整的百科全书，并使其不断更新完善。此外用户在使用网络百科全书的同时，还可以进行自主学习增长见识，也可以参与编写分享智慧，将头脑中的的隐性知识重新组织，不断累积成全人类共同的开放知识库，共同构筑起一个完整的知识搜索体系。

• 互动性。网络百科全书最大的特点应该就是它的互动功能了，这种互动不仅体现在网络百科全书的全民参与功能上，还体现在网络百科全书的问答功能上——当人们遇到不理解的事物时可以在网上提问，并可以迅速地得到热心网友的回答。当你在网上遇到网友的提问而你又恰好知道答案，你也可以很快给予帮助。百度百科正是本着这样的平等、协作、分享的互联网精神，提倡网络面前人人平等，所有人共同协作编写百科全书，让知识在一定的技术规则和文化脉络下得以不断组合和拓展；它为网络用户提供了一个创造性的网络平台，强调用户的参与和奉献精神，充分调动草根大众的力量，汇聚上亿网民的头脑智慧，积极进行交流和分享，同时实现了与搜索引擎的完美结合，从不同的层次上满足了用户对信息的需求。

正如哥伦比亚百科在线引言中所说的那样，网络百科的出现“很可能会使传统的印刷本百科寿终正寝”，看似危言耸听，实际上也切实反映了网络给百科全书及百科全书业带来革命性变化的现实。但是与此同时，网络百科全书及时性和全民性的特点，也决定了它不可能像传统百科全书那样精准和权威。不过在就为人们答疑解惑和收录社会新生事物这两种意义重大的功能面前，这些缺憾并非那么至关重要。

本书在最后附录1中对那些历史悠久、人气高涨的网络百科全书网站进行了汇集介绍，至于大名鼎鼎的维基百科全书则在5.3中专节介绍。

2.8 “推倒愚昧与无知的藩篱”

——小记“古登堡计划”

卢振波

在信息高度发达的今天，你是否还会感到在网上找本外文原版书仍然是件不太容易的事？在这里，向你隆重推荐——古登堡计划，你可以免费全文下载到马克·吐温、莎士比亚、狄更斯、柯南道尔、简·奥斯丁的名著，甚至可以下载《红楼梦》的中文版和英译本。那么，古登堡计划到底是个什么东西呢，让我来具体介绍一下。

E DREAM OF THE RED CHAMBER.

APTER I.

Shih-yin, in a vision, apprehends perception and spirituality.
Yü-ts'un, in the (windy and dusty) world, cherishes fond thoughts
a beautiful maiden.

s the opening section; this the first chapter. Subsequent to the visions of a dream which he had, on some previous occasion, experienced, the writer personally relates, he designedly concealed the true stances, and borrowed the attributes of perception and spirituality to relate this story of the Record of the Stone. With this purpose, he made use of such designations as Chen Shih-yin (truth under b of fiction) and the like. What are, however, the events recorded in this work? Who are the dramatis personae?

ed with the drudgery experienced of late in the world, the author speaking for himself, goes on to explain, with the lack of success which attended every single concern, I suddenly bethought myself of mankind of past ages. Passing one by one under a minute scrutiny, I felt that in action and in lore, one and all were far above me; that in spite of the majesty of my manliness, I could not, in point of ompare with these characters of the gentle sex. And my shame forsooth then knew no bounds; while regret, on the other hand, was of no avail, as there was not even a remote possibility of a day of y.

s very day it was that I became desirous to compile, in a connected form, for publication throughout the world, with a view to (universal) information, how that I bear inexorable and manifold tion; inasmuch as what time, by the sustenance of the benevolence of Heaven, and the virtue of my ancestors, my apparel was rich and fine, and as what days my fare was savory and sumptuous, I arded the bounty of education and nurture of father and mother, and paid no heed to the virtue of precept and injunction of teachers and friends, with the result that I incurred the punishment, of recently in the least trifle, and the reckless waste of half my lifetime. There have been meanwhile, generation after generation, those in the inner chambers, the whole mass of whom could not, on any t, be, through my influence, allowed to fall into extinction, in order that I, unfilial as I have been, may have the means to screen my own shortcomings.

▲古登堡计划中的《红楼梦》英译本

❶ 计划的缘起

古登堡计划(Project Gutenberg，简称 PG)，是一个以自由的和电子化的形式，基于互联网，大量免费提供版权过期而进入公有领域书籍的一项协作计划，

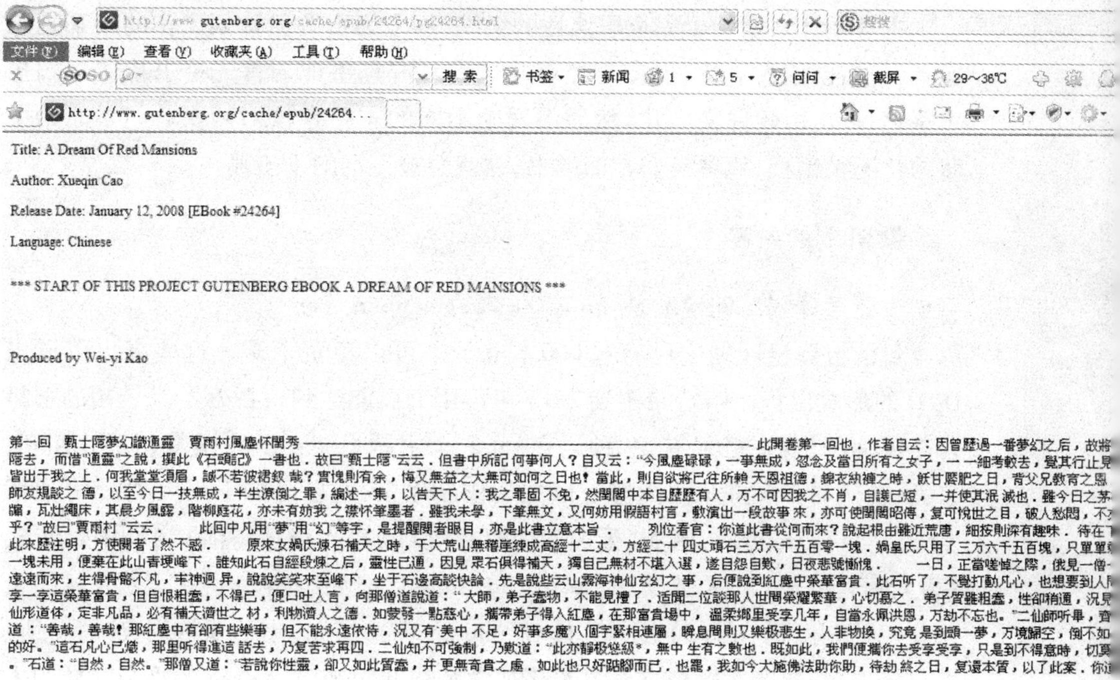

http://www.gutenberg.org/cache/epub/24264/pg24264.html

Title: A Dream Of Red Mansions

Author: Xueqin Cao

Release Date: January 12, 2008 [EBook #24264]

Language: Chinese

*** START OF THIS PROJECT GUTENBERG EBOOK A DREAM OF RED MANSIONS ***

Produced by Wei-yi Kao

第一回　甄士隱夢幻識通靈　賈雨村風塵怀閨秀 ——————————————— 此開卷第一回也．作者自云：因曾歷過一番夢幻之后，故將
隱去，而借"通靈"之說，撰此《石頭記》一書也．故曰"甄士隱"云云．但書中所記 何事何人？自又云："今風塵碌碌，一事無成，忽念及當日所有之女子，一 一細考較去，覺其行止見
皆出于我之上．何我堂堂須眉，誠不若彼裙釵 哉？實愧則有余，悔又無益之大無可如何之日也！當此，則自欲將已往所賴 天恩祖德，錦衣紈褲之時，飫甘饜肥之日，背父兄教育之恩
師友規談之 德，以至今日一技無成，半生潦倒之罪，編述一集，以告天下人：我之罪固 不免，然閨閣中本自歷歷有人，万不可因我之不肖，自護己短，一并使其泯 滅也．雖今日之茅
牖，瓦灶繩床，其晨夕風露，階柳庭花，亦未有妨我 之襟怀筆墨者．雖我未學，下筆無文，又何妨用假語村言，敷演出一段故事 來，亦可使閨閣昭傳，复可悅世之目，破人愁悶，不
乎？"故曰"賈雨村 "云云．　　此回中凡用"夢"用"幻"等字，是提醒閱者眼目，亦是此書立意本旨．　　列位看官：你道此書從何而來？說起根由雖近荒唐，細按則深有趣味．待在
此來歷注明，方使閱者了然不惑．　　原來女媧氏煉石補天之時，于大荒山無稽崖練成高經十二丈，方經二十 四丈頑石三万六千五百零一塊．媧皇氏只用了三万六千五百塊，只單單
一塊未用，便棄在此山青埂峰下．誰知此石自經鍛煉之后，靈性已通，因見 眾石俱得補天，獨自己無材不堪入選，遂自怨自歎，日夜悲號慚愧．　　一日，正當嗟悼之際，俄見一僧
遠遠而來，生得骨骼不凡，丰神迥 异，說說笑笑來至峰下，坐于石邊高談快論．先是說些云山霧海神仙玄幻之 事，后便說到紅塵中榮華富貴．此石听了，不覺打動凡心，也想要到人
享一享這榮華富貴，但自恨粗蠢，不得已，便口吐人言，向那僧道說道："大師，弟子蠢物，不能見禮了．适聞二位談那人世間榮耀繁華，心切慕之．弟子質雖粗蠢，性卻稍通，況見
仙形道体，定非凡品，必有補天濟世之 材，利物濟人之德．如蒙發一點慈心，攜帶弟子得入紅塵，在那富貴場中，溫柔鄉里受享几年，自當永佩洪恩，万劫不忘也。"二仙師听畢，齊
道："善哉，善哉！那紅塵中有卻有些樂事，但不能永遠依恃，況又有"美中 不足，好事多魔"八個字緊相連屬，瞬息間則又樂极悲生，人非物換，究竟 是到頭一夢，万境歸空，倒不如
的好。"這石凡心已熾，那里听得進這 話去，乃复苦求再四．二仙知不可強制，乃歎道："此亦靜极思動*，無中 生有之數也．既如此，我們便攜你去受享受享，只是到不得意時，切莫
。"石道："自然，自然。"那僧又道："若說你性靈，卻又如此質蠢，并 更無奇貴之處．如此也只好踮腳而已．也罷，我如今大施佛法助你助，待劫 終之日，复還本質，以了此案．你

▲古登堡计划中的《红楼梦》中文版

是世界上第一个数字图书馆。该计划的创始者是迈克尔·哈特(Michael Hart),1971年7月,当他还是伊利诺伊大学的学生时,发起了“古登堡计划”,事情起因于哈特获得大量计算时间的时候,他同时意识到未来的计算机不仅仅是计算本身,更重要的功能在于对存放在图书馆里的文献资料的存储、传播和检索。当时,刚好他背包里有本《美国独立宣言》,于是手动键入全文,并传送给同在ARPANet网络上的每一个人,古登堡计划的第一个作品宣告诞生。

❷ 项目宗旨

该计划的命名是为了纪念约翰内斯·古登堡——一位德国15世纪的印刷商,他通过改进活字印刷术推动了印刷机的革命,这种印刷方法有效改进了知识的传播载体,推翻了知识仅能由少数贵族与教士控制的现象。哈特相信自己正在进行着一项文化与知识保存的革命,堪与古登堡先生的创举媲美。基于此,哈特将古登堡计划的使命描述为:“鼓励电子书的创建与发布”,计划的一个口号是“推倒愚昧与无知的藩篱”,志在推广文字读写,从而更好地继承文化

遗产。

古登堡计划是一个完全志愿性的组织,每个为古登堡计划工作的人都是志愿者,包括创始人哈特,现在已经有几千人。古登堡计划首先将书籍通过扫描数字化,再交由软件文本化,然后由两个不同的志愿者校对两次。如果原始书籍的状况很糟糕,或者是非常旧的书,它就会被逐词的手工输入。

❸ 计划的内容

古登堡计划访问地址是:http://www.gutenberg.org

目前古登堡计划中已有32 000本电子书可以免费下载。这些书也可以以DVD的形式出售。哈特希望到2015年可用书籍能达到一百万本。最初的书籍都是英文的,现在已经有59种语言,分7个主题书架:儿童、国家、犯罪、期刊、宗教、自然科学和战争。内容上以文学作品居多,主要是如下三大类:(1)通俗文学(light literature),诸如《爱丽丝漫游奇境》、《小飞侠彼得潘》、《镜中奇缘》、《伊索寓言》等;(2)经典文学(heavy literature),诸如《圣经》、《古兰经》、《莎士比亚》、《失乐园》等;(3)参考工具书(references),诸如《韦伯斯特词典》等手册、百科全书、辞典等。通俗文学是给诸如学龄前儿童或者老爷爷老奶奶这样的人群:看完迪斯尼的虎克船长卡通片后,再来翻阅小飞侠彼得·潘文本,或者看了电视连续剧后,再阅读《爱丽丝漫游奇境》。

❹ 姐妹项目

现在,澳洲、德国、加拿大等都建立起了古登堡计划的联盟站点。古登堡计划加上合作者、姐妹项目和附属机构的书籍,可下载电子书的量达到百万本。主要姐妹项目如下:

(1) Project Gutenberg of Australia http://gutenberg.net.au/ 澳大利亚文献

(2) Project Gutenberg of Canada http://www.gutenberg.ca/ 加拿大文献

(3) Project Gutenberg Consortia Center http://www.gutenberg.cc/ 收录其他志愿组织收藏的电子书

(4) Projekt Gutenberg DE http://gutenberg.spiegel.de/ 德国文献

(5) Project Gutenberg Europe http://pge.rastko.net/ 欧洲语言与文化

(6) Projekt Runeberg http://runeberg.org/ 挪威文献

(7) ReadingRoo.ms http://readingroo.ms/ 预印本文献,WAP、手机可读电子书

❺ 使用小技巧

所有电子书都能很容易通过网络下载，下载格式可以选择：ePub、Mobipocket、HTML 和纯文本，均为 zip 压缩。也可以使用 FTP 等工具离线下载。

除了几个主流的操作系统，在 iPad、Kindle、Sony Reade、iPhone、Android 等几乎全部移动平台上都能获得支持。

对于不太熟悉古登堡计划的读者，不知道哪本书比较好看，你不妨参考古登堡的书籍下载排行榜（TOP 100），这里分别有昨天、前 7 天和前 30 天的书籍下载排行榜前 100 名以及作者下载前 100 名。例如，下图的“最近 30 天书籍下载排行榜前 100 名”中，我们可以看到，排名第一的是英国作家刘易斯·卡洛尔风靡全球的儿童读物《爱丽丝漫游奇境》；排名第二的是印度哲人 Vatsyayana 写的《爱经》，该书不仅被很多人视为性爱圣经，同时书中也描述了如何追求年轻女子、如何与妻子相处等生活的艺术；排名第三的是柯南·道尔的短篇小说集《福尔摩斯探案集》；排名第四的是简·奥斯丁的小说《傲慢与偏见》；排名第五的是爱尔兰意识流文学作家詹姆斯·乔伊斯的小说《尤利西斯》；排名第六、第七的都是马可·吐温的小说。

Top 100 EBooks last 30 days

1. Alice's Adventures in Wonderland by Lewis Carroll (15491)
2. The Kama Sutra of Vatsyayana by Vatsyayana (11572)
3. The Adventures of Sherlock Holmes by Sir Arthur Conan Doyle (11084)
4. Pride and Prejudice by Jane Austen (10402)
5. Ulysses by James Joyce (10201)
6. Adventures of Huckleberry Finn by Mark Twain (7875)
7. The Adventures of Tom Sawyer by Mark Twain (5720)
8. Metamorphosis by Franz Kafka (5477)
9. Dracula by Bram Stoker (5461)
10. The Art of War by Sunzi 6th cent. B.C. (5408)
11. Myths and Legends of Ancient Greece and Rome by E.M. Berens (5400)
12. The Count of Monte Cristo by Alexandre Dumas père (5185)
13. Manners, Customs, and Dress During the Middle Ages and During the Renaissance Period by P. L. Jacob (5158)
14. Roget's Thesaurus of English Words and Phrases by Peter Mark Roget (4946)
15. Moby Dick, or, the whale by Herman Melville (4850)
16. Encyclopedia of Needlework by Thérèse de Dillmont (4754)
17. War and Peace by graf Leo Tolstoy (4641)
18. The Prince by Niccolò Machiavelli (4571)
19. Illustrated History of Furniture by Frederick Litchfield (4559)
20. Wuthering Heights by Emily Brontë (4557)

▲最近 30 天书籍下载排行榜前 100 名

⑥ 呼吁中文世界的志愿者多做贡献，传播汉文化

澳大利亚、加拿大、挪威，甚至菲律宾都建立起了古登堡的联盟站点，且古登堡计划上的中文电子书数量仅 400 多本，全部是繁体大五码，中国大陆地区广大读者阅读起来颇不方便，在这种情况下，却仍看不到简体中文古登堡站点的身影，不能不说这是一大缺憾！中国有灿烂的历史文化，中国人向来就有助人为乐的传统美德，让我们在了解了古登堡计划，在哈特的人格魅力感召下，为中文古登堡计划做些贡献吧！让世界人民更多感受中华文化的传统魅力吧！请关注古登堡计划的志愿者行动：http://www.gutenberg.org/wiki/Category:Volunteering.

第3章

数字阅读美丽新世界——技术篇

技术改变生活。技术从来就是推动人类变革的幕后操守。而由计算机技术引发的信息化革命给人类带来的变革更是翻天覆地的，人类世界的每个角落都猝不及防地在这一技术因子的作用下产生了化学反应。面对技术的迅猛来袭，我们不得不承认，无论是作为一个行业领域，还是一个企业组织，或是人类个体，都曾对此产生过畏惧和排斥。计算机技术是什么？它是冷冰冰的由0、1构成的编码，它意味着对旧的生产方式、生活方式甚至思维模式的颠覆。但只有当走近这些技术作用下的产物，我们才会由衷地感叹：技术是个好东西！

技术也改变了我们的阅读生活。技术之于数字阅读是赋予了我们更理想地操控我们阅读生活的工具、机器、设备及技巧，在技术的作用下，阅读的方式也可以是多样的、活跃的。本章不谈具体的技术门类或是复杂的技术术语，只谈技术为我们呈现一个怎样的阅读新世界。为此，本章囊括了最前沿的数字阅读技术信息，包括风靡全球的Kindle、iPad阅读器的介绍，各类提高数字阅读效率的Web 2.0工具，手机阅读及其订阅方式，听书阅读等，旨在消除部分读者的技术疑虑以及帮助读者更高效地开展数字阅读，最终期望读者欣喜地发现属于各自的美丽阅读新世界，爱上数字阅读。

3.1 Web 2.0 工具玩转数字阅读

郑珍宇

Web 2.0——不简单的概念

Web 2.0 早已不是什么新鲜概念,但也绝不是一个业已定型的概念。更确切地说,Web 2.0 代表的是与我们当下的网络生活密不可分的一系列概念的组合。

提及 Web 2.0,或许我们首先联想到的是一些已被广泛应用的工具:博客(Blog)、微博(Twitter)、新闻聚合(RSS)、社会性网络(SNS)、维基技术(Wiki)、P2P、社区信息资源共享服务和社会性书签服务等。而更深层次地,Web 2.0 代表的是一种全新的理念,倡导用户主导、用户参与、用户分享、用户创造,最大限度地帮助用户实现个性化生产和满足用户个性化需求。Web 2.0 是依据六度分隔、XML、Ajax 等新理论和一系列 Web 2.0 技术实现的一种新型网络形态,它意味着网络应具备更强的"可读性""可写性"和"交互性"。它更注重与用户的交互,如果说 Web 1.0 的主要特点在于用户通过浏览器获取信息,那么在 Web 2.0 时代,用户既是网站内容的消费者(浏览者),也是网站内容的制造者。

Web 2.0 的这些特性为数字阅读创造了可能性和便利性。从这个意义上看,Web 2.0 催生了数字阅读。如今,Web 3.0 的概念业已提出,但是 Web 2.0 及相关工具还将在今后很长的一段时间内影响着我们的网络生活。

管理数字阅读的工具

数字阅读的信息内容是庞大的,因此初尝试数字阅读的人往往觉得数字阅读复杂、繁琐、甚至浪费时间,从而中途放弃。而实际上,没有结合 Web 2.0 工具展开的数字阅读并不是真正意义上的数字阅读,因为没有渗入 Web 2.0 精神和应用的数字阅读是无法最大限度地挖掘出数字阅读的乐趣和优势的!所以,想开始数字阅读吗?你必须先知晓各类实用的 Web 2.0 工具。让 Web 2.0 工具助力你的数字阅读生活,来成为真正的数字阅读达人吧!

下面我们为大家介绍些常用的 Web 2.0 工具,主要有在线文档,社会性书签,在线阅读管理平台,订阅工具,个性化定制工具及特色搜索工具等。

❶ 在线文档

• 谷歌文档(Google Docs)。谷歌文档是基于网络的应用,可用于文字处理,幻灯片制作,电子表格和网页表单生成。所有这些工作都可以在浏览器上完成,而且数据都是存储在网络上的,这使文件共享和协作都变得更为流畅。用户可以选择与某一团队成员分享文件,也可以与整个团队协同工作,甚至还可为特定用户设置查看和编辑文档的权限。另外它还加入了42种语言翻译功能以及其他一些改良功能,性能直逼微软office软件。

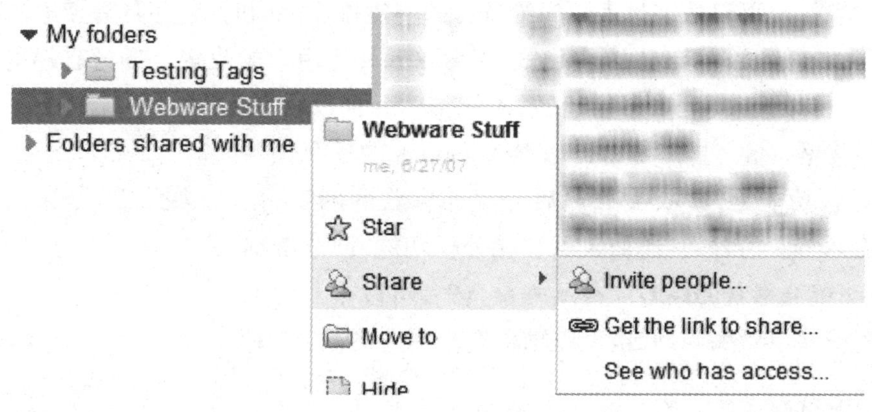

▲Google Docs的共享协作功能选项

• 易贴。这是一个提供简易在线记录的平台,提供在线记事本、网址收藏、网络相册、视频分享、文章摘录等功能。其实易贴就是一个微博客,在这个平台上,你可以看到清晰的分类添加功能,其操作简单,而且是完全免费的。这个功能远没有谷歌文档强大,但其优势在于操作简便,用户若发现任何有趣的数字阅读内容,就可以及时记录于此,以便下次查看。

❷ 社会化书签

如果现在还仅仅在用IE等浏览器的收藏夹功能管理书签,你就“out”了!现在的书签管理功能已经进化至基于Web 2.0技术的和基于互联网的社会化书签阶段了。这类书签能将你感兴趣的网址收藏于网上,并支持与朋友共享的功能。这类书签管理工具国内外都有很多,下面介绍几个有代表性的。

①del. icio. us 美味书签。美味书签是一种在线书签服务，它可以将读者喜欢的网页地址收集起来存放在 del. icio. us/YOURNAME 一个网页上，方便随时阅读。它类似 IE 的收藏夹、Mozilla(Firefox)的书签，只不过它不是存放在本地，而是存放在服务器上，并且可以让其他人看到、使用。用户可以设置自己收藏的网站列表信息的详略情况，也可以按字母表顺序给自己的书签排序。同时，它还具有搜索功能，可供用户搜索添加自己的 tags(标签)，或者其他用户的收藏。最为有趣的是，读者还可以搜索"美味书签"联系人(network)加以收藏。

②垦一垦。垦一垦是类似 Del. icio. us 的社会化书签网站，功能是发现、收藏然后分享你喜欢的网站、视频、音乐等。另外，它还加入了智能分析功能，向读者推荐其可能会喜欢的网站。在垦一垦，读者可以很方便地收藏、分享喜欢的网站，也可以随机查看别人推荐的东西。

❸ 订阅工具

订阅工具能使用户第一时间获取所订阅网页或博客的更新信息，内容阅读在单一的阅读器界面即可完成，省去了分别登录网站查看内容的麻烦。网络订阅内容的工具不胜枚举，大家较为熟知的是以 RSS 为代表的传统内容聚合订阅器(见本书 3.8 节"真正简单的聚合")。这里另外介绍些好用的网络阅读器。

①豆瓣九点。豆瓣九点是豆瓣推出的一个应用，实际上是类似于网络内容聚合的工具。它旨在帮助每个人从浩如烟海的博客中快速、有效地发现最感兴趣的信息。豆瓣九点提供九点订阅器，用户无需下载客户端即可实现网志订阅。豆瓣九点的首页分为文化、生活、科技、休闲四个频道，哪些内容显示在主页的决定权掌握在网络读者手中。用户在九点上可以阅读、分享和推荐文章，依据用

户推荐数的高低最终决定九点主页所呈现的内容及顺序。豆瓣九点操作简单，是一款方便易用且颇具吸引力的订阅工具。

Google Reader

②谷歌阅读器 Google reader。谷歌阅读器是功能强大的聚合阅读器，同时还是具有内容管理、内容发现功能的网络工具。内容管理包括管理有价值的内容，避免信息过载，标记和搜索已阅内容等。而内容发现则包括怎样在自己订阅的内容之外发现有价值的 Feed 和好友的分享源等。谷歌阅读器具有诸多社会化功能，如“好友趋势”（Friends Trends），用来显示好友分享项目的统计信息；搜索和跟随其他用户功能；按群主方式分享等。

❹ 个性化定制工具

网络信息个性化定制的应用一改以往信息提供者提供什么、用户就阅读什么的模式，由用户自己决定获得的信息内容及信息内容的呈现方式，为用户从庞大的信息中提取最具价值的信息以提高网络阅读效率。如今，这类个性化的信息定制工具在网络中已是比比皆是，我们较为熟悉的就是各大知名搜索网站推出的个性化定制工具，如 iGoogle（见本书 5.1 节“你所不知道的 Google 使用技巧”），Yahoo！的个性化主页以及百度的个性化首页定制服务等。

米提网。米提网是个性化报纸定制平台，曾被《太阳报》、《环球金融》、《京华晚报》《都市早报》、《济南晨报》、《南方城市报》等报纸评选为 2007 年最具创意及最有纪念意义礼物。在米提网，读者可以自己动手定制个性化的报道，由其决定明天报纸的头版标题、内容甚至照片。

❺ 个性化推荐

Web 2.0 技术的魅力绝不仅限于“听你的话”完成定制和订阅，它的迷人之处就在于它还具有“猜想”和“推送”功能。就像在当当网或卓越网购买某一类别的书后，它就会为你推荐相似的图书，这类技术也被广泛嵌入数字阅读辅助工具中。比如登入“我的豆瓣”首先看到“猜你喜欢”版块。网站跟踪和记录你所浏览过的信息并分析出你的喜好，而后选择相关内容推送给你。随着技术的发展，猜测的准确度不断提升给用户带来极大的惊喜和乐趣。

无觅网。无觅网是社会化的新闻推介系统。它能够帮助用户分享喜欢的新闻，并自动挖掘用户可能喜欢的新闻内容。它是一家提供社会化新闻推介服务的站点，依托于新浪、搜狐、网易等几大主流门户的海量新闻，同时利用人工智能技术，根据用户喜欢的网页在众多网页中找出用户感兴趣的新闻内容。无需搜索，只需在看完一篇喜欢的文章后点击一下“喜欢”，无觅网便能知道你的喜好。

实际上，Web 2.0 工具又何止如上枚举的这些，它根本就是个丰盈无比并具有无限成长潜力的一个大概念。文中所介绍的只能算是抛砖引玉，更多美好、有趣的功能等待大家在畅游网络之时去自由邂逅。最终你定会发现数字阅读是如此这般色彩斑斓和让人欲罢不能。

3.2 视障人士可使用的电子图书

陈 晨

自从亚马逊公司在2007年11月推出其电子图书阅读器产品后,公众才真正注意到了电子图书。但是,电子图书的历史要比这长得多:1998年10月NuvoMedia推出第一款手持电子阅读器——火箭(The Rocket);1999年,Tomeraider跨平台电子图书软件首次问世。可以说,不同格式的电子图书和电子图书阅读设备的历史一样长。1971年,“古登堡”项目推出了不加密的已进入公共领域的电子图书,并建立了世界上最早的电子图书馆。那么,什么是真正意义上的电子图书呢?根据《维基百科》的解释:“电子图书是相当于传统印刷书籍的数字媒体。通常在个人电脑上或利用电子图书阅读器等专用的硬件设备进行阅读。”

虽然早期的电子图书是非常专业的出版物,但是很快就出现了多种电子图书的不同格式,而且不断增加,人们目前在互联网、手机或电子阅读器上可以见到的电子书格式就有EXE、PDF、WDL等十几种。当然,各种各样的电子图书阅读器也因为电子图书格式的多样化而应运而生了。除了专门的电子图书,其他如HTML、WORD格式的文本也被看做电子图书。

即使对健全人士来说,大量的电子图书格式和阅读设备也会给阅读造成困难。那么,盲人和低视力人士又该去哪里寻找合适的电子图书呢?这一情况是很复杂的:除了令人眼花缭乱的电子图书格式和提供商外,相关的版权保护也是获取电子图书的主要障碍。虽然依照有关法律,提供给视障人士的出版物可以不受版权约束,但是这只适用于英国,在国际范围内仍然存在限制。还有一个问题,有些只能用专门硬件阅读设备阅读的电子图书没有设置其他辅助功能,所以此类图书只能供健全人士阅读。在这种情况下,图书馆界和盲人协会等行业或组织开始行动起来帮助解决视障人士“看”书的问题。

上海图书馆在成功推出数字移动阅读器之后,又专门引进针对视障读者研发的听书阅读器——阳光听书郎,并积极推广针对此听书阅读器的外借服务。长期以来,由于盲文书籍体积大、分量重,触摸式盲文“阅读”过程又十分艰辛,因此视障读者更加欢迎有声的读物。但原有的磁带有声读物容量小、种类少,听书阅读器的适时出现很大程度上满足了视障读者的阅读渴求。上海图书馆听书阅读器的体积和一部普通的手机一样大，携带方便，存储内容超过2000种书籍，并设有独特的盲文触感按钮，操作指南全程语音导航。视障读者不管身在何处都可以随时随地享受精神食粮。外借服务开展以来，视障读者对听书阅读器普遍反映良好。上图的听书阅读器外借服务，是上图传统优质服务项目“视障读者免费邮寄送书上门”之后的又一全新服务。

广州图书馆也于2009年推出了“盲人移动数字阅读服务”，盲人读者只要把图书馆SD卡放到启明星视障人士专用听读机中，便可以通过简单操作来获取预装在SD卡中的数字资源。资源内容包括电子图书、期刊、讲座、报纸资源。前期已整合的资源包括电子图书近500册、期刊约90种、讲座145个、报纸4种，涵盖的内容包括古典名著、历史军事、名人传记、散文诗词、现代文学、成长励志、按摩针灸教材、生活百科、管理财经、时政新闻、文化艺术等。

香港盲人辅导会于2008年8月8日推出了“点字电子书借阅”及“网上预约系统”，视障人士可通过电子邮件接收点字电子书，并利用点字阅读程序阅读。该电子书借阅平台提供24小时点字电子书自动预约传送服务，每次最多可借阅10本书，视障人士只要在网上登记成为会员，就可以享用这个平台提供的服务。成功登记的人士可以获赠阅读软件，内含搜寻、书签及笔记功能。所有点字电子书也已预先加密，防止电子书被更改、打印和作为非个人用途的出版。平台现有点字电子书约500本，包括教科书、小说及文学、按摩训练指南等，借阅费用全免。全港现估计有5000名视障人士可使用该系统。部分曾使用借阅服务的视障学生认为点字电子书方便视障人士随时阅读，无须再携带厚重的点字书四处奔走。

在美国，从2002年开始，Bookshare成为DAISY图书的提供商。现在，通过与出版社在版权问题上的协商，他们已经在全世界范围内开展工作，而且图书拥有量也有了大幅度增加。在他们的图书中有200本左右的儿童读物。Bookshare的服务是收费的，但是他们也有免费下载的图书，这些图书包括纯文本、HTML以及盲文电子版等多种格式。

在英国也有类似的服务。“听书”(Listening Books)是一个以邮政和互联网为基础的图书馆。它的服务对象是所有因疾病或残疾而不能拿书、翻书以及不能通过普通方式阅读的人。他们也有大量儿童图书，其中许多被制作成MP3。会员还可以通过个人电脑，直接获取他们的有声材料。另一种电子图书格式可以将音频文件和文本文件结合起来，变成所有人都可以使用的电子图书。这种格式就是数字无障碍信息系统DAISY格式。很多硬件和软件播放器都适合这一系统。比如,“海豚公司”的 Easyreader 是一种安装在个人电脑上的 DAISY 阅读软件,同样也可以安装在“Codefatory”的移动 DAISY 上,这样一来人们就可以在手机上使用这一软件了。

英国皇家盲人协会图书馆是视障人士获取 DAISY 有声读物的主要来源。这个图书馆的会员不仅可以借阅图书,还可以借用便携式 DAISY 播放器。地方政府通常会为会员支付费用。目前,这个图书馆有 1200 种儿童读物,而且数量和种类还在不断增加。此外,英国皇家盲人协会还成立了图书俱乐部,会员们可以将 DAISY 图书直接拷贝到个人电脑上。

除此之外,英国皇家盲人协会还向图书馆的视障会员免费提供电子版参考资料。这些参考资料包括词典、报纸、杂志等。这些资料是受密码保护的,因此不向公众开放。

3.3 如何指导儿童数字阅读？

卢振波

列夫·托尔斯泰说，理想的书籍是智慧的钥匙。是的，千百年来人们通过阅读书籍获得知识，提高自身素质，丰富精神文化生活。现如今数字技术、网络和手机的迅猛发展，让越来越多的人，包括儿童，开始接触“数字阅读”，网上可以订阅电子版报纸和杂志；搜索热门小说，可以下载到手机或电纸书阅读器中，到处都可以见到拿着手机或电纸书阅读器等各种数字阅读终端设备的人群。但同时由于网络和媒体的迅速传播，信息也是鱼龙混杂，那么如何让儿童能够获得有益于身心健康的知识，提高阅读能力呢？这是个值得探讨的问题。

❶ 创造良好的阅读环境，培养儿童的阅读兴趣

阅读能增见识长学问，拓展思路，改变思维习惯，提高个人品位，促进个人成长进步，从一定意义上说，阅读是一种个人爱好与兴趣，是一种习惯，是一种自觉行为，是需要从小培养的。当孩子忙着参加各种兴趣班、特长班、课外辅导班的时候，往往却忽视了最重要的阅读，这种课外阅读环境正在对儿童阅读产生严重影响。

阅读网，阅读器，电纸书……数字阅读与传统的阅读相比，提供了一种更人性化和个性化的阅读环境，它有着操作自如的阅读界面，字号、版式等可以任意调整；内容上它加入很多动态的东西，如精彩丰富的插图、动听的背景音乐、影视动画等；形式上又具备了印刷媒介无法比拟的互动性和高参与性特点。超文本链接方式，强大的检索功能，使读者可以根据自己的兴趣与需求，将信息进行筛选、加工、多角度、多视点地构建自己的知识体系①。数字阅读时代的到来，让我们能更方便快速地获取各种阅读资源，用更灵活、多变、有趣的阅读方式吸引儿童的注意，让他们兴趣盎然，乐在其中。所以充分利用数字资源，举办丰富多彩的读书活动，如参观图书馆、视听活动、作品欣赏、参与读书论坛等等，可以提高儿童阅读的兴趣，让孩子们在轻松的氛围中学习如何利用各种工具和现代化技术进行数字阅读。

---

① 郝戈非. 关于少年儿童网络阅读指导工作的探讨. 中小学图书情报世界，2009(10)：50－53

❷ 针对儿童年龄特点和阅读心理指导数字阅读

儿童的阅读心理是随着年龄的增长而变化的。在小学低年级阶段，小学生的模仿力逐步增强，对事物的理解由形象思维转向抽象思维，因此，融知识、科学、趣味为一体的书籍就很受欢迎，一些卡通和科幻的图书对他们也具有吸引力。他们喜欢阅读童话故事、儿童文学、科普读物、卡通书刊。到了中高年级阶段，初步形成了自己的思维能力和判断力，开始学习从事物本质看问题，他们的阅读更具有选择性，能自觉用分析、创造的眼光来了解图书①。

对于学龄前儿童和小学低年级儿童来说，除了可以选择带有注音或卡通图片的童话、寓言、卡通故事等趣味性强、图文并茂、通俗易懂的书籍，采用讲故事、听故事、朗诵、表演等直观、活泼的形式，还可以采用有声读物，利用点读机、点读笔等工具。

有声读物就是可发音的“电子书”，是有人把书朗读出来，让想读书的人“听”书，这些书作为音频文件在播放器里可以调节播放速度，也可以用电子书签自动记住播放停止时间。中国儿童资源网（http://www.tom61.com/youshengduwu）上就有很多有声故事可以下载。

点读机最早出现在美国，很快便风行于日本、东南亚等国家，成为少年儿童最为喜爱的教学工具之一。它通过万点电磁感应定位系统与无线传感点击技术等高科技手段，将文字化的书本教材变成能按学习需要任意发声的有声教材。通俗而言，它就是能让课本开口说话，只要把课本放在机器平板上，用专用的笔点课本上的文字内容，机器就会发出相对应的发音。

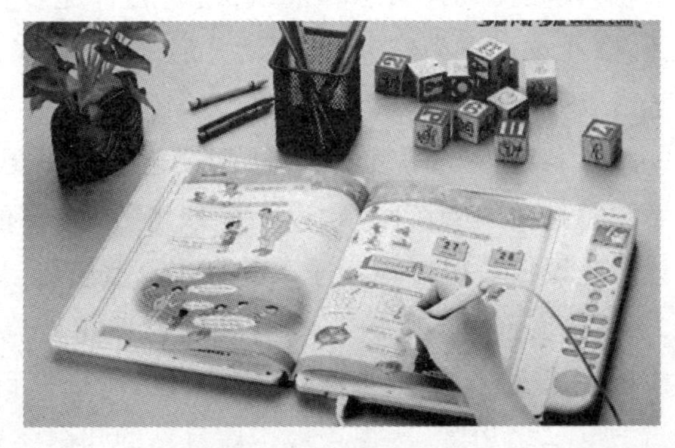

▲点读笔

点读笔是点读机的改进产品，它对传统图书进行了彻底颠覆，将电子新科

① 邹育华. 试论少年儿童的阅读需求及阅读指导和服务. 中小学图书情报世界，2005(Z1)：113－114

技与图书紧密结合在一起,研发出有声图书系列。它是利用数码发声技术对传统图书的一次整合,在图书中加入了声音,极大提高了图书阅读的有趣性及丰富性。点读笔体型小巧,各种可爱的卡通造型符合儿童的需求,使用起来方便,可随时、随处使用,即点即发音,它将声音加于枯燥的文字之上,使图书内容更丰富,并且可以让儿童参与各种针对性的游戏和活动,不断刺激触觉、视觉、听觉等感官来丰富他们的体验,增长他们的兴趣,使阅读和学习更有趣,可充分实现寓教于乐。

对于小学中高年级儿童来说,随着知识的丰富和智力的发展,他们正从形象思维为主向抽象思维过渡,知识进一步积累,理想初步形成,探索和创造的欲望迅速增长,阅读兴趣日益广泛,从童话、寓言、神话故事逐渐转向社会、文艺和科普读物、中外名著、名人传记等。这一阶段的儿童需要我们指导其掌握一些阅读的方法和技巧,同时这一时期的儿童有了更多自己的想法,开始具备一定的分析能力,自主自发地开始有需求的文字阅读,对他们而言,电纸书、电脑、网络就是很好的阅读工具。

比如汉王电纸书,作为设备提供商还拥有丰富的内容资源,只要登录汉王书城(http://www.hwebook.cn),花几元钱就可以下载一部最热门的小说,选择自己感兴趣的图书、杂志和报纸,还有各种免费资源。其中少儿类图书涉及面广泛,以儿童文学类最多,还有幼儿启蒙类、科普百科类、励志成长类、传统文化类等。

除了各种电子阅读器,网络阅读也能提供更加丰富的资源,因此可以推荐儿童浏览相关的阅读网站、读书论坛等等,指导他们利用网络资源和工具进行阅读。建议家长可以与孩子一起利用这些资源,因为孩子在数字阅读方面需要大人的协助,而且有些论坛本身就是家长间交流儿童阅读指导心得的地方,家长应该先提升自己,才能更好地帮助孩子。

❸ 正确引导儿童数字阅读的方向

数字化时代的来临让数字阅读成为一种习惯和潮流,开放的阅读环境,丰富的信息资源,有声有色的多媒体影像改变了儿童的阅读方式,但同时,也会对儿童阅读有不好的影响,儿童由于年龄小,阅历浅,阅读的水平还比较低,如果过分依赖数字化资源,会导致阅读不够深入,走马观花,囫囵吞枣,或者沉湎于网络,被暴力、封建迷信等不良思想荼毒,所以需要正确和适当的引导来指明方向,才能提高数字阅读能力,才能在知识的海洋中遨游,健康茁壮地成长。

3.4 美国人阅读生活的新伴侣——Kindle

叶少青

Kindle 是亚马逊于 2007 年 11 月 19 日推出的首款手持式电子阅读器，上市五个半小时内即被抢购一空；亚马逊为了维持火热的市场，趁热打铁，仅用 14 个月的时间，于 2009 年 2 月 3 日推出了 Kindle 的第二代产品 Kindle 2；2009 年 5 月 6 日在纽约佩斯大学推出了 9.7 英寸显示屏 Kindle DX，大屏幕更适合阅读报纸和教科书。

Kindle 外观为骨白色（与风靡已久的 iPod 颜色相同），屏幕大小：6 英寸，显示效果：黑白 16 级灰阶，分辨率：600×800，重 290 克；其下半部分的按键设计非常人性化：所有按键以不同的倾斜角度向外凸出，机身两侧有长条状翻页按键，不仅方便以不同姿势阅读，还可以照顾到左右手的操作习惯。

▲Kindle 阅读器

Kindle 屏幕是采用一种名为 E-ink 电子纸，即电子墨水的技术，因而具有与普通纸张极为类似的显示效果。Kindle 最大优势是在美国可以免费利用覆盖全美的无线网络随时随地登录亚马逊网站浏览、购买和下载报纸、书籍、杂志等各种类型的电子读物；然而这一优势在中国无法体现，中国用户只能通过电脑登录亚马逊网站下载相关电子书籍后保存到 Kindle 上进行阅读，而 Kindle 2 在这方面有所改进，内置了 3G 网络功能，可以通过 3G 无线网络登录亚马逊网站，但购买或下载电子书时需收取费用。

一开始，苹果 CEO 乔布斯对 Kindle 并不看好，在产品上市前一天，他在和亚马逊网站创始人贝佐斯公开谈论 Kindle 时还毫不留情面地批评这款产品“设计存在问题，不会在市场上获得成功”①。然而 Kindle 火爆的销售态势让乔布斯大跌眼镜，美国当红节目主持人奥普拉在 2008 年主持的著名《脱口秀》节目中称 Kindle 为她“最喜欢的新用品”②，《新闻周刊》杂志称之为图书界的 iPod，

---

①② 丁弋弋. Kindle 阅读器令乔布斯看走眼，传统媒体期待亚马逊成行业救星. [2010-07-07]. http://www.ittime.com.cn/content.asp?id=6936

据统计，售价为359美元的Kindle2已售出近30万部。

新款Kindle DX拥有9.7英寸显示屏，较老款约大1/3，更适合阅读报纸、杂志和教科书，看来亚马逊是想把Kindle的市场做得更大更广，不仅可以阅读书籍，还可以阅读报纸、杂志、教科书，适用更多的使用人群。

在Kindle大受美国人热爱及追捧的同时，亚马逊更注重服务提升，传统媒体对它也寄予厚望，期待它能成为行业救星，引领传统出版业"革命"。

❶ Kindle卖的是"服务而非产品"

随着Kindle的更新换代，亚马逊在电子图书领域的模式日渐清晰并成熟，贝佐斯在第一代产品发布时曾宣称，Kindle卖的是"服务而非产品"，亚马逊的最终目的仍是向读者出售电子书，Kindle只是辅助销售并实现阅读的媒介。

Kindle区别于其他电子书阅读器最大优势是亚马逊网上书店的强大支撑，因此，有人认为Kindle其实是亚马逊网上书店的"无线"延伸。在美国，不管是在咖啡馆还是在沙滩，随时随地想读书的时候只要打开Kindle的电源和无线网络，就可以和电脑上网浏览亚马逊书店一样随意浏览网站提供的所有电子书；读者在购买前可翻阅其他人的点评或者发表自己的意见；为了提高服务质量，Kindle提供每本书的第一个章节的免费试读；同时，读者通过Kindle选购图书非常便捷，所选购的图书不用一分钟的时间就下载并保存到自己的"图书馆"中；更让人满意的是读者无需支付因此而产生的网络费用。

亚马逊提供的电子图书已经从2007年底Kindle1上市时的8.8万册到2009年5月跃升到23万册，《纽约时报》畅销书排行榜上的112本中有105本都能自由下载至Kindle上阅读，价格也便宜得多，一般来说，9.99美元就可以读到最热门的小说，比传统图书的平均价格低了60%左右。

电子图书资源的丰富增加了Kindle对读者的黏性，而它的普及又反过来推动了亚马逊电子图书销售规模的日益扩大。这种"曲线营销"方式与苹果以iPod带动iTunes（iPod支持的媒体播放器）网上商店的有偿音乐下载有着异曲同工效果，因此，有人称Kindle走的是"苹果"路线。

❷ 引领传统出版业"革命"

Kindle图书的优惠政策和谷歌的免费图书对图书出版业影响很大，甚至可能会触及图书出版业的底线，出现了"纸本图书将要消亡"的预言，那么图书出版商的许多价值也将不复存在，作者和编辑可能要以另外的方式重新组合，而亚马逊本身可能会成为最大的出版商。加上 2009 年的经济危机对传统新闻出版业影响巨大，有多家大型报纸或关门或陷于困境，加上广告收入锐减，几乎在所有发达国家市场，报纸杂志等纸质媒体的日子都很艰难，要么关门大吉，要么开始借贷或变卖资产筹集资金；雪上加霜的是，广告商还会进一步压缩纸媒的广告支出；传统新闻出版业一片萧条并显示出日渐没落的景象。就在这么一个背景下，Kindle 加快了产品的更新换代，仅用了 14 个月时间完成第二代产品 Kindle 2 的更新，紧接着 3 个月后又推出 Kindle DX。

传统的图书、报纸、杂志是否被判了死刑？Kindle 2 能挽救它们？能否引领传统出版业进行“革命”，走出困境呢？面对这样的问题，乐观的人们相信，有理由对 Kindle 寄予厚望，而它身上也显示出在纸质媒体没落所形成的庞大市场空间中大有作为的潜力。2009 年 5 月 7 日，美国《福布斯》杂志载文称“Kindle 应被视为传统媒体的救星”，文章指出，“这次，出版商希望可以搭上亚马逊的顺风车，从困境中走出来”。纽约时报公司董事长亚瑟·苏兹伯格（Arthur Sulzberger）也表示：“我们认为 Kindle 将大大提高我们接触数百万读者的能力。”

3.5 数字阅读新平台——iPad

丛 挺

iPad 究竟是什么？它到底是小号的笔记本电脑，还是大号的 iPhone 或 iPod？或许，这是很多人听到 iPad 这个新名词时的第一反应。通俗地讲，iPad 是一款由苹果公司开发研制的平板电脑，被定位于智能手机与笔记本电脑之间的革命性产品，于 2010 年初推出。

▲ipad 外观

第一眼看到 iPad，很多人会有一种见到一个大号 iPhone 的错觉，无论是纤薄的机身，还是时髦炫酷的外观，以及同样只有一个 Home 键的简约设计，无处不透露着苹果系列一如既往的风格特征。从尺寸上看，iPad 不及一张 A4 纸大(iPad 屏幕为 9.7 寸，厚度和 iPhone 相当。iPad 包含并加强了以往 iPhone 的众多功能①。

除了常规功能外，苹果还专门针对 iPad 平台推出了 iBooks 与 iWork 等新的功能，大大扩展了这一平板电脑在阅读、工作领域的应用。

iPad——阅读新体验

尽管 iPad 与 iPhone 有众多相似之处，但 iPad 不可能只是 iPhone 的简单翻版，它推出了许多充满吸引力的功能，其中尤以 iBooks 为代表，为用户共同构成

---

① 徐文广. 苹果 iPad 功能详解，集游戏电子书等特性.（2010-01-28）. http://it.people.com.cn/GB/42891/42893/10867032.html

了完全不同以往的数字阅读体验。苹果 iPad 与亚马逊 Kindle DX 那种尽可能模仿传统图书方式的阅读器不同,它展示的是一种图片、动画、文字多种形式相结合的阅读方式,与其说更接近纸质书,不如说更接近未来的阅读。下面就让我们开始 iPad 的神奇阅读之旅!

iBooks 实际上是 iPad 一款内置的应用软件,通过它,我们可以充分享受到数字阅读的乐趣。一打开 iBooks 应用,映入眼帘的是一个精美的书架,你只要轻点其中任何一本书籍,就可以开始阅读。iPad 支持全屏显示,同时可以随意翻动页面,这使得读者足以享受到近似纸质书的阅读体验。

重要的是,iBooks 不仅照顾到读者传统的阅读习惯,还带来全新的数字阅读乐趣。你只需点击屏幕右上方的触摸点,就可以方便地调整字体大小,甚至更换字体。如果你在阅读过程中遇到生词,iPad 内置的字典会帮到你,真正扫除阅读中的许多障碍。更棒的是,iPad 还提供读者书内搜索服务,你可以利用 iPad 的虚拟键盘输入想查询的字词,iBooks 随后就会返回书中所有符合条件的字词,关键信息一览无余。利用内容选单,你无需一页一页翻书,就可以直接跳跃到任意喜欢的章节。

▲iPad 的书内搜索

iPad 的奇妙之处还在于它不只有一种阅读方式,你可以把 iPad 横过来,那样你会看到图书自动分成两页,在机器左上角有一个锁定感应,轻拨按钮,就可以固定阅读方式,无论是在床上、沙发上,还是公交车里,都能提供最完美的阅读体验。

▲ipad 双页阅读模式

继承苹果商店的传统，iBooks 背后同样有一个庞大的电子书店 iBook Store。当你想看新书的时候，你所要做的只是轻轻一点。“对的，你离 iBook Store 真的就这么近！”在线书店满足的是你任何时间、任何地方想要寻找、浏览、购买精彩图书的需求，你可以看一看 iPad 提供的精选项目，或是《纽约时报》的小说/非小说排行榜。点击排行榜，你看到的是最热门的推荐项目与免费图书排行榜，点击进入图书，将有更多内容提供，包括封面介绍、内容描述、名人推荐、读者评论等等。你可以下载试读版本，好比在传统书店里翻阅图书一样，当确定找到心仪的图书后，点击屏幕上的“购买”，iPad 就直接下载图书，下载后放置到你的“书架”上，你可以随时选取阅读，非常简单！

目前，苹果已经与哈珀科林斯（HarperCollins）、企鹅（Penguin）、西蒙·舒斯特（Simon & Schuster）、麦克米伦（Macmillan）、哈谢特（Hachette）五家出版集团签订合作协议，获得其对 iBook Store 的内容支持。据悉，合作出版商可以自由决定 iPad 电子书的价格，与 Kindle 普遍定价 9.99 美元不同，iBooks Store 的新书价格大约保持在 8 到 15 美元之间[①]。目前，iBooks Store 已提供读者超过 3 万

① 网易科技. 苹果发布 iBooks 挑战亚马逊，统揽报纸杂志图书.（2010-01-28）. http://news.zdnet.com.cn/zdnetnews/2010/0128/1615012.shtml

册免费电子图书[①]。

iPad 时代的阅读

在前 iPad 时代，人们所谈论的话题经常是数字阅读如何取代纸质阅读，而真正的问题是究竟怎样的数字阅读方式能够适应人类的阅读需求。其实早在1945 年，Bush 就设想一种能够存储、记录、传播图书内容的阅读设备；而近二十年，人们尝试了电脑、电子阅读器、智能手机等各种设备终端，但始终觉得它们似乎离我们想要的那种阅读状态还是非常遥远；直到 2007 年 Kindle 的诞生，人们似乎才相信我们今后可以"这样"去看书。

史蒂夫·乔布斯坚定地说"iPad 是站在 Kindle 的肩膀上。" 其实，对于一个拥有 9.7 英寸的液晶屏幕，伴随强大多媒体功能的平板电脑来说，浏览网页、欣赏图片、看视频等功能，已经和电子书功能一样早已融入了未来多元化的阅读方式之中。我们躺在床上手捧 iPad，用手指轻点屏幕书架上的一本图书，随心所欲地采用各种方式去阅读，也许这就是我们向往已久的"看书"吧。

附：iPad 基本参数

品牌/型号	苹果 iPad
WIFI 版售价	499—699 美元
WIFI +3G 版	629—829 美元
签约运营商	AT&T
操作系统	iPad OS
屏幕尺寸特性	9.7 英寸 IPS 屏、多点触摸
处理器	苹果 1GHz A4 处理器
硬盘重量	16/32/64GB
机身尺寸	242.8 × 189.7 × 13.4mm
机身重量	680g(WIFI 版)/730g(WIFI +3G 版)
待机时间	约 10 小时
无线网络	WIFI/3G

① feiiiiii. 苹果将为 iBook Store 提供 30,000 册免费电子书.(2010-03-26). http://typengine.com/node/21479

3.6 不止是耳朵在跳舞，乐享潮流视频网站

邹 莉

越来越忙的不止是你的身体，还有你的灵魂，在信息大爆炸的网络世界，你无暇经由文字来获取信息，你想拥有更美妙的视听体验，你所能支付的阅读成本只是你的零碎时间，或许，视频网站，这个集音频、视频、文字、图片等多种表达方式于一体的媒介宠儿，可以在零碎时间为你的心灵打开休憩的天堂。这也是一种阅读，超越于文字的“阅读”。体验不同，收获不同，相同的信息获取与文化享受却依然存在，创作、交流、推荐、分享，视频语言所带来的新的网络生活方式正在冲击和改变着越来越多的网民。

❶ 每个人都是生活的导演——土豆

沙发土豆（Couch potato）是指那些拿着遥控器，蜷在沙发上，跟着电视节目转的人，而土豆网的创意也正源自于此。戴上土豆面具，每个人都是生活的导演，它专注于为用户筛选出真正有趣好玩的视频，在影响用户观赏行为时，最大限度地实现优质资源的推广。

土豆网地址：http://www.tudou.com/

为了解决网络视频“卡”的问题，网站还提供了“飞速土豆”软件。1.2M 大小的飞速土豆绿色安装，每天可以为用户节约几十分钟到数小时的卡屏时间。但总体而言，其网页播放速度相较优酷等还是有差距。此外，土豆的 iTudou 能优化用户上传流程，提高上传稳定性和成功率，使用户批量上传下载更稳定，断点上传下载更流畅，并且操作界面也更美观更实用。通过“豆角”“豆花”“豆丸”“黑豆”等不同的角色定位分工能够深度粘合用户，全方位实现网站内容的潜在价值。在豆花积分系统模式下，用户活动时间越长、活动范围越广、活动次数越频繁，豆花就越多，可以享受的功能也越多。在用户收费方面，土豆仍沿袭传统的免费模式，用户可以非常便利地从中无偿获取有效信息。

❷ 世界都在看——优酷

优酷网地址：http://www.youku.com/

优，代表服务品质，优酷倡导一种精品视频文化，让精品内容浮出水面，让

用户价值充分展现;酷,代表用户体验,第一时间品味独特的视频自助餐,满足人人参与的热情与个性化生活方式的表达。土豆之后奋起直追的优酷从各个方面都有超越前辈的迹象。它倡导“世界都在看”的全新网络视频娱乐文化,致力于满足未来多元化终端的视频内容需求。其包罗万象的视频标签:体育、汽车、科技、财经、原创、音乐、游戏、动漫、时尚、旅游、母婴、搞笑、看吧、空间等均可以实现垂直定向搜索,帮助用户快速查找兴趣所向。关键字搜索、人气搜索榜单、兴趣分类频道、搜索排行榜、相关视频搜索等这些全方位的搜索服务能帮助用户通过不同路径寻找所需资源。其排行榜单总是在第一时间获取最热门视频,用户可以根据兴趣爱好直击榜单,分享由大众推选的精彩资讯,并在第一时间了解视频文化走势。“我的视频”、“我的播放列表”、“我的订阅”、“我的收藏”、“我的 PK 擂台”、“我的俱乐部”和“我的好友”等群组功能,“个性化使用习惯——保存”等诸如此类的功能都能够在“我的优盘”这个专属的私人空间内得到体现。通过社区,又能够与其他用户实现视界精彩互动。与土豆一样,它也拥有忠实的原创视频支持者,如优酷拍客、优酷网原创联盟等。视频时代到来后诞生了这样一个群体,又或者,这样一个群体的出现,实现了视频网站更大的繁荣,无论如何,我们所应该知道的是,大众不仅仅是文化的消费者,它也在更大意义上直接成为文化的生产者。其 iku 加速器是方便用户观看视频的工具,转换视频的速度比土豆网的 iTukou 还要快,而且 CPU 占用少,但是占用本地连接使用率较大。总体而言,优酷气氛活跃,热点突出,并且播放流畅,是网民娱乐的首选。

❸ 乐享视频——酷 6

酷 6 网地址:http://www.ku6.com/

酷 6 网成立于 2006 年 4 月,是基于用户生产内容(UGC)基础上的视频网站,也是唯一与上传视频用户进行广告分成的 UGC 视频网站。

酷 6 网定位为门户分享网站,由资讯、体育、娱乐、影视、广告、游戏、动漫等十几个频道组成。拥有 2000 多人的中国原创视频联盟成员。酷 6 网具有“有钱一起赚”和“创意大家做”两大特点,通过上下游产业链的完整对接,酷 6 网成为上传数量最多,拥有原创作者最多的第一视频分享门户。2009 年,酷 6 网入选世界纪录协会原创作者最多的视频分享门户,创造了新的中国之最。

酷 6 最大的优势在于超 G 上传功能,可以支持超大视频上传、断点续传、批量上传等。炫酷桌面播放能够实现影视、综艺、热点各类节目一网打尽。极速酷6新增的直播功能让用户可以在线享受丰富多彩的直播，贴心的转码功能方便用户将好的视频带走，如上传到手机等。它的最大特点是论坛交流互动强，播放速度流畅。

❹ 你的视频发布和分享空间——六间房

六间房网址：http://v.6.cn/

听到“六间房”，人们很容易想到六度空间，而在 Web2.0 概念中，口口相传依靠的就是“六度空间”原理。六间房(6 Rooms)是一家新锐的 Web2.0 视频网站，与 YouTube 定位一样，本身不提供视频内容，只提供视频发布平台，上传的内容以用户原创为主，比如家庭录像、个人 DV 短片等，它以用户为核心，用户生产内容，再依据共同的兴趣，用户再产生沟通和联系。“六间房”整体架构体现着实用主义色彩。它是为数不多的没有美工的网站，界面简洁，组织清晰，给人非常干净清爽的感觉。

国内主要视频网站对比表

项目	土豆网	优酷网	酷6网	六间房
主打口号	每个人都是生活的导演	世界都在看	第一视频分享门户	你的视频发布和分享空间
网站界面	好	好	较好	好
视频分类	热点、影视、播客、娱乐、动画、音乐、体育、汽车、财富、女性、游戏、乐活、科技、教育	资讯：体育、汽车、科技、财经；娱乐：原创、音乐、游戏、动漫；生活：时尚、旅游、母婴、搞笑；看吧，空间	首页、电影、电视剧、动漫、资讯、娱乐、体育、原创、音乐、搞笑、女生、游戏、购房、汽车、教育、生活、纪录片、商城	首页、影视、娱乐、社会、动漫、游戏、搞笑、汽车、女性、潮流、体育、科技、数码、教育、玩乐、家庭、婚纱电影
上传速度	较好	好	好	好
在线录刻	不支持	支持	支持	支持
软件支持	有	有	有	有
在线相册	有	无	有	有
人气指数	★★★★☆	★★★★★	★★★☆☆	★★☆☆☆
当前排名	16	10	34	131

网站提供、视频、专辑、频道、秀场等版块。可按照时间显示最新上传的节目，还能提供最常播放、最多评论和最多收藏等榜单信息，方便用户查看热门节目。专辑版块主要是将同一类型的影视节目归类到一起，比如综艺节目、连续剧等，频道版块则可以按照节目类型来查找，秀场属于用户的个人专属空间，每一个上传视频的用户都可以成为秀场里的主播，充分享受用户自主权。

上表是国内主要视频网站的一些基本项目对比情况，总体而言，国内主流视频网站功能大体相同，从应用角度出发，六间房和土豆网要专业一些，适合喜欢搞影视制作的朋友，而优酷网和酷 6 网的风格更活跃一些，对于喜欢玩自拍和翻唱的朋友是最佳的展示平台，当然，人气指数较高的还是属于网络资源相对丰富的优酷网和土豆网。此外，偶偶网（Ouou. com）、美视网（Mysee. com）、悠视网（UUSee. com）、PPLive、PPStream、QQLive 等也是非常好看好玩的视频网站，限于篇幅限制，不能为大家展示当下所有，或许它们正等待着你的深度挖掘！

3.7 手机阅读是一种时尚

陈 晨

"大叔,你'out'(此处意为过时、落伍)了!"

如果有一天你对那些年轻人抱着手机一盯就是几个小时的行为感到奇怪,那么收到这样的评价就不足为奇。是的,世界变化快,手机变化更快。昨天还只是对讲机的升级版本,今天就似乎已经成为了集电视机、收音机、上网本、MP4 等多功能于一身的全能贴身助手。手机融入生活,手机阅读生活,手机改变生活。不知不觉,手机阅读已经成为一场席卷全球的时尚风暴。

为什么手机阅读会成为最主流的阅读方式之一? 原因显而易见,现代社会手机已经是最普及的通讯工具,而且许多人都会携带超过 14 小时;手机阅读,用户只要打开手机就可以随时随地进行阅读;另外,由于技术的进步,现在手机可实现强大的信息检索、海量的信息存储及智能化的图书分类管理等功能,用户可以在任何时候、任何地点,通过无线通讯第一时间找到自己需要的手机图书,这些都是传统阅读方式望尘莫及的。

手机阅读已经成为一种时尚,国内外发展态势良好。

在日本,约有数万个手机小说运营网站,通常以连载的方式每天传送一到两千字左右的小说章节给读者。目前手机小说族已达到 200 万人以上,读者群以年轻人为主。2004 年手机小说《深爱》先通过手机广泛传播,创造了 150 万次的销售记录,然后纸质版书籍销售了 270 万册,最后又改编成电影、电视和卡通,均获得极大成功。手机小说的热卖牵动了运营商、网站、出版社、作者、读者这整条产业链及音像制品、电影等联动产业。

美国电子书销量持续高增长与手持阅读设备市场的扩大紧密相关。传统 PDA 销售渐显疲态,智能手机却异军突起,以其多用途优势迅速占领市场。

中国出版科学研究所 2009 年发布的《第六次全国国民阅读调查报告》数据显示(见本书 1.2 节"数字阅读就在我们身边"):我国手机阅读人数出现大幅增长。这便演化为电子书销售收入的爆发性增长:手机阅读产值从 2002 年不足 20 万发展到 2008 年的 3030 万,增长了 150 倍。尤其是 2008 年增长最快,比

2007 年的 650 万翻了近 5 倍①。

手机阅读圈地进行时

在巨大市场前景的诱惑下没有人愿意等待。像是一场圈地运动,2009 年各类与电子书阅读有关的厂商纷纷高调进入手机阅读市场,手机阅读一度成为手机应用领域最受企业和投行看好的细分领域。

在这块令所有人眼红的大蛋糕面前,究竟由谁来"主刀"还未有定论。这个正在形成的产业链是由电信运营商来主导,还是由拥有数字版权的内容提供商来主导,或是由手机制造商等终端厂商来主导?只能说,谁更能迎合市场的需求,并能开创出为广大手机阅读用户群体所能接受的盈利模式,谁就会是赢家。

• 电信运营商方面:2009 年 3 月,中国移动首先发力,宣布未来 5 年计划在浙江投资 5 亿元建设手机阅读基地,并签下盛大文学和其他 400 多家出版社在终端和渠道上全面拓展。该计划既有上百款手机作为依托,又有汉王、大唐、华为等 4 家企业为其度身打造手持电子阅读器,提供漫画、图书、杂志、空间等 9 大类产品和服务。此外,中国电信手机阅读业务的相关技术及业务规范已经完成,在内容整合方面也陆续展开。中国联通则采取合作方式,目前已经在超过 10 个省级公司推出类似业务。

• 内容提供商方面:网络文学大佬盛大文学在无线领域也是高歌猛进,不单尝试与移动阅读基地合作,还在 2009 年推出了"一字千金"的手机小说原创大赛,用 70 字以内的故事创意获得最高 7 万元版权交易金的价码,打造中国第一批手机小说家。不到两个月之后,手机门户网站空中网也推出了手机新文学大赛。

• 终端厂商方面:除方正、华为、大唐等国内企业争先抢占跑道外,亚马逊的 Kindle、索尼的 reader、苹果 iPad 等国际知名品牌也对中国市场虎视眈眈。研究公司 Displaysearch 的报告称,中国因为拥有巨大的人口规模和乐观的消费市场前景,2010 年中国的电子阅读器销量将从 2009 年的 80 万台跃升至 300 万台,占全球市场的 20%,并将在 2015 年前超过美国,成为全球最大的电子阅读器市场。②

---

① 第四次中国电子图书发展趋势报告.(2010-04-16).http://www.chuban.cc/sz/dt/201004/t20100416_68628.html

② 中国将成为全球最大电子阅读器市场.(2010-03-03).http://www.cnii.com.cn/20080623/ca614113.htm

手机阅读，谁主沉浮？业内人士的争辩让这个话题更像个谜局。

近年来发展迅速，提倡用科技改进服务的图书馆界当然也不会无视对这个领域的探索。国家图书馆就推出了“移动数字图书馆服务”和“手机报服务”这两项服务，以智能手机为载体，采用先进的移动快讯技术，将实时信息推送服务和用户自主选择相结合，为读者提供便捷、及时、个性化的新型服务。读者在自己的手机上安装国家图书馆提供的客户端软件后，即可根据个人喜好订阅信息频道。读者可以通过手机阅读电子图书、电子报纸和在线视频等多种媒体形式，相当于随身携带一座随时更新的数字图书馆。另外，国内还有上海图书馆、东莞图书馆等公共图书馆也先后推出了“手机图书馆”的服务项目。相信这种趋势和时尚将会再一次促进我国图书馆界的技术发展，改善图书馆的服务模式。

手机阅读发展前景

从目前情况看来，随着信息技术的快速发展和3G网络的日益普及，手机阅读已经成为一种新的阅读时尚。据工业和信息化部电信研究院通信信息研究所总工程师庾志成透露，截至2009年年底，我国手机阅读市场活跃用户数已经超过1.55亿。从目前情况看来，手机网民在学生、企业职员、农村外出务工人员中占有更高比例，且低收入群体所占比例更大。手机阅读能满足这些群体的需求且资费要求不高，因此，手机阅读有望成为3G初期的主流应用。

庞大的手机阅读用户群体孕育了广阔的市场。艾媒市场咨询集团研究数据预言，2009—2014年中国手持阅读终端市场稳步增长，2010年将是中国手持阅读终端市场竞争最白热化的年份，市场规模增幅达60%，为24亿元人民币；预计到2014年，中国手持阅读终端市场规模整体将为63亿元人民币，但增长逐步放缓。

现阶段，手机阅读的产业链不够完善。产业链上的内容提供商、网络运营商、电信运营商以及电子阅读器终端生产企业都在寻求建立以自身为主导的手机阅读产业链，但结果是并没有形成以某一环节为核心的统一有序的产业链结构。除此之外，内容的匮乏同样让手机阅读市场延续了当初互联网电子书发展时的尴尬。搭建手机阅读平台的重中之重是整合内容，而版权则是整合内容的关键。中研博峰咨询公司认为，运营商发展手机阅读业务的基础在于产业链的健康发展，而版权则是产业链健康发展的关键。只有优秀的内容和及时的更新才能吸引大量的电子读者，只有大量的读者才能让整个产业链健康发展。

国家版权局版权司信息宣传处处长段玉萍曾表示，新技术使得目前版权保护面临新的挑战，新技术必须创新授权机制。也就是说，获得版权除了按传统方法向出版社购买之外，还可以通过与版权人合作直接获得授权。这种方式更加快捷。

当然，一个产业的形成和壮大必然要经历逐渐磨合和逐渐规范的过程。产业链的变迁将带来手机阅读市场产业格局的变化，同时手机阅读的不断发展也将为手机阅读产业的壮大奠定基础。尤其3G时代的到来，无论是带宽还是其他方面都在很大程度上提升了用户的使用体验，手机阅读必将成为人们追捧的对象融入生活的主流，成为人们走进3G生活的"敲门砖"。

3.8 真正简单的聚合——RSS

邹　莉

什么是 RSS

RSS 技术诞生于 1999 年的网景公司(Netscape),英文全称为 Rich Site Summary(丰富的站点概况)。它又被称为 Really Simple Syndication,即简易信息聚合,是一种聚集新闻标题或提供网页内容的格式,对于内容商而言,它可以通过"推"的方式将新内容第一时间送到用户端阅读器中,从而极大提高信息的时效性和价值。对于用户而言,RSS 能够对新闻进行个性化分类,还可以完全屏蔽用户没有订阅的内容以及弹出广告、垃圾邮件等,从而优化阅读质量,节约时间。

RSS 基本功能介绍

与传统阅读相比,RSS 阅读方式有很大不同。通过 RSS 聚合站点,读者再也不用登录一个个站点去浏览信息,而传统的浏览方式需要用户通过浏览器依次进入各个门户,点击进入各个二级页面,然后按照网站架构逐级深入,获取信息源。而现在通过 RSS 浏览,仅仅依靠 RSS 的聚合站点功能,就能在同一个站点获取所需信息源,省时快捷,并且可以在第一时间获取订阅信息,充分提高信息的获取和利用率。

当下流行的 RSS 软件

根据阅读方式的不同,RSS 阅读器大致包括 3 种:客户端阅读器、附加阅读器和在线阅读器。客户端阅读器是独立的阅读软件,用户需要下载该软件并在电脑上安装方可使用,如 Awasu、FeedDemon、RSSReader 等,其移动性差。附加阅读器和在线阅读器都是通过内嵌在计算机运行的应用程序中为用户提供订阅服务,所不同的是在线阅读器专指能够提供 RSS 功能的网站,如 Bloglines,而附加阅读器则是指附带有 RSS 阅读功能的其他应用程序,如 Maxthon 等,它们的可移动性强,但是阅读和管理功能较为有限。目前我们使用较多的则是客户端阅读器和在线阅读器。现在客户端阅读器都是免费的,读者可以在 www.Rssreader.com 网站下载,也可以去一般网站下载。下表即为当下国内外流行的

RSS 阅读器。

表　当下国内外流行的 RSS 阅读器

Awasu Personal Edition 2.4.1	Awasu 灵活地将成打的 RSS 网站中的内容整合在一起，并将各种新闻服务齐聚在漂亮、可高度自定义且操作简单的界面中。
FeedDemon	FeedDemon 界面简洁，内容却相当丰富，是一款设计精良的单机版新闻阅读器，对于 RSS 新闻服务的初级用户来说它无疑是理想的选择。
NewsGator2.0	NewsGator2.0 是一个独特的新闻阅读器，由于它内嵌在微软的 Outlook 中，因此 Outlook 用户可以一边发送电子邮件，一边浏览订阅的新闻！
Pluck 0.9.2.53	Pluck 是一个集成在 Internet Explorer 中的新闻阅读器，对于那些想在缺省的 Windows 浏览器中阅读新闻的用户来说，这可是一个好消息。
RSS Reader	RSS Reader 的界面相当简洁，采用 RSS 阅读器的经典布局。各种常用的功能集中在工具栏里，傻瓜化的操作让初学者在使用时也不会觉得困难。美中不足的是它缺乏帮助文件。
周博通	周博通是目前最为流行的免费 RSS 阅读器之一，其界面友好，分类清晰，操作简单。其中内置了新华网、天极网、计算机世界等近百个 RSS 频道，特别适合从事 IT 行业的技术人员使用。
飞火流星	飞火流星完全支持在线 OPML 导入功能，可以导入网页中的 OPML 文件。此外，它还增加了 IE 嵌入功能，而且进一步增强了内存回收机制，内存占用率相对其他软件更低。
看天下	看天下阅读器默认界面配色仿照 Office 2003 的风格，感觉清新悦目，而且还可以切换使用 Office XP 风格和 Office 2003 风格，此外，多页面浏览功能也让用户在阅读时更方便。
新浪点点通	新浪点点通是新浪精心打造的免费网络实用工具。它浓缩了新浪网各大频道的精彩内容，开设了星座运程、游戏世界、立体声语聊等特色版块，功能完善，是最小的阅读器。

如何使用 RSS 阅读器

首先用户可以下载一个 RSS 阅读器并进行安装，对于国外的 RSS 阅读器，因为其一般只提供英文版本，因此可以下载汉化包改变语言设置。刚安装好的 RSS 阅读器一般都有一些软件提供商提供的信息源，用户可以对其进行更改，并在空目录上添加自己感兴趣的链接，进行符合自己阅读习惯的设置。只要用户喜欢的站点提供 RSS 服务，皆可以实现 RSS 订阅服务。

下面以 FeedDemon 为例,向大家展示 RSS 阅读器的基本使用方法。单击“文件”菜单中的“新建文件夹”命令或者使用快捷键 Shift + Ctrl + N,在弹出的窗口中填入文件夹名称,点击“确定”按钮,后此文件夹即可显示在左侧窗口的订阅列表中。该阅读器中已经内置了包括动漫、娱乐、体育、八卦、健康、新闻、科学等类目的订阅源,并且每一个分类下均有一定数量的相关网站供读者订阅阅读,当然,读者也可以根据自己喜好取消订阅或者添加新的订阅等,并且还可以对内置栏目进行重新的个性化设定。

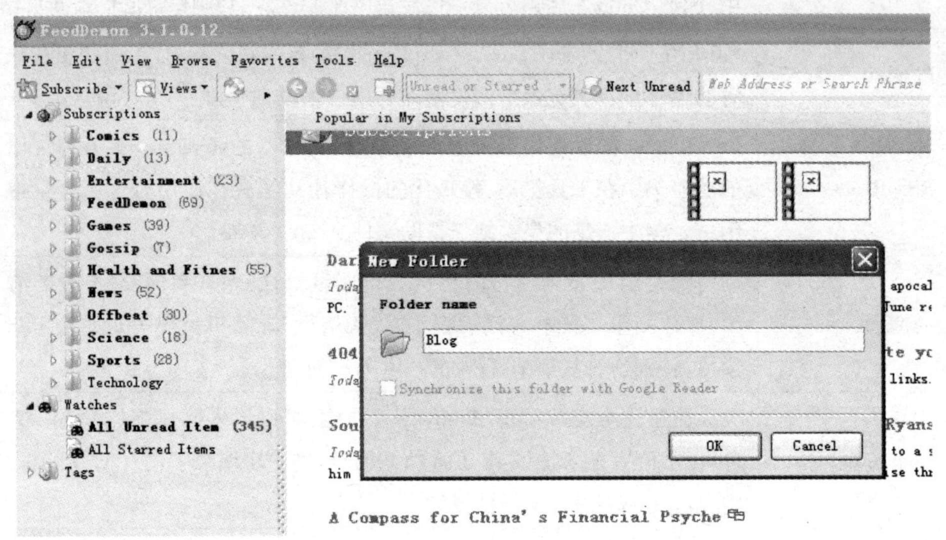

▲在 FeedDemon 中新建文件夹

接下来,用户可以通过文件菜单中的“新建订阅”命令,或者直接单击左上角的“新建订阅”按钮,或者使用快捷键 Ctrl + N 创建一个订阅。在出现的订阅画面中,用户可以直接输入你想要订阅的网址,如 http://www. luojiawhu. blog. sohu. com,之后还可以点击右下角的“预览”按钮进行预览。如果网址正确的话,那么可以点击“下一步”按钮设置订阅的标题及存放的文件夹。

在完成设置后,点击“下一步”即可完成一次订阅任务。若还想订阅其他内容,按照以上步骤开始新的操作即可。值得注意的是,如果输入网址有误或者该网站不提供订阅服务,则订阅将是不成功的。

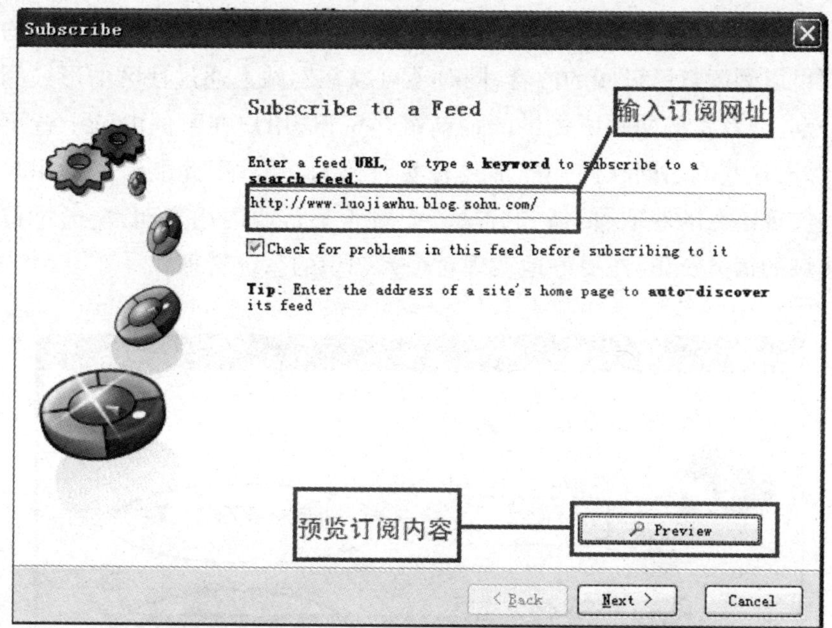

▲在 FeedDemon 中新建订阅，输入订阅的网址

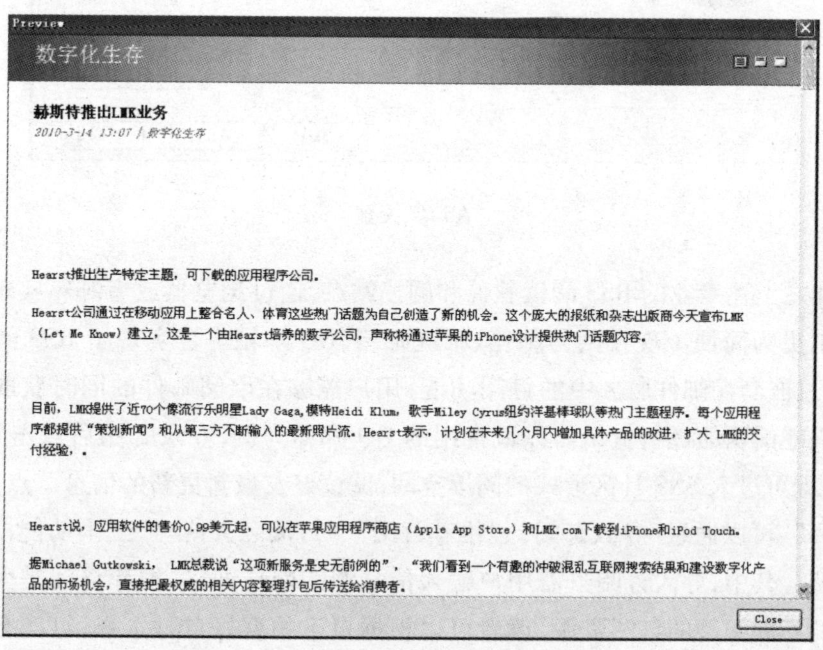

赫斯特推出LMK业务

2010-3-14 13:07 | 数字化生存

Hearst推出生产特定主题，可下载的应用程序公司。

Hearst公司通过在移动应用上整合名人、体育这些热门话题为自己创造了新的机会。这个庞大的报纸和杂志出版商今天宣布LMK（Let Me Know）建立，这是一个由Hearst培养的数字公司，声称将通过苹果的iPhone设计提供热门话题内容。

目前，LMK提供了近70个像流行乐明星Lady Gaga,模特Heidi Klum，歌手Miley Cyrus纽约洋基棒球队等热门主题程序。每个应用程序都提供“策划新闻”和从第三方不断输入的最新照片流。Hearst表示，计划在未来几个月内增加具体产品的改进，扩大 LMK的交付经验，.

Hearst说，应用软件的售价0.99美元起，可以在苹果应用程序商店（Apple App Store）和LMK.com下载到iPhone和iPod Touch.

据Michael Gutkowski， LMK总裁说“这项新服务是史无前例的”，“我们看到一个有趣的冲破混乱互联网搜索结果和建设数字化产品的市场机会，直接把最权威的相关内容整理打包后传送给消费者.

▲订阅预览

如果用户觉得下载客户端麻烦，也可以使用一些内置 RSS 订阅器的网页服务，如国内非常流行的鲜果网、抓虾网、看天下等，它较客户端软件最大的优势是不仅可以阅读自己订阅的内容，同时还可以在网站上通过社区的形式阅读好友的分享，或者发掘网站所提供的最新最热资讯，用户在不同电脑上皆可以使用。此外，这些网站同软件一样都具有实时监测功能，因此能够帮助用户在第一时间实现信息的获取、传播和分享。而对于某行业内用户而言，通过持续关注该领域的信息资讯，能更好地实现对个人知识的系统管理。

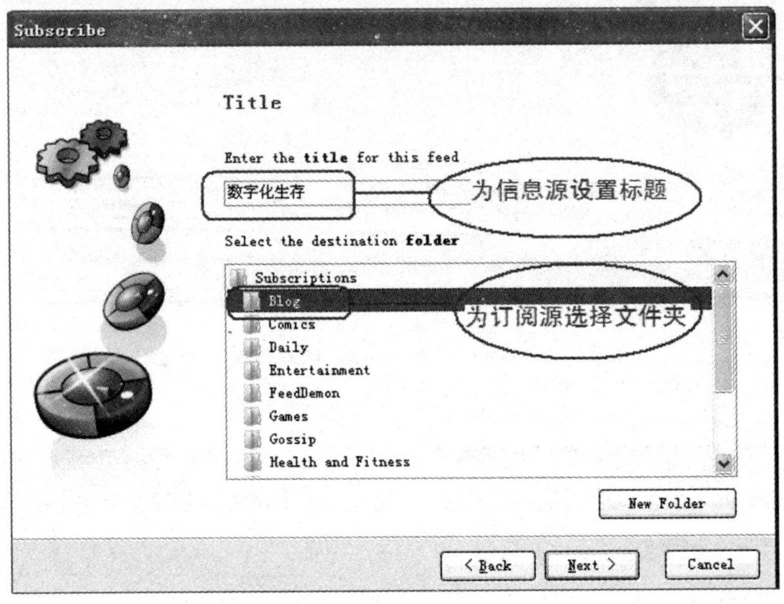

▲订阅设置

比之上述专业的 RSS 阅读软件和阅读站点，通过浏览器或者邮箱实现 RSS 订阅则更为简便。现在网易邮箱、雅虎邮箱、QQ 邮箱等皆实现了 RSS 阅读功能，通过嵌套在邮件服务中的订阅功能，用户能够在取阅邮件的同时获取自己所感兴趣话题的最新资讯。以最常用的 QQ 邮箱为例，登录邮箱后点击“阅读空间”即可进入 SNS 社区形式的阅读空间，阅读好友最新更新的信息。点击“我的订阅”，可以通过“导入订阅”、“推荐订阅”、“订阅名人博客”三个功能模块实现订阅。其中，导入订阅只需用户输入信息源的网址即可，推荐订阅是由邮箱提供的不同类型的订阅资源，读者可以根据自己的喜好自行选择，订阅名人博客则属于前者的一个小分支，由系统专门针对名人博客进行推介。

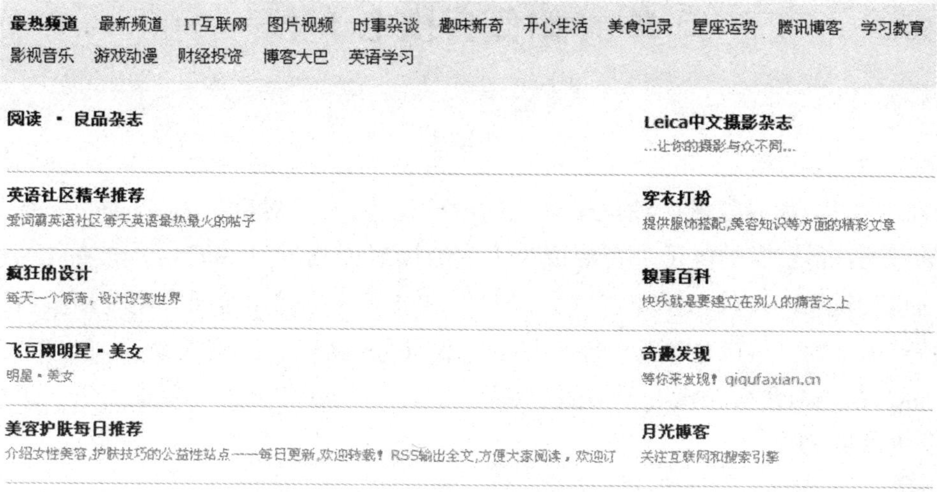

最热频道 最新频道 IT互联网 图片视频 时事杂谈 趣味新奇 开心生活 美食记录 星座运势 腾讯博客 学习教育
影视音乐 游戏动漫 财经投资 博客大巴 英语学习

阅读 · 良品杂志

Leica中文摄影杂志
…让你的摄影与众不同…

英语社区精华推荐
爱词霸英语社区每天英语最热最火的帖子

穿衣打扮
提供服饰搭配,美容知识等方面的精彩文章

疯狂的设计
每天一个惊奇,设计改变世界

糗事百科
快乐就是要建立在别人的痛苦之上

飞豆网明星 · 美女
明星 · 美女

奇趣发现
等你来发现！qiqufaxian.cn

美容护肤每日推荐
介绍女性美容,护肤技巧的公益性站点——每日更新,欢迎转载！RSS输出全文,方便大家阅读，欢迎订

月光博客
关注互联网和搜索引擎

▲QQ 空间中的内置推荐订阅内容

RSS 阅读在当下非常盛行。它也的确使我们的工作学习更加便捷有效,不过它也有缺憾,如可能给读者带来信息过载和信息强迫的问题。因此,阅读者自身应该注意自主调节。总之,使用好 RSS 订阅阅读,它将让你更快更专更有效地实现对信息的获取和管理。

3.9 如何查找电子书

郑珍宇

有了一款心仪的阅读电子资源的硬件设备,有了对数字阅读的热情,如何从网上获得所需的电子书资源成为大多数读者面临的又一问题。与查找一般信息材料相比,查找电子书有专门的途径和技巧。这是由电子书本身所具有的特点决定的。从产生至今,电子书除了数量急剧增长外,格式也是层出不穷。因此,在详细介绍查找电子书的步骤和技巧之前,有必要先简单地了解一下电子书的格式。

电子书格式

电子书的格式,简而言之就是电子书的存储方式。最早的电子书是存储在光、电、磁等介质之上,通过光盘这种载体呈现给读者的。而后,由于版面美观性的需要、不同电子书出版者之间竞争关系的存在以及电子书版权管理的要求,各种格式的电子书相继推出,甚至形成了电子书格式大战的局面。现在的电子书格式主要有 TXT、PDF、EXE、CHM、UMD、PDG、JAR、PDB、BRM、DJVU、EPUB 等。

最为我们熟知的格式是传统的 TXT 文档或 Word 文档格式的电子书。这是大部分阅读设备都支持的电子书格式。PDF 格式也是网络中广泛应用的文档格式,多种 Adobe 产品和电子书阅读器都支持 PDF 文件,如 iRex iLiad、iRex DR1000、Sony Reader、Bookeen Cybook、Foxit eSlick 和亚马逊的 Kindle DX。CHM 和 HLP 是 Windows 系统帮助文件的标准格式,它们支持图片的插入,并且还提供目录、索引制作等功能来方便读者阅读,一般在电脑上可以直接打开。EXE 是可执行程序格式,也是一种常见的多媒体电子书格式。另有一些格式是电子书出版者开发的专用电子书格式,如 CEB、XEB、PDG、LRF 等。CEB 格式是北大方正公司独立开发的电子书格式,不少电子书发行机构和数字化图书馆都已经采用这种格式。方正 Apabi Reader(阿帕比)是 CEB 格式的指定阅读软件。PDG 格式是超星数字图书馆采用的格式,使用超星阅览器(SuperStar Reader)阅读。另外还有 Kindle 阅读器支持的 AZW/AZW1 格式,翻转书 Flip Books 支持的 FB 格式,翰林电子书的 WOL 格式,易博士电子书的 EBA 格式,博朗电子书的 EBK 格式等。

如上所述，几乎每一款电子书阅读器都有自己对应的电子书格式。这给读者使用电子阅读器、下载电子书带来了很多障碍和不便。为了提升电子书的兼容性和读者的数字阅读的体验，国际数字出版论坛（IDPF）开发了电子图书开放标准，推出电子书通用格式 EPUB。目前，这种格式可以被索尼阅读器、BeBook、Adobe Digital Editions、BookGlutton、AZARDI、Android 系统上的 WordPlayer 所读取。其他一些阅读器软件程序也正在实现对这种格式的支持，如 dotReader、FBReader、Mobipocket、uBook 和 Okular。

查找电子书的途径

与查找其他电子资源一样，搜索引擎是查找电子书的主要途径。现在网络上有很多不同类别的电子书网站，读者可以利用这些网站分类查找电子书资源。另外也别忘了利用图书馆这种传统的信息获取渠道。

❶ 搜索引擎

搜索引擎大家都再熟悉不过了，最常用的谷歌和百度，另外还有微软的 Live 搜索、雅虎的搜索引擎、搜狐的搜狗、网易的有道等。在搜索栏中输入电子书相关信息，如作者、书名、出版社等关键词，即可返回相应的搜索结果。电子书格式繁多，因此为了提高查准率，我们有必要使用到本书第五章介绍的搜索引擎使用技巧（见本书 5.1 节“你所不知道的 Google 使用技巧”）。如通过表达式限定所搜索的电子书格式，以搜索 PDF 格式的电子书为例，只需在搜索关键词之后加上“filetype:pdf”即可（意思是只限定文件类型为 PDF 格式）。另外，还可以尝试使用搜索引擎的一些高级搜索技巧来筛选信息。

除了通用搜索引擎，还有一类专门搜索电子书资源的搜索引擎。较知名的还有：

爱搜书：http://www.isoshu.com/

方正推出的番薯网中文图书搜索平台：http://www.fanshu.com/

中搜联盟的图书搜索引擎：http://book.httpcn.com/search/

EBOOKEE：http://www.ebookee.net/

专门检索英文电子书的搜索引擎也有很多，如：

gigapedia：http://gigapedia.com/

电子书分享：http://www.ebookshare.net/

Free Book Spot:http://www.freebookspot.in/

❷ **资源共享平台**

资源共享平台上也有很多有用的电子书资源。资源共享平台是指人们所熟知的P2P、FTP平台等。比如迅雷、电驴等P2P资源站点。一些常用的FTP站点也可以查找需要的电子书,比如天网资源、星空FTP搜索等。

❸ **专门的电子书网站**

电子书被广泛阅读后也出现了许多专门的电子书网站。这些网站的电子书资源较为丰富,并备有内部搜索引擎及一定的分类体系,便于读者查找。有一些免费的电子书资源网站如QQ读书、我爱电子书、52ebook、奇书网、公益电子书等。另外,还有很多针对不同学科的专业电子书网站,使用起来也非常方便,不同专业的读者可以有针对性地收藏积累这类资源。

❹ **图书馆资源**

目前,各大图书馆都将很大一部分运作经费用于购买电子资源及构建电子资源服务体系。越来越广的网络覆盖也为利用图书馆获取电子资源创造了可能性和便利性。图书馆通过购买使用权限等方式为读者提供超星、书生之家、方正Apabi电子图书等数据库资源。这些数据库建库较早且所拥有的电子书资源数量庞大,如超星数字图书馆拥有100多万种数字图书。当然,这些数据库除了经过图书馆网站入口进入外,也可以直接由其门户网站进入。如果不通过图书馆,自己要使用这些数据库中的电子资源,读者需支付一定费用,如超星数据库30元/月可供下载150本图书。另外,有些数据库也推出了电子书借阅服务,如Apabi数字资源平台。(详细内容参见本书5.2节“常用数据库使用技巧”)

搜索图书馆电子书资源分为两种方式,一种通过分类浏览搜索电子书,一种通过关键词来检索相关主题的电子书。第一种方式适合于不知道书名但知道其所属类别的电子书,如文学类、技术类;第二种方式适合查找已知明确的书名作者信息的电子书,如古龙小说等。目前一般的检索系统提供高级检索、二次检索等途径,这样能进一步限定检索内容,提高查询效率。

现在很多图书馆还开通了在线咨询服务。较知名的如上海图书馆提供的网上联合知识导航服务,读者可以在线提问或是向某一专业馆员发邮件提问以获取帮助。相信这些来自不同学科背景、有着丰富检索经验和知识的图书馆员可以在一定程度上解答你在信息查找中所遇到的难题。

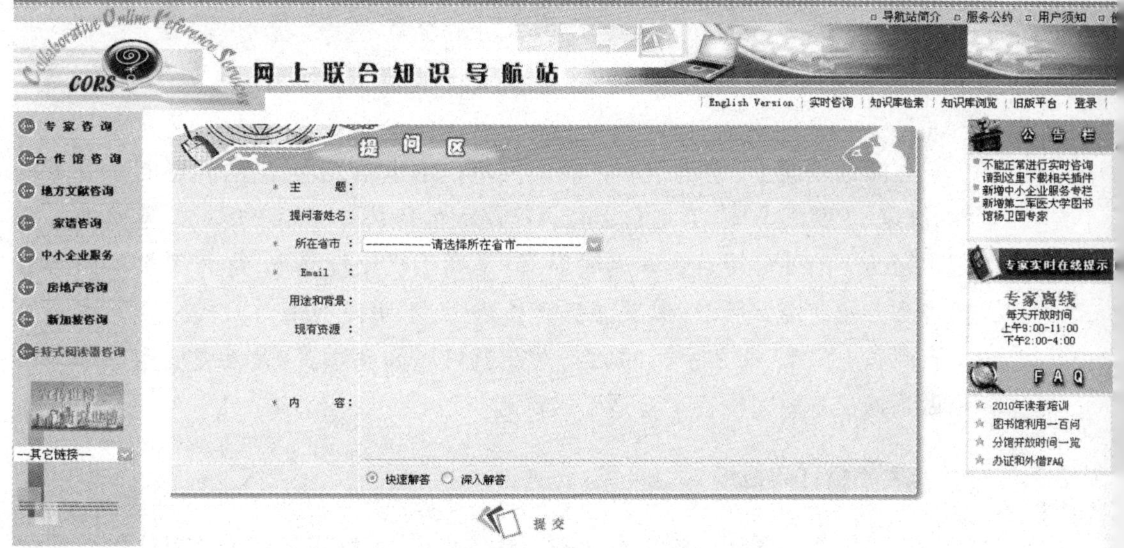

▲上海图书馆网上联合知识导航站用户提问页面

另外，当读者发现了一些对自己很有用的电子书网站，则可以利用 Google Reader 之类的 RSS 订阅器订阅这些网站，以便及时获得这些网站的电子书更新信息。

3.10 让阅读资源自己送上门

——手机订阅的 5 种资源和方法

温　宝

在阅读功能上，手机很多方面不及笔记本电脑，最突出的就是阅读资源查找、浏览、下载不方便；但是它也有自己最大的优势——便于携带。虽然现在笔记本轻薄小的外形特点越来越明显，但是和手机比较起来，终究还是不如后者便携和方便使用。所以，如果能够扬长避短，不用耗费精力去找阅读资源而是让资源送上门来，那么手机的阅读功能就可以如虎添翼，大大方便用户了。如何做到扬长避短呢？答案就是手机订阅。

❶ 手机订阅报纸

手机报是一项新闻资讯类业务。具体来说，手机报是将传统媒体的新闻内容通过无线技术平台发送到彩信手机上，从而在手机上是实现短信新闻发送、彩图、动漫和 WAP（上网浏览）等功能。

手机报所发送的新闻不是短信意义上的文字新闻，而是一个多媒体数据包。这个多媒体数据包包含了图片、文字、声音、动画等，用户不仅可以看、听，而且还可以借助图片和动画等形式更深刻地理解新闻。充分调动受众的视听器官，实现新闻的多维阅读。

手机报订阅有很多种途径，目前移动、联通、中国电信这些移动业务运营商都已经推出手机报订阅功能，手机用户可以通过营业厅办理、拨打客服电话、发短信或登录运营商网站等形式开通手机报订阅服务。例如移动用户想要订阅《人民日报手机报》，可以到移动营业厅或者拨打 10086 让客服人员帮助开通，也可以发送短信 RMRB（报纸首字母）到 10658000 开通，或者登录本省移动公司的网站选择相应服务开通，另外，还可以通过手机登录“移动梦网”找到“手机报”点击进入，然后再点击“订阅更多手机报”，找到“人民日报手机报订阅”。订阅成功之后，新鲜的报纸资讯就会自动发送到手机里，读者足不出户就可以轻轻松松看报纸了。

❷ 手机订阅杂志

现有的手机杂志分为两大类。第一类是以掌媒为代表的原版阅读，内容主要来源于合作的期刊社。期刊社将出版的期刊内容再编辑制作成适应手机屏幕的内容。此类手机杂志原汁原味、内容丰富。第二类是以彩信为载体的手机杂志，典型代表有中国移动无线音乐杂志《乐活》。此类手机杂志的内容来源于对传统媒体的摘选和互联网内容的精选编辑，在技术上通过彩信下发，受众面广、发送及时，缺点是技术受限于彩信格式，不支持互动和富媒体。

目前比较常见的手机杂志订阅方式是电信运营商将内容以彩信方式发送到手机终端，不过由于目前彩信容量有限，所以订阅的内容多以手机报简讯或杂志片段的方式体现；Wap 手机杂志订阅方式相对前两种订阅方式更加贴近用户的使用习惯，适合进行手机时尚杂志及小说杂志等的订阅，但需技术和终端支持，目前正在推广阶段。

订阅手机杂志的途径有两种，一是通过营业厅办理、拨打客服电话等方式开通；二是手机登录手机网站开通。例如移动用户想要订阅《中国国家地理》手机杂志，可以通过以下途径：

①手机办理开通，发送 CNG 到 106580279；②电话办理，拨打 10086 人工受理；③实体店办理，到各移动营业厅办理；④掌上营业厅办理，手机登录 mnews. i139. cn 首页，选择“手机报”，选择杂志。

如果只想看单期杂志可以通过中间商网络平台下载。现在的手机杂志中间商主要有 3GV8、掌媒、VIVA 等公司，用户可以到这些网站挑选自己喜欢的杂志进行单本购买，其网站上还有很多免费杂志供用户挑选。

❸ 手机订阅博客

开通手机订阅博客后，只要用户设置了手机订阅的博主发表新博文，用户绑定的手机就会立即收到一条短信，点击短信中包含的飞信链接，用户可以即时浏览博客的动态并及时进行评论，用户最多可以手机订阅 100 个博客。

用户想要手机订阅新浪博客更新，订阅步骤如下：

A. 移动用户发送 26 到 1066636670，联通用户发送 DA 到 10668888131。收到要求确认的信息后回复，到指定网站输入手机号码及验证码，选择绑定手机号码。

B. 手机订阅某博主

方法一:访问该博主的博客首页,点击博客名称右侧的"[手机订阅]"即可手机订阅;

方法二:访问该博主的博客首页,将其成功"加关注"后,可在弹出框中选择"手机订阅此人"功能,即可手机订阅该博主;

方法三:若该博主已经是关注对象,可以在你的"关注"页面点击该博主头像右侧的"[+手机订阅]",也可手机订阅该博主。

C. 后期管理

用户进行后期管理时可以进入博客中的"手机订阅"页面;在此页面可以对手机订阅用户进行管理,包括取消的手机订阅。还可以查看自己目前的服务状态,包括已绑定手机号、本月已用条目数、月剩余条数、手机已订阅用户数,以及还可以手机订阅的用户数等。

❹ 手机订阅天气预报

很多人都有因为错过天气预报、次日忘记带伞却遇到倾盆大雨,或忘记添衣服却遇到超强寒流的情况。如果有一种天气预报可以定期发送给用户提醒冷暖变化,这样的尴尬就会少很多。天气预报定制服务是现在各大电信运营商普遍推出的一项服务,用户只需要拨打客服电话、登录客服网站或者到营业厅办理开通。

但是,目前这项服务的收费还不便宜。以中国移动为例,每条彩信天气预报的价格为 2 毛,一年下来用户需要在该项功能上花费 70 多元。那么有没有省钱的途径呢?答案是肯定的,用户只需注册一个手机邮箱即可。例如移动用户可以为自已的手机注册一个"@139.com"的邮箱,电信用户可以为手机注册"@189.cn"的邮箱,联通邮箱可以为手机注册"@wo.com.cn"的邮箱,然后进入邮箱选择新邮件短信通知的功能,接着到"天气预报免费(邮件/短信)订阅系统"输入自己的手机号码和查询城市就可以了。每个号码最多可以订阅 3 个城市,之后用户就可以每天晚上 8 点钟免费收到最及时的天气预报了。

❺ 手机订阅新闻资讯

现在的世界可以用"日新月异"四个字来形容,每天都有无数国际、国内新闻事件发生。作为现代化社会的成员,我们只有让自己随时和最新资讯保持联系才不至落后于时代的步伐。随身携带的手机可以成为和世界保持通话的有力武器。用户可以通过手机及时了解全球大事、突发新闻、社会热点,让一切信息尽在掌握之中。

至于新闻信息的来源,用户除了可以订阅当地电信运营商推出的当地新闻外,还可以开通新浪、搜狐、网易等大型网站的新闻订阅服务。各个网站手机订阅新闻资讯的方式不尽相同,下面以手机订阅新浪头条新闻为例,讲解手机订阅新闻的步骤。

在使用手机订阅新浪头条新闻业务之前,必须先到新浪网注册为新浪会员并申请新浪短信息服务。接下来,第一步,根据提示,填入手机号码并点击确认;10 秒钟之内手机会收到新浪发送注册密码。第二步,当确认之后手机屏幕上会弹出一个窗口"收到确认密码了吗?"填入"确认信息",再次确认。这之后就可以享受新浪短信息服务了!

除此之外,用户也可以通过手机直接订阅新浪网的短信息服务。这种方法更快捷、更简单。做法是:编辑一条新信息,在发送的内容中首先输入"DY",空一格,输入代码"100176",如:DY 100176,发送到号码 8888(新浪短信息中心)。

短信息发送要在手机的短信息设置中设置短信中心的号码:+8613800ABC500(ABC 为各地区号,如北京短信中心号码是 +8613800100500)。短信息接收不需要任何设置即可使用。

介绍了这么多手机订阅的资源和方法,有兴趣的手机用户快订一个试试看吧!

3.11 听书也是一种阅读

从　挺

不知道你有没有想过，当我们在等候朋友、坐公交车的时候，可以用什么消磨时间？玩手机游戏，看手机报，手机上网……这些都是不错的选择，但不可避免地都让我们眼睛觉得很是辛苦。这个时候，或许你还有其他的选择，比如听书！

听书的由来

事实上，听书这种方式由来已久，而且在中国一直以来就有"听书"的传统，最典型的代表就是"评书"。直到现在，还有很多老年人醉心于"侃大书"的美妙时光。而在电视普及之前，人们获取信息的主要媒介是广播，其中很常见的一个节目就是名著诵读。

当然，这里所要谈的听书已经不是那种传统的面向大众的传播方式，而是借助新媒介、新技术，采用多种载体开启的全新阅读方式，它是读者获得自由选择并获取有声阅读资源的崭新体验。如果要严格地说听书的历史，那可以从《一个孩子在威尔士过的圣诞节》在纽约诞生算起，听书已经走过了半个世纪。在国外，听书市场发展态势良好，经过40年的发展，美国已经形成了成熟的有声读物出版市场，成为其出版市场的重要组成部分。据统计，有声读物在美国有25亿美元的市场份额，约有35%的美国人每年至少收听一部有声读物。[①] 在我国，听书正逐步火热起来，如高等教育出版社音像中心在1994年出版了《世界名著半小时》及其续集；而近几年，一大批听书网站的崛起，如天方听书网、静雅思听、听书阁等，大大丰富了我国的听书市场。

当我们用视觉去阅读一本名著，我们会专注于字里行间渗透出来的奥妙，而听书则使我们在抑扬顿挫之中享受语言带来精彩。随着音频传输质量的不断提高，视听载体形态的不断成熟，听书资源的不断丰富，听书已成为数字环境下一种理想的阅读方式。

---

① 耳朵带动的"阅读"市场：有声读物极具潜力．（2010－04－23）．http://book.people.com.cn/GB/69360/11438604.html

听书的好处

在了解国内外听书的历史与发展情况后，你也许想问，听书究竟对于我们有什么好处呢？

❶ 解放双眼，拥抱阅读

现代社会，工作节奏不断加快。事实上我们发现，几乎任何工作都用到眼睛，政府管理人员需要用眼睛审阅文件，IT人士需要用眼睛面对电脑进行技术研发，图书编辑需要用眼睛认真阅读每一篇稿件，更不用说中小学生耗费大量的眼力对付沉重的课业负担。

每个人都渴望轻松健康地方式去放松自己，如果这时候你再告诉我要用眼睛去承担本来是属于享受的图书阅读，的确有些难以接受。那么就让我们享受听书的乐趣吧，真正解放双眼，拥抱阅读！有专家就表示，“在眼睛超负荷工作的情况下，利用听觉来平衡获取所需的知识有利于人们的身心健康。”

的确，即便作为简单的调节手段，听书都能给人们带来意想不到的放松效果。然而，更重要的是，听书还能带给我们真知。试想，很多优秀的作品之所以需要从小说改编成电影、电视剧等其他形式，正是因为对于同样的内容，不同的感官有着不同体验，并且会给人们带来不同的感动。当我们用听觉去细细体味一部作品的时候，朗读者在朗诵过程中生发的感情与作者激荡于作品中的感情，加上听者自身随情节而起伏的感情，共同融化成一股绝妙的听觉盛宴。如果说这算不上一种充满吸引力的阅读方式的话，那么我们对作品的体悟难以称得上真正的完满。

❷ 辅助早教，关怀老人

有人曾经说过，“早教自听书始。”我们回忆起自己的童年，无不是伴随着母亲一段段故事，一首首儿歌成长起来，这种美妙的体验成为我们人生中永久难忘的回忆。的确，听书能够在早教中发挥举足轻重的作用，在幼儿尚无法识字，或者识字很少的阶段，借助MP3、电子阅读器等新技术载体，家长可以轻松实现对孩子的听说练习，改变了以往只能家长一字一句念诵的方式。家长可以选择标准发音的故事与儿歌，也可以将自己念书的声音用录音设备拷进MP3，这样无疑提高了听说早教的效率和生动性。

当然，听书不仅满足早教的现实需求，还为老年人、学龄孩子等人群带去福音。现在,许多老年人具有学习新知的强烈愿望,但是他们大多数存在"老花眼"的现象,如果再要老年人碰着厚厚一本书去看,无疑有点强人所难。数字时代听书阅读的到来,将为老年读者打开一片新的知识天地。另外,对于众多学龄孩子来说,课业负担早已压弯了他们的肩膀,损害了他们的眼睛,据统计,我国患有近视眼的青少年已经达到80%—90%,增加孩子知识面与保护"祖国花朵"的视力之间的矛盾,恰好可以在听书中得到解决。除此之外,开车人群,从事较为单调工作的人群都可能从听书中受益。

❸ 利用空闲,"一心二用"

每个人在生活工作中,也常常会遇到空闲时无事可做的情况,比如坐着长途汽车。从现实的角度讲,我们不可能希望听书者是在工作忙碌的时候进行听书阅读,显然这会干扰到正常的工作。听书的最大一块时间恰恰是被我们忽略的碎片时间,这些时间每一块总被我们认为是"食之无味,弃之可惜",但当我们把一块块碎片拼装起来的时候,才恍然发现其中大有可为。因此,听书的最大好处就在于那能够利用空闲,实现"一心二用"。今后在坐公交车时,在洗衣服时,不妨接一个耳机,听一段诗词朗诵,也算陶冶心灵。

听书资源

说了这么多关于听书的好处,是不是很想一试身手?那好,就让我们来为你介绍精彩的听书网站,希望为大家开辟崭新的阅读天地。

❶ 天方听书网

网址:http://www.tingbook.com/

天方听书网是国内知名的听书网站,可谓一座汇集古今中外文学的"有声数字图书馆"。网站的内容包括经济管理、中外文学、侦探悬疑、百科知识等20多个类别,总篇目超过20 000部,其中所有文学作品都是原声播音,让听众真正享受到不俗的听觉盛宴。

天方听书网最大的特点是,它不仅是一个内容丰富的听书网站,还是一个广阔的创作平台。用户可以申请为文字作者,经过播音作者的播讲,作品获得更加广阔的传播效果;用户也可以申请为播音作者,这样动听的声音将传遍五湖四海,带给更多听众以美的享受。只需经过简单的几个步骤,作家与你我之间的距离将不再遥远!

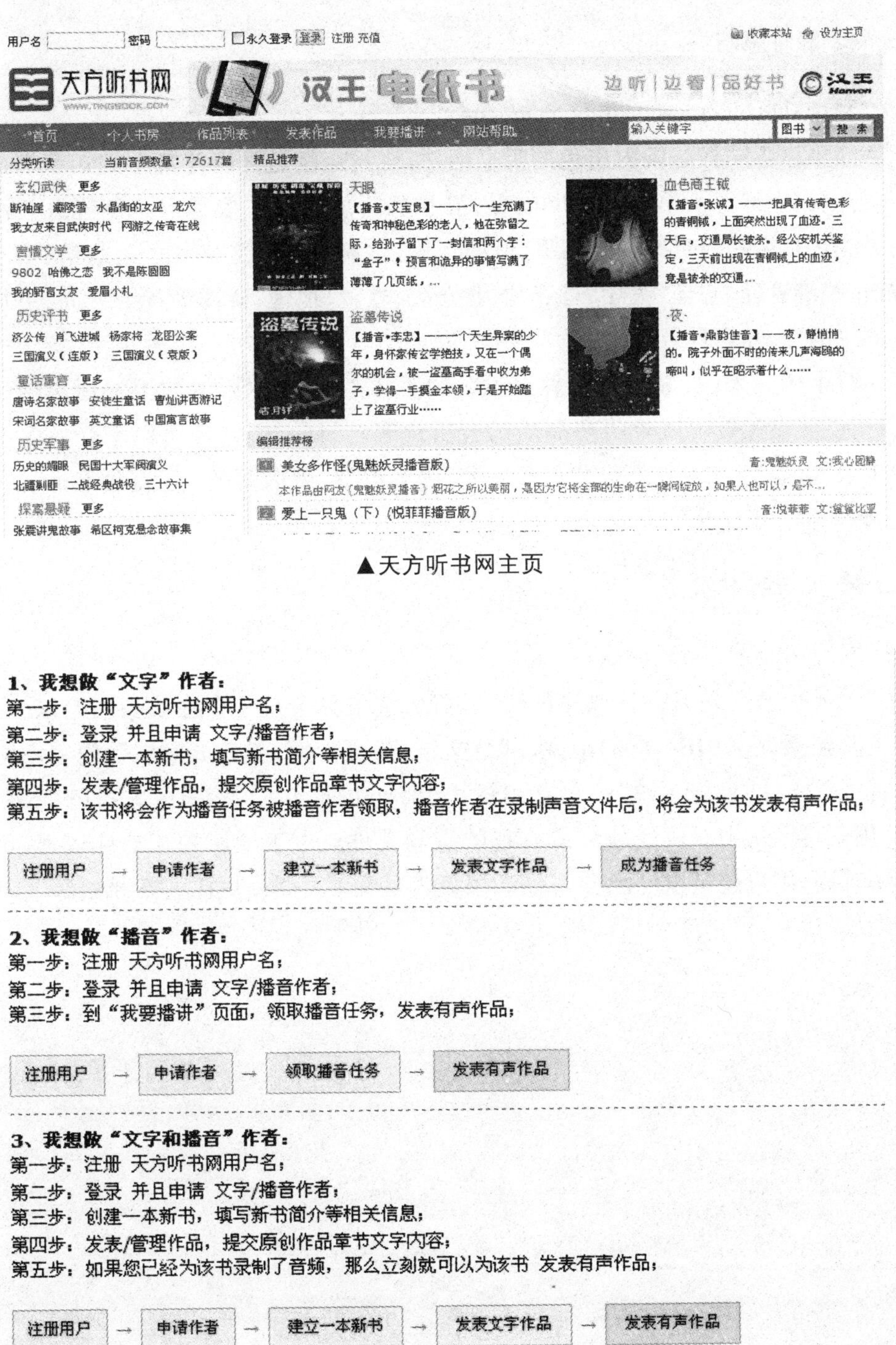

▲天方听书网主页

1、我想做“文字”作者：

第一步：注册 天方听书网用户名；

第二步：登录 并且申请 文字/播音作者；

第三步：创建一本新书，填写新书简介等相关信息；

第四步：发表/管理作品，提交原创作品章节文字内容；

第五步：该书将会作为播音任务被播音作者领取，播音作者在录制声音文件后，将会为该书发表有声作品；

注册用户 → 申请作者 → 建立一本新书 → 发表文字作品 → 成为播音任务

2、我想做“播音”作者：

第一步：注册 天方听书网用户名；

第二步：登录 并且申请 文字/播音作者；

第三步：到“我要播讲”页面，领取播音任务，发表有声作品；

注册用户 → 申请作者 → 领取播音任务 → 发表有声作品

3、我想做“文字和播音”作者：

第一步：注册 天方听书网用户名；

第二步：登录 并且申请 文字/播音作者；

第三步：创建一本新书，填写新书简介等相关信息；

第四步：发表/管理作品，提交原创作品章节文字内容；

第五步：如果您已经为该书录制了音频，那么立刻就可以为该书 发表有声作品；

注册用户 → 申请作者 → 建立一本新书 → 发表文字作品 → 发表有声作品

▲天方听书网提供的申请做文字/播音作者的页面

❷ 静雅思听

网址:http://www.justing.com.cn/

静雅思听同样是国内出色的听书网站,自我定位是国内首家中文知识型播客,与国内大部分听书网站不同的是,静雅思听的内容主要是白领年轻人关注的一些热点话题,包括历史、军事、健康保健、法制、情感、文化、汽车、旅游、生活常识、经济管理、心理、医疗、营养、职业发展、教育、地理、科技等各个方面,更加强调生活性、知识性及思想性。

对于用户来说,最棒的是静雅思听的服务是完全免费的,只要注册为网站用户,就可以免费下载收听高品质的视听内容。另外,用户还可以享受更多个性化服务,如参与网站互动给文章评分、内容勘误、发表评论,订阅静雅思听官方 RSS 等。

❸ 天天听书网

网址:http://www.t-books.cn/

天天听书网是另一种风格的听书网站,它实际上是一个在线听书论坛,内容主要包括评书相声、奇幻小说、网络文学、英语听力、公务员考试等内容。网站首页上包括“最新主题”、“最新回复”、“精华主题”以及“今日发帖排行”等栏目,用户可以从中获取最新鲜最有趣的音频文件。由于论坛的互动性较强,更新率较高,用户还可以广泛参与到听书资源的分享中来,并且进行评论等互动活动。

第 4 章

数字阅读达人访谈

数字阅读达人们是如何进行数字阅读的？数字阅读在不同职业不同年龄的阅读者阶层中扮演着何种角色？数字出版业的代表企业未来有哪些发展规划？专家学者对数字阅读今后的发展趋势报以何种态度？9 篇针对不同身份访谈者的访谈实录为你一一解疑答惑，听听他们的声音，你会更好地了解和把握数字阅读。

4.1 盛大文学和它的数字出版蓝图

记者　温　宝

2009年12月24日，陈天桥旗下的盛大文学正式宣布控股曾经的中国第一文学网站“榕树下”。随着本次收购的完成，盛大文学自2004年起已通过收购拥有了起点中文网、红袖添香网、晋江原创文学网、榕树下、潇湘书院、言情小说吧、小说阅读网等7家网络文学网站。拿下了网络原创文学80%以上的市场份额，一家独大的寡头之势已然形成。在这样的形势下，盛大文学有哪些数字出版方面的规划呢？就此记者于2010年3月采访了盛大文学公关部和手机阅读部的相关人员。

受访者： 盛大文学公关部总监王晶，盛大手机阅读部门工作人员宋舟、李平。

问：请简单介绍一下盛大文学在阅读界的影响力。

答：盛大文学成立于2008年7月，它的身份可概括为四点：

1. 目前国内最大的线上内容提供商。拥有五家原创文学网站，超过93万名作者每天提供6000万字的更新，内容储备500亿字。

2. 实力派纸质出版商。与“聚石文华”、“华文天下”和“聚星天华”建立长期战略合作关系，签约韩寒等大批国内畅销书作家，每年推出大量畅销书。

3. 文化产业链的建设者：以文字内容为版权运营核心，打造了一条集线上出版、实体出版、无线阅读、影视、动漫游戏等相关产业于一体的文化产业链。

4. 阅读潮流的引领者。90%的畅销网络小说，创意性的征文活动，多种类型文学的集结与开拓，盛大文学跨越传统阅读和网络阅读两大领域，成为潮流阅读的引领者。

作为中国网络文学领域的领军者，盛大文学不仅构建了全球最大的网络原创文学平台，还以此为基础积极实施“全版权运营”，推动实体出版、无线阅读、影视、动漫游戏等其他相关文化产业的发展。

问：盛大文学如何保证作者和读者的权益？

答：盛大文学与作者和读者是合作共赢的。作为联系作者和读者的纽带，盛大文学提供了一个平台和一个成功的商业模式，即把好的作品推荐给读者，施以合理的收费，让作者得到合理收益。从读者方面来讲，付费阅读无疑是获得高品质阅读的保证。所以无论对作者还是读者，付费阅读模式都是好的，都是经得起考验的。

在这个基础上，盛大文学实施"全版权运营"，把每部作品的版权、每个作者都进行精细化的版权开发规划，把最大价值发挥出来。比如说网站付费阅读，出版图书，合作影视、动漫、游戏版权，做杂志直至拿到海外运营，从而做到一次产出、多次收益，增加作者的收入，提高作者的写作积极性。现在我们盛大文学的作者，年收入超过百万以上的超过 10 名，收入十万以上的超过 100 名，收入一万以上的超过 1000 名。

盛大文学是一个中央的调控机构和服务机构，最重要的是服务。我们组织了网络作家培训班，给作者提供整体的包装计划，打击盗版，为作者维权，我们还会继续加强媒体公关和职能部门公关，让所有加盟盛大文学的作者都有很好的发展，同时也给读者提供更多更好的作品。

问：盛大文学的文学网站推出了哪些服务措施方便读者数字阅读？

答：主要是方便易行的"微支付"模式。大致是一本书前半部分免费，后半部分按每千字 2—3 分钱的标准付费阅读。付费方式很灵活，也可以通过盛大的游戏点卡抵扣。这样读者可以以低廉的价格及时读到作者最新更新的章节。这种模式在世界都是领先的。在法兰克福书展上，盛大文学模式被国际同行誉为世界数字出版三大模式之一。

另一个新举措是进军电子书业。盛大文学前不久刚刚召开了电子书战略发布会，推出"一人一书"计划，为完善电子书产业链提供了一套完整的解决方案。无论是作者、出版社、数字内容提供商，还是软硬件企业，包括用户，都能通过这套解决方案加盟盛大并从中获益。配合此计划，我们还推出了"云中图书馆"，将旗下各文学网站的原创内容以及近万部传统图书的内容全部接入。同时，云中图书馆也宣布向所有内容提供商开放，报纸、杂志、论坛、博客等各种版权内容均可自由接入、自主定价，成为浩瀚的数字图书商城（AppStore 模式）。

问：和传统阅读资源比，除了阅读费用上的优势，盛大文学的数字资源还有哪些优势？

答：首先，在内容上，网络文学往往具有更丰富的想象力，有更多的类型，更符合新一代读者的阅读诉求，容易给读者带来更多的阅读快感。

其次，网络文学的创作是作者和读者互动的。这一点不同于传统的阅读，作者写完了，出版，然后读者阅读。在网上，读者可以随时对作者的创作提出点评，作者在创作中也会考虑读者，甚至会因为读者改变故事走向。

再次，盛大文学的书评对作者很有吸引力。我们现在固定发表书评的用户数量是10万人。我们的一些图书在贴吧里的帖子超过70万条，最高有100万条，这个评论量已经超过一线的明星了。

问：盛大文学的手机阅读资源和旗下几个文学网站上的资源在数量上和内容上完全一样吗？

答：盛大文学手机阅读资源是非常丰富的，其中不仅涵盖了盛大旗下所有的文学网站资源，如：起点中文网、红袖添香、晋江文学城等，未来还会有小说阅读网和潇湘书院的大量内容加入。还有盛大旗下的传统出版社资源，如聚石文华、聚星天华等；另外，盛大手机阅读版权部还大量购买优质传统书的无线版权，比如《狼图腾》、《风声》、《一只牧羊的金刚经笔记》等。盛大文学在内容提供这一块有着天然的优势，同时盛大文学也坚定地认为将来的阅读市场就是一个"内容为王"的格局。

另外盛大文学还为"手机小说"专门开展过许多活动，"一字千金"就是其中之一。"一字千金"通过高稿酬、高待遇潜心挖掘作家，培养写手，为手机文学量身打造"手机小说"。这些新开发的资源，甚至已经超出了盛大原有的内容。

当然，就目前而言，手机阅读项目开始时间还不长，要想将盛大文学所掌控的资源完全转化为手机阅读资源还是需要一定时间的。

问：盛大文学的手机阅读服务对手机的基本性能有哪些要求？

答：盛大文学的手机阅读服务对手机只有一个要求，那就是只要手机能上网，就能够享受手机阅读。只要通过手机进入 qidian. cn，你就可以浏览盛大所有在线图书了。当然为了更方便阅读，盛大文学在不断地开发各种客户端，比如"盛大书童"就是盛大专门为手机用户开发的一种客户端。该客户端几乎涵盖了当下主流品牌的所有机型，如果有遗漏的机型或品种，用户可以直接去平台留言，盛大会在最短时间内开发出适合你手机使用的客户端软件。

问：读者使用手机阅读的资费如何计算？

答：关于计费，这真不是一个简单的问题，也不是一句话两句话能说清楚的。整体而言，盛大文学图书分单本计费和千字计费两种。原创小说以千字付费的模式为主，采取和起点网站一样的模式，前半本免费，后半本收费。优秀的传统书以按本定价为主，有1元书，也有2元、3元、5元书，当然也有很实惠的包月图书。这其中，大家肯定都能找到自己爱看的小说。

不管哪种计费方式，前面总是有很多章节是免费的，这些免费章节就是给读者挑选的，读者看了若喜欢这本书，那么可以选择订阅，若不喜欢，就再去选别的书，而不用为刚才的阅读付费。

4.2 “数字出版在线”发起人屈辰晨的数字阅读

记者 邹 莉

屈辰晨,目前就职于国际版权交易中心,对版权交易、版权金融、版权基金等有深度研究,此外,他还持续关注国内外数字出版动态和新媒体发展,是国内首个数字出版专业社区——数字出版在线发起人。出于自身职业敏感性,他从2003年起就开始关注数字阅读,并且对于电子书阅读情有独钟,可谓数字阅读专业权威发言人,他紧跟数字时代潮流,但同时也认为不管采用何种方式阅读,都应注意追寻阅读的本真价值。记者(武汉大学信息管理学出版专业在读研究生)通过数字出版社区结识这位年轻睿智的学者,通过网络对其数字阅读状况进行了采访调查。

受访者: 屈辰晨,就职于国际版权交易中心,《数字出版在线》发起人。

▲屈辰晨

问:你是什么时候开始数字阅读的?

答:我从2003年开始接触数字阅读或者说数字出版的概念,之前曾经自己做图书工作室,经过几年出版从业的磨炼,感觉已经快到拐点了,出版行业的拐点，但它的未来在哪里并不是很明确，随着互联网几轮创业热潮下来，发现TMT(Technology，Media，Telecom)这一领域的融合进程非常明显，于是和朋友在业余时间建立了数字出版在线(http://www.epuber.cn)，希望凝聚IT界、出版界和各类终端厂商，让产业链上相互维系的群体来一个大碰撞，希望大家一起来研讨数字出版的未来。

问：你理解的数字阅读是怎样的？

答：数字阅读，依我自己的经验看是：你成为信息的中心，你可以选择任何方式去获取你所感兴趣的内容，但你必须要有对内容的判断和过滤。数字阅读仍然需要价值养成的机制，这也是传统出版业赖以维系的一个因子。

从另外一点看，我相信这也是出版学专业的学生们面临的问题。数字阅读将迎来出版产业链商业模式的改变，其实也就是由内容提供向内容服务模式的转变。越来越多的内容制作机构开始关注用户体验、创造服务需求，加强内容服务深度。作为出版专业的朋友应该关注这一变革，加强互联网和移动互联网的经验。

问：你能谈谈自己的数字阅读习惯吗？

答：我自己阅读的范围非常广，行业资讯、财经期刊、小说等，自从我有了Kindle，我发现自己阅读的时间更多了，我可以随时去下载最新的杂志而不必去寻找报刊亭。当然我有时也看网上共享的图书，我希望有正版内容能够及时面市，也愿意付费阅读。但目前很多出版机构对数字内容的信心还不足，出版的电子书仍然不是很多读者所需要的。

问：你认为数字阅读相对于传统纸本阅读的优势有哪些？

答：数字阅读与传统纸质阅读最大的区别我相信是便携性，现在工作生活都这么紧凑，没有必要带着各类书籍和文件在身边。打开阅读器，你就能够找到需要的内容，这是多么美妙的事情。另外，我相信数字阅读会迎合跨媒体方向和交互的发展趋势，大众阅读行为成为一场视听盛宴一点都不意外。

问：你能举例谈谈数字阅读如何改变着你的生活和工作吗？

答：在工作方面，数字阅读让我成为信息的主宰者，比如我通过搜索引擎订阅关键词来完成信息积累和情报收集。如果利用传统媒介，这是无法完成的任务，即使完成了时效性也非常差。我也通过手机订阅各类网站的RSS，外出或者闲暇的时候，就可以选择性阅读自己感兴趣的内容。

问：你在数字阅读时是否会利用图书馆？请讲讲你利用图书馆进行数字阅读的经历和故事。

答:我经常会用图书馆查找文献,图书馆价值被大众忽略我觉得是非常悲哀的事情。希望有更多的人向大众普及图书馆意识,更多人来利用图书馆。图书馆的价值不可能被搜索引擎代替。比如有一次上海图书馆举办的情报竞赛题目就是:“爱因斯坦直到三岁才会讲话,请问他讲的第一句话是什么”,通过搜索引擎,你未必会查到最准确的答案。

问:你对图书馆应该如何推进数字阅读有什么好的建议和意见?

答:国家图书馆和上海图书馆都已经向部分拥有手持阅读器的读者开放借阅,这是非常好的事情,我希望图书馆能够更加亲民。在传统条件下,受制于空间限制,人们很难有时间经常去图书馆,如果能够更多地借助互联网和阅读器去借阅图书,对于读者来说一定会增加图书馆的使用率。

问:你如何紧跟数字时代潮流?

答:潮流是盲目的,我希望大家追寻阅读的价值。根据自己的兴趣、爱好去选择性地阅读。无论纸质阅读还是数字阅读,只是载体改变,真正的意义仍在于我们知识体系的积累。

问:你怎样及时了解最新的数字阅读资讯?

答:目前国内关注数字阅读行业资讯的,估计只有数字出版在线。它既是一个公益的内容产业交流平台,也拥有大量的行业人士进行原创写作。这对于出版行业的从业者是大有益处的。我们也愿意将更多有价值的阅读资源奉献给即将进入出版业的你们,这不仅是阅读行为本身,而且是一种经验的传达和对未来的判断。

问:你经常“阅读”的数字资源有哪些?

答:杂志阅读,我选择“读览天下”;资讯我选择“鲜果订阅”;休闲阅读我一般选择“书仓”。

问:你觉得数字阅读的未来将会是怎样一幅景象?

答:从内容创作环境来说,网民原创内容(User Generated Content)。Web 2.0 的发展使得网络内容产生了革命性的变化,但是网民参与内容生产的反作用也开始显现,传统编辑内容所具备的“价值属性”在信息泛滥的时代成为人们追逐的目标。UGC(用户原创内容)会崛起,很有可能和出版社一起来竞争性地对接终端,而作为读者,你可以完全无限制地通过各类信息终端获取内容。

4.3 中国出版集团员工传授数字阅读秘诀

记者 邹 莉

中国出版集团数字传媒有限公司于2008年成立，是中国出版集团公司大力推进数字化战略的一项重要举措，也是中国出版集团公司提升传统出版产业，促进传统出版业与数字化、网络化出版相结合的重要步骤。受访者李晓琪供职于中国出版集团数字传媒有限公司移动媒体事业部，主要负责手机报、手机阅读等工作，在私底下她也是个十足的书虫，电脑里至今还保存有10G的电子书，数字阅读达人的称谓可谓名副其实。记者同样也是通过数字出版在线的社区平台认识了这位漂亮谦逊的数字阅读先锋，她撇开一切设定的身份地位，就从最普通的用户角度，向我们娓娓道出了数字阅读的奥秘。

受访者： 李晓琪，中国出版集团数字传媒公司移动媒体事业部工作人员。

问：你什么时候开始数字阅读？

答：数字阅读这个概念是近两年刚刚兴起的，但是作为个人用户，数字阅读这个行为我已经延续了很多年了，最早应该从大学期间算起，那时候已经步入21世纪，大学生已经很广泛地拥有电脑、使用网络了。一是通过同学推荐，二是通过搜索引擎对喜欢的作家、作品进行搜索，经常上一些电子书网站，如我爱e书、白鹿书院等。学生时代很喜欢读书，书买得也不少，但是经济能力不可能支持把感兴趣的书全部买下，而且那个时候版权观念不太强，网络简直是学生的免费天堂，直到现在我的电脑里还保存着大约10个G的电子书，基本上都是学生时代的“战果”。

不过，数字阅读开始作为我工作的主要方向，时间还很短。我们公司的主营业务就是数字出版，也包括了数字阅读在内。我作为公司的一员，正式开始涉足数字阅读领域。特别是在2009年，公司成立了移动媒体事业部，我作为部门负责人把更多的精力放在了手机报、手机阅读等工作上，一年多来密集式地接触了数字阅读。特别是我们与人民文学出版社合作推出了《手机报——文学故事报》，这是一份面向中青年上班族的休闲手机读物，目前已经在移动全网上线运营。不过从更广泛的范围来看，我更应该算是一名初学者，而称不上什么

“数字阅读达人”,在这里抛砖引玉,也是希望能够与大家有更多的学习和交流。

问:你理解的数字阅读是怎样的?

答:数字阅读我个人认为是从用户端来定义的,属于数字出版的后端。所有以有线或无线的方式在数字阅读终端(如电脑、手机、手持阅读器、PSP、电视机等等)呈现的文字、图片等内容都属于数字阅读产品,用户读取、下载就是数字阅读行为,数字阅读产品与数字阅读行为统称为数字阅读。我目前主要负责的手机阅读工作,具体说是基于WAP、客户端、彩信等方式提供的阅读业务,提供的内容包括图书、杂志、动漫、报纸、有声读物等阅读资源。

问:能谈谈你的数字阅读习惯吗?

答:我的数字阅读习惯主要还是电脑和手机,阅读器目前还没有私人购买,还处于工作中的研究阶段,呵呵。

主要的阅读方式一是在线阅读,二是下载阅读。阅读的内容主要是传统出版物转换成数字阅读内容,比如报纸转换到门户网站的新闻,图书、期刊转换为在线阅览或者下载的电子书等,作为数字阅读重要组成部分的网络原创文学则很少看,并不是这种方式不吸引我,只是由于内容的不契合。作为一种成功的商业模式,我也在不断学习原创文学网站的经营之道。

说到阅读时间,其实我觉得我们每个人现在的阅读时间普遍增加了,比如电脑在上班以及回家后几乎都形影不离,手机或者阅读器还能够填补车上、枕上、厕上、会议中的些微空隙时间。我的阅读也无外乎是这些时间,但是的确感觉到现在深阅读的时间在不断缩短。工作当然是一个重要原因,但是数字阅读的确在令人们的阅读习惯不断改变,比如以前可以一天不动,一口气读完一本书,现在几乎不可能。英国一项调查显示,现在人们普遍存在链接式阅读习惯,就是在阅读一篇内容的时候不断地链接、搜索、跳转到其他页面,我也“不幸”染上此“疾”。在电脑上阅读时一次看一篇万字以上的文章还好,字数多了就要不断看看其他网页,在屏幕狭小的手机上更是如此,看几千字已经觉得很多,有时候觉得字数多干脆就不看了,呵呵。不过,通过自身的反应,也使我更加了解数字阅读用户的阅读体验和心理,希望能在以后设计出更贴近用户需求的数字阅读产品。

问:你认为数字阅读相对于传统纸本阅读的优势有哪些?

答:数字阅读相对于传统纸本阅读的优势在于:一是便携性,随身携带多本书多本杂志肯定不如携带一台笔记本电脑,手机、阅读器具备更强的随身性,走到哪里都可以带;二是交互性,数字阅读过程当中可以链接或者搜索文章中的某些词语解释或者出处，可以随时查找作者的其他作品，查看其他人写的书评等；三是形态丰富性，传统纸本只能印刷文字和图片，数字阅读就可以除文字、图片以外，加入音视频等多媒体效果，观赏感、直观性强。

问：你如何紧跟数字时代潮流？

答：我在博客刚在国内兴起的时候就开了自己的博客，也算是紧跟数字时代潮流了，呵呵，不过后来失去了兴趣，就不再写了。这两年最紧跟数字时代的事情就是开了新浪微博，每天写一些只言片语，或者评论、转发别人的言论，使自己每天都能和日常生活圈子以外的其他人交流，学习了很多，也交了不少朋友，目前还在乐此不疲中。微博算是“自媒体”的一种，很多内容基本上也能算做数字阅读。

问：你怎样及时了解最新的数字阅读资讯？

答：我了解最新的数字阅读资讯一般是上专业性较强的网站，比如数字出版在线以及数字出版社区、中国出版网、中国新闻出版网等，读一些报刊，比如《中国图书商报》、《中国新闻出版报》、《出版人》、《出版营销》等，其他的包括新华网传媒频道、凤凰网传媒频道、网易科技等。未来，中国数字出版网上线后，也是一个大家能够获取最新数字阅读资讯的非常好的平台。

问：你觉得数字阅读的未来将会是怎样一幅景象？

答：我觉得数字阅读的未来是很广阔的。从用户的角度看，它将充实到我们每个人的生活、工作中间，将充实到我们每个人走过的每个角落；从经营者的角度看，数字阅读将逐渐形成清晰的盈利模式，并带领传统出版转型。

4.4 来看看身边人的数字阅读世界

记者　郑珍宇

由于数字阅读具有便携性、内容的丰富性及互动性等优势，它赢得了年轻上班族群的青睐。70后、80后的读者是伴随着数字阅读诞生和发展起来的一代，也是引领数字阅读的主要群体，相信他们的数字阅读生活以及对数字阅读的见解是具有一定代表性的。就此记者选择了两位较早开始数字阅读、对数字阅读有自己的体验和见解的上班族，希望通过对他们的采访，使读者获得更多对数字阅读的理解。

受访者： KoKo，男，70后，上海某房地产公司职员，毕业于复旦大学社会学系。

问：你是从什么时候开始数字阅读的？选择的数字阅读形式和内容是什么？

答：我属于开始数字阅读比较早的一类人，大概1998、1999年各大门户网站刚刚兴起的时候，我就开始通过网络进行阅读了。最初正好是在大学期间，从在各大网站上看新闻和阅读热门帖子开始。大概2003年左右，开始比较多地关注文学网站。当时主要是以电脑阅读为主要途径，后来在手机升级换代和智能化手机上市后，通过手机阅读就多了起来。

问：数字阅读在你的阅读中占多大比例？通常在什么情况下会更愿意选择数字阅读？

答：现在大概80%的情况下都在进行数字阅读。除了看一些传统经典文学作品和经过精美印刷包装的杂志外，流行小说、新闻资讯等，都通过电子形式阅读。

问：你为什么选择数字阅读？数字阅读最吸引你的地方在哪里？你周围同事或朋友圈里进行数字阅读的人多吗？

答：一开始是打发时间。因为在上海，上班总要花很多时间在路上，通常在路上的时间都会超过一个小时，所以就通过手机上网或者是下载电子书来看。后来就慢慢适应这种方式，也减少了纸质书的购买。数字阅读，从阅读面上来说比传统阅读更加广阔，能看到多方面的东西，更新速度也快。从信息传播方面来说，还是数字方式更加实用快捷。周边的人也有数字阅读的，但是每人爱好不一样，喜欢的类型也不一样。

问：你在购买电子书阅读器上的选择标准是什么？你都是通过哪些渠道获得数字阅读内容呢？比如，哪些网站？

答：我考虑购买电子阅读器主要有几个标准：①能够兼容多种文件格式，或者兼容多种阅读途径，比如说能上网，流畅地读网页，支持 www 和 wap 模式，也能够兼容 TXT、PDF 等多种格式的电子文件；②待机时间要比较长，不需要动辄充电；③容量大，能储存很多文件内容；④界面友善，容易操作，特别是单手操控。⑤屏幕要比较大。就我个人而言，一般文学类阅读都是在起点中文网等网站，那里面的内容资源还算不错。

问：现在的数字阅读让你觉得有什么不方便的地方吗？你觉得还有什么待改进之处？

答：数字的文件格式还未完全统一，不同格式兼容麻烦。针对手机等阅读器的专门网站不多，内容不全。大量经典作品反而找起来不方便。

问：你认为数字阅读在中国会有什么发展？

答：数字阅读以后肯定会是最主流的阅读方式，新的阅读习惯的养成和大量的人口基数会使数字阅读的市场空前庞大。

问：最后，请你说说对刚开始进行数字阅读的人的建议。

答：一般来说，有手机即可。

受访者：小余，女，80 后，福建某单位公务员，毕业于西南政法大学法学专业。

问：你是从什么时候开始数字阅读的？你选择什么样的数字阅读形式和内容？

答：我从 2002 年开始数字阅读。最开始是在线阅读，最常上的是晋江文学原创网和榕树下。之后，2006 年开始用智能机时，开始手机阅读，一般从 TXT 格式的小说专门网站下载，也有 UMD 格式的。手机可以上网后，我通过手机上腾讯网、浏览新闻等。由于手机浏览很方便（如 QReader），所以没有考虑买专门阅读器。PDF 阅读也很多，因为在学校电子图书馆和“知网”下载的都是 PDF 格式的。从 2009 年开始也用 PSP3000 进行阅读，是图片格式的，自己用软件把原图和 TXT 相结合，比较美观。

问:数字阅读在你的阅读中占多大比例?通常在什么情况下会更愿意选择数字阅读?

答:数字阅读约占50%。我工作中要接触到的书也很多,不管是接受培训还是工作中,都会看纸质书籍,工作方面单位也都有订阅报刊;单位还有内部网站,其中内容也很丰富,所以一半一半。但在工作之余阅读小说一般都通过网络在线阅读或者下载到手机中阅读,只有对于较为经典、有收藏价值的书籍才会买纸质的。因为现在纸质书籍价格很高,而流行的小说等一般看过一遍已经没有再看一遍的必要了,下载的文献可以根据具体需要随时更新。杂志的信息是琐碎的,不像普通书籍那么密集,上网搜集较麻烦,而且价格一般不高,所以选择购买。总之,这种选择是从经济和信息收集方便等方面进行考虑的。

问:为什么喜欢数字阅读?能举例说明吗?现在的这种阅读形式给你的工作和生活带来了什么变化?

答:因为快速、免费、方便。在信息化时代,信息更新这么快,光靠纸质书籍是不可能快速、便捷地掌握这些信息的。依靠电子阅读可以随时随地掌握信息,受时间空间限制比较小。比如停电的夜晚,手机阅读就可以不用凿壁借光。而且电子阅读可以随意COPY,不管工作还是生活,传递信息以及接受信息的速度都因此变快了。

问:你周围的同事和朋友进行数字阅读的人多吗?通常选择什么形式的数字阅读呢?

答:周围朋友的数字阅读习惯几乎跟我相似。也都是用电脑和手机进行数字阅读。

问:你经常阅读的数字资源有哪些?你有什么推荐吗?

答:我在学校的时候经常使用图书馆的数字资源,比如中国知网,资料比较全。我经常在晋江文学城网站看在线文学和小说,我觉得可以推荐给大家。手机阅读常常是通过浏览腾讯网获得信息。

问:你觉得数字阅读今后的发展将会如何?比如会人人都进行数字阅读吗?

答:我刚刚才在网上看到一则广告:提倡100%无纸阅读。电子阅读既环保,又符合信息爆炸时代的快速、便捷要求,所以我认为数字阅读所占比重将越来越大,但完全取代纸质阅读是不可能的。因为纸质阅读给人温馨、熟悉感,不是那么容易被完全取代的。随着3G时代的到来,手机阅读一定会走俏是毋庸置疑的,电子阅读器似乎功能较单一,被3G手机取代是完全可能的事。但也不排除有人喜欢,比如有人专用平底锅煎蛋而不来炒菜,个人爱好问题。有了电脑,大家还是不排斥买个 PSP 专门玩游戏。

问:最后,你对刚开始进行数字阅读的人有什么建议吗?

答:在阅读对象上应选择优秀的、有用的资源阅读,否则数字阅读只能是累赘;在硬件选择上,应选择自己经常能使用的,而不是追逐时尚潮流。

4.5 出版博士和他的数字阅读感言

记者　郑珍宇

王晓光博士于2008年4月至2009年3月受日本科学技术振兴机构(JST)的21GCOE项目资助,在日本立命馆大学数字人文研究中心从事博士后研究。研究领域为数字出版与数字资产管理,社会网络挖掘与互联网用户信息行为分析,知识地图与组织知识管理。

▲王晓光博士

作为学者,王博士长期从事数字出版等相关领域的学术研究,也曾游学手机阅读盛行的日本,对于数字阅读的发展脉络、最新发展动态及发展趋势有敏锐的把握和独到的见解;作为读者,王博士也属于较早一批进行数字阅读的群体,数字阅读给他的阅读生活带来了诸多的变化,长期的数字阅读体验使他有许多可供分享的建议和观点。在这篇访谈中,王晓光博士与读者交流他的数字阅读体验、畅谈国外的数字阅读现状以及他对数字阅读未来的展望。

受访者: 王晓光,武汉大学信息管理学院讲师,管理学博士,汇海科技—武汉大学移动商务联合实验室副主任。

问:能谈谈你所理解的数字阅读吗?相较于传统阅读,数字阅读的优势和价值体现在哪些方面?

答:数字阅读即借助数字设备对数字内容进行的阅读活动。相对于传统阅读而言,数字阅读更加方便,对阅读的限制也更少,可以满足读者随时随地阅读的需求。数字阅读的内容更加丰富,形式也更多样,阅读内容不仅仅可以是文字图片还可以是多媒体视频,这有利于读者理解内容,加深阅读印象。数字阅读还能实现互动式阅读和延展式阅读,这有利于形成读者社区,使读者获得集体阅读的体验，还能通过主题链接获得更多的内容。总的来说，数字阅读使读者摆脱了传统阅读的封闭性，而使阅读具有一种社会性。

问：你是什么时候开始数字阅读的？最初数字阅读的内容和形式是什么？选择数字阅读的动因是什么？

答：我大约在1998年开始数字阅读，最初的阅读内容就是在线文学，例如榕树下。我没有使用过阅读器，但我打算购买一台。我选择数字阅读的原因是数字内容丰富、阅读方便。

问：你能给我们描述一下你的数字阅读生活吗？你经常阅读的数字资源有什么？你能推荐一些吗？

答：目前，我经常上网浏览报纸、期刊和部分门户网站文章，每天大概有两个小时的数字阅读时间，主要通过个人电脑，有时使用手机。使用手机时主要浏览部分门户网站的新闻，感觉手机阅读很方便，但是屏幕确实太小，操作不太方便。我经常阅读的内容包括三大期刊数据库和国外的主流科研数据库以及国内外知名的博客网站，还有一些杂志网站，如科学网的博客，财经期刊网站、南都网、龙源期刊网等。

问：现在数字阅读在你阅读中所占的比例多大？通常你在什么情况下会选择数字阅读？

答：数字阅读占我阅读内容的80%。目前，我很少阅读传统报纸，但大部分杂志还是阅读印刷版。对于学术期刊和一般性报纸，我都是阅读电子版，因为这些内容方便获取而且可以免费获得。此外，我还经常阅读网络论坛上的小说或者短文，我也经常通过豆瓣网站浏览网络资源。

问：现在的数字阅读让你觉得不方便的地方有哪些？你觉得还有什么有待改进之处？

答：现在的数字阅读最大的问题是版式设计不够人性化，很少有专门针对数字阅读进行的排版，从印刷版转换过来的电子版更是不便于数字阅读。在手机阅读方面，可供选择的内容不够丰富。

问：对于零基础的数字阅读爱好者们开始数字阅读，你有什么建议吗？

答：多读是培养阅读习惯和掌握阅读技巧的必要条件和最快捷路径。

问：你觉得数字阅读的全民普及还需要具备哪些条件呢？

答：需要三个条件：①数字阅读设备的普及化。②数字出版物的丰富化。③数字阅读的习惯化。要推动数字阅读的发展，出版业还需加大数字化力度，推出适合数字阅读的电子版出版物。目前比较困难的是提高全民的阅读喜好程度,这是一项系统工程,一方面需要加快互联网的普及,降低联网资费标准;另一方面需要从小学生做起降低课程作业负担,使学生能够阅读自己喜欢的数字读物。

问:你能谈谈国外数字阅读的现状和进展吗?

答:从国外的电子书销售增长情况来看,数字阅读正在成为一种趋势,尤其是在美国,因为 Kindle 的热销,数字阅读越来越普及;欧洲和日本略有落后,但是也正显出快速发展的态势。不过不同国家和地区的数字阅读方式和途径并不完全相同。

问:我听说在日本手机阅读很流行,具体情况怎样?选择手机阅读的群体只限于年轻人吗?在日本,选择电子阅读器进行数字阅读的人多吗?

答:目前日本的年轻人数字阅读较为普遍,多为手机阅读,对传统的杂志漫画影响很大。部分读者已经开始使用阅读器阅读了。日本的手机网站很多,资费低廉,所以手机上网是日本青年的主流方式,但是阅读器还没有全面流行。

问:你看好数字阅读的发展前景吗?你觉得较理想的数字阅读图景是怎样?

答:我很看好数字阅读的前景,它将是未来主流的阅读方式,因为几乎所有出版物都将数字化出版。理想的数字阅读图景将是无缝的阅读,即在云出版的支持下,读者可以利用任何一种电子设备在线或离线阅读相同的内容,使阅读内容能够完全脱离阅读终端,当然这必须是在有版权保护的条件下实现的。

问:如果让你预测,以后数字阅读的发展趋势是怎样的?人人都可以找到适合自己的数字阅读资源吗?老年人、儿童可以进行哪些形式的数字阅读?

答:随着数字阅读设备的多样化,数字阅读会加速普及,并将在不远的将来取代传统阅读方式,成为大众最主要的阅读方式。但是部分读者可能更适合阅读传统印刷出版物,例如儿童,电子设备容易摔破,所以纸质图书更适合儿童。但老年人更适合电子读物,因为电子读物可以是多媒体的,可以放大字体,增加声音提示,所以有利于老年人阅读。

4.6 大学教授也是数字阅读铁杆粉丝

记者 丛 挺

浙江工商大学梁春芳教授从事编辑出版工作20多年,2003年进入出版教育领域。从一个出版社领导转型为编辑出版专业教授,凭借她的专业敏感,梁老师预感到数字出版时代即将到来,并早在2003年就开设了网络编辑和书业电子商务的课程,2007年又申办了国家劳动人事部承认的网络编辑资格鉴定站,在培养数字出版编辑人才领域走在了前端。同时她又是中国阅读学会副会长,致力于研究大学生的阅读状况。为此,我们就数字阅读有关问题采访了梁春芳教授。

受访者: 梁春芳,浙江工商大学人文学院出版系教授,中国阅读学会副会长。

问:首先请问老师,在你平时的工作和生活中,是否经常接触到数字阅读?

答:是的。无论是教学科研,还是日常生活,都离不开数字阅读,这已经成为一种工作和生活方式了。

问:那么是否可以谈谈你对数字阅读的理解呢?

答:随着三网合一和3G技术的快速发展,各种阅读器的研发成功及市场推广,数字出版无论是技术层面还是受众范围,都已经具备了发展的基本条件。目前,从多媒体融合的角度来看,数字出版产品的数量在激增,质量也在不断提高,一个前所未有的数字阅读时代已经到来。但随之也有很多问题需要解决,如内容提供商和技术开发商如何合作,如何建立一种互惠互利实现共赢的模式,如何在实现内容最大化的同时做好知识产权的合力使用,如何完善对数字产品质量的管理,这些都是在数字化过程中提出的新课题和新挑战,也是从根本上加大数字阅读覆盖面和提升数字阅读质量必须解决好的问题。

问:根据你长期从事教学的经验和对大学生阅读的关注,你认为目前大学生数字阅读现状是怎么样的?

答:2009年,我曾经带领同学们做过一项"杭州16所本科高校大学生阅读状况调查报告"。通过调查,我们得出关于大学生网络阅读方面的几个比较重要的结论：一、网络阅读时间和图书阅读时间相差不大；二、查阅资料是大学生上网目的的首选；三、休闲娱乐在网络阅读中最受欢迎；四、学生对“网络快餐文化”的认知较为模糊。

网络上有海量的信息和丰富的资源，这为学生学习、研究和休闲娱乐提供了多姿多彩的天地，我们调查发现有5—6成以上的学生上网的主要目的是为了查阅资料、观看影视作品、看新闻时政和聊天，其次是收发邮件和玩游戏，再次是参与网上讨论、进行电子商务活动、交友和看文学作品等。

目前，在大学生生活学习中，数字阅读已经非常普遍，并且他们在阅读选择上也日益丰富，因此优化网络内容资源，加强网络管理，建立一个健康的网络环境，就显得十分重要。

问：这种数字阅读方式对大学生的生活方式、学习方式、交往方式带来怎样的影响？

答：这要看学生个体是如何运用数字阅读。运用得好可以发挥数字阅读的优势，为学习、交往和生活带来便利，如果自律性不强，过于沉溺于其中，并主要用于休闲娱乐，就会不同程度的影响主业，重要的是学校和社会要进行正确引导。

问：在当前的数字化时代，你认为一名合格的大学生需要具备哪些数字阅读能力和素质？

答：从目前情况看，数字阅读能力不成问题，但对信息的识别能力、筛选能力、利用能力以及以信息创新知识的能力参差不齐，或相对不强，这方面应该加强指导。

问：作为老师，你认为在教学方面需要做出哪些积极的调整以适应大学生阅读方式的变化？

答：目前我们开始进入后阅读时代，加强研究性学习，给学生一个创新的空间，十分重要，传统教学模式要改进。此外，已经开设的网络编辑的课程内容要伴随数字出版技术的发展不断深化，以便和业界发展对接。

问：你在图书出版业和期刊业都有多年的从业经验，如果换一种身份，从出版人的角度看，你是否认为数字阅读也是大势所趋？

答：不但是大趋势，而且正在成为现代人的工作方式、学习方式和生活方式，尤其阅读器研发技术的提速，市场上iPad优势已凸显，数字阅读障碍被突破，必然会引发数字出版出现井喷，给数字阅读打开一片大好的新天地。

问：你认为出版社又应该如何把握国人数字阅读趋势？

答:作为出版企业,要尽快抓住这难得的历史发展机遇,可以说这是一次重新洗牌,谁数字化了,谁就赢了。目前一方面要尽快把原有纸媒出版物快速转化成数字出版物,一方面将新的出版物在打造成纸媒出版物同时打造成多媒体出版物,真正从由内容出版商转变为内容提供商,迎接数字阅读新时代的到来。对出版企业来说,速度和技术非常关键,当然还有数字出版人才,最重要的是老总的战略谋划。

问:你在关注数字阅读的同时,也非常重视经典阅读,在你看来两者是矛盾的吗?你认为阅读的本质是什么?

答:我认为数字阅读是就内容载体来说的,经典阅读是就内容的积淀时间和品质来说的。前者回答"怎样读",后者回答"读什么",是两个方面,不构成矛盾。我理解阅读的本质是获取信息和知识,最重要的是内容如何,至于采用什么载体阅读和阅读什么完全取决于个体阅读的需要和喜好。

问:最后请你对数字阅读的未来做一个展望?

答:我本人还没有看到 iPad,但从目前报道的阅读器功能来看,不仅有翻书的感觉,还有很多为实现阅读而延伸的链接和服务功能,不仅给阅读带来便利,还提供了拓展阅读的功能。我相信随着数字化技术的提速,阅读器研发的不断完善,一个全新的数字化阅读时代正在向我们走来。从阅读发展的历史来看,这是一次数字化技术引领下的阅读革命。无论是出版人,还是教育者,都应为这个阅读新时代的到来鼓与呼,并作积极的参与者、实践者和推动者。

4.7 图书馆研究馆员带你开采数字阅读资源宝藏

记者　宋文燕

受访者： 富平，国家图书馆研究馆员，曾担任过国家图书馆采编部主任、国家数字图书馆管理处处长、全国文化信息资源共享工程（以下简称共享工程）常务副主任等职务。致力于推进国家数字图书馆建设、数字资源建设。在图书馆的很多领域具有权威性。

问：你在主持全国文化信息资源共享工程中，是如何推进基层进行数字阅读的？

答：2002 年共享工程正式启动，国家中心设在国家图书馆，当时的主要工作任务是：

1. 在全国范围建立省级中心和基层点，实现网络联网的“135”计划，即实现 1 个国家中心、30 个以上省级分中心和 5000 个以上县、乡、街道和社区基层网点的联网。

2. 制定数字资源建设规划，作资源建设调研，测算数字经费等工作。围绕共享工程建设的宗旨，组织建设数字资源，并通过网络、卫星、光盘传输到基层。

根据这些任务，确定了资源建设的目标，即数字资源建设除包括优秀文化信息资源外，还要建设一大批贴近大众日常生活的社会文化资源，围绕与人们日常生活息息相关的内容，以潜移默化的方式传播先进文化。同时根据社会需求，通过已有数字资源的整合与采购、新建各类资源库、网上信息的抓取与加工等多种方式与渠道，选择适合基层百姓需要的数字资源，建设全方位文化数字资源库。

把共享工程推进社区、校园、农村、企业、军营等，通过各基层图书馆或文化馆、文化站的联网系统，实现数字文化信息资源的广泛传播与利用。

问：农村资源缺乏，尤其是一些偏远地区，他们能从共享工程中得到些什么样的资源呢？

答：共享工程国家中心，组织建设的所有文化信息资源，通过网络、卫星、光盘等方式直接送到基层。

根据共享工程的管理机制，首先是把国家中心的数字资源直接送到省级图书馆,再由省级图书馆送到本省各基层。共享工程网站上,每周都有卫星流媒体每天要播出的节目单,包括播出时间、节目类别、播出内容、节目时长等信息。各省站点根据需要把节目下载下来,再送往各基层。其次,各省级中心组织各省的特色资源,可以向国家中心提供,通过国家中心再送到各省级中心,省级中心之间也可直接进行交流。数字资源的建设需要长期的积累,共享工程组织建设的文化信息资源在短期内还不能完全满足广大公众的基本需要。

共享工程从2002年成立以来,主要通过共享工程和各省级中心的网站向基层公众提供电影、戏剧、歌舞、曲艺、科普、农业科技等信息资源;并通过卫星、互联网、光盘等方式直接投送专题资源。例如:

文化共享工程卫星投包节目单

2010年5月24日星期一(2010年第21周总第126周)

节目类别	播出内容	节目时长(分)
动画欣赏	《拉拉与茹比》第141集隐身草	10分01秒
	《拉拉与茹比》第142集魔力大比武(上)	9分26秒
舞台艺术	冰山上的来客	105分11秒
工作培训	数字图书馆资源数字化标准的实践	46分28秒
动画欣赏	《拉拉与茹比》第141集隐身草	10分01秒
	《拉拉与茹比》第142集魔力大比武(上)	9分26秒
舞台艺术	冰山上的来客	105分11秒
工作培训	数字图书馆资源数字化标准的实践	46分28秒
动画欣赏	《拉拉与茹比》第141集隐身草	10分01秒
	《拉拉与茹比》第142集魔力大比武(上)	9分26秒
舞台艺术	冰山上的来客	105分11秒
工作培训	数字图书馆资源数字化标准的实践	46分28秒

问:共享工程实施以来,用户的使用情况如何?乐观的一面和不太乐观的一面,都欢迎你跟我们讲讲。

答:共享工程的实施,一定程度上满足了社会对文化信息资源的需求。通过用户对数字文化信息资源的使用,我们发现文化资源匮乏的基层用户,普遍对电影、地方戏剧、致富科教片等这些贴近他们日常生活、喜闻乐见的数字资源很感兴趣,这是可喜的一面。问题是:

1. 这些受基层欢迎的资源更新速度、数量等都跟不上群众的需求。这是当地的物质条件对精神文化的限制所致。基层条件不同,因地制宜地建设地方特色资源受到多方面因素的影响,导致资源建设不够,适合基层百姓的资源不多。

2. 由于基层用户在对数字信息的技术管理和资源管理方面缺乏实际操作经验,使送到基层的资源得不到有效利用。例如:一些农村基层站点的管理员,对计算机终端的开关、电源、下载资源等,经常在操作中出现小问题,而影响资源的利用。有时直接给国家中心和省级分中心电话要求解决。这样的例子在共享工程实施中出现不少。

3. 数字资源在使用中的知识产权和网络信息传播权一直是数字资源服务的瓶颈。国家中心、省级中心、基层中心均面临这个问题,但许多问题又不能在短时间解决。

4. 共享工程基层点的持续发展,关系到共享工程的服务效果。同时,省级中心与基层点的数字资源建设模式,以及与公共图书馆资源建设的关系怎样处理,关系到共享工程的持续性发展。有机制问题,有管理问题,我对此深表关注。

总体来说,可喜的是,我们的工程取得了一定的成绩,老百姓迫切需要多方面的文化信息资源。问题也不少,需要多方面协调,建立健全机制以及提高整个社会的信息素质。

问:国家数字图书馆提供的数字资源服务对数字阅读有些什么影响呢?

答:作为国家总书库,中国国家图书馆拥有全球最丰富的中文文献。并且也致力于建设丰富多元的数字资源,为社会公众提供越来越好的服务。借助现代信息技术,读者可以在任何地方、任何时间阅读数字图书馆提供的数字资源,而不必受图书馆开馆时间的限制,从而带来与传统阅读不一样的面貌。

图书馆的数字资源服务如何影响数字阅读的问题,我曾经做过专门的调查,发现年轻的读者不习惯从图书馆查阅所需信息,他们普遍认为图书馆数字资源使用不方便,获得信息的渠道主要是网络、电视、手机等。30 岁以下的青年人,生活节奏的加快,使他们更易接受片段信息,适合“快餐文化”。而这个年龄段以上的读者,由于阅读习惯所致,首先会从报刊上查询信息,再去上网查阅信息。

为了满足公众对数字信息的需求,国家图书馆也在做着不懈的努力。国家数字图书馆的建设,从资源建设到设备更新,做了大量的工作,努力为新形势下读者信息服务不断创新。2008 年以来,国家图书馆在网上向公众提供的数字资源达到 180TB,如推出以手机为媒介的国家图书馆移动服务——掌上国图。通过掌上国图，读者可以随时、随地、随身地了解国家图书馆、使用国家图书馆资源。该服务包括移动数字图书馆、短信服务、国家图书馆 WAP 网站、手机阅读和国图漫游等。

问：作为一个普通读者，如何利用数字图书馆带来的便利？

答：数字图书馆的数字资源，是专门收集的信息，不像一般网络上的信息，有商业运作问题，新闻、娱乐信息较多，只能满足人们一些消遣、娱乐、生活的需要。数字图书馆的数字资源，它们都经过了严格的知识组织，有一定的知识体系，信息资源类型、内容较为全面，读者可以索取到所需要的信息。当然，我们在使用这些数字资源的时候，要善用它们，尊重作者的知识产权。

另外，图书馆在组织和提供公众需要的数字资源时，应尽可能通过数字电视、搜索引擎等公众使用较多的渠道提供更多的数字资源。图书馆要提高普通公众对数字资源的使用率，关键在于要为公众提供方便的平台和渠道，否则就不可能吸引用户，也无法提高利用率。

问：图书馆与阅读密切相关，数字图书馆与数字阅读关系密切。数字阅读作为一个新鲜事物，欢迎你谈谈所理解的数字阅读。

答：与传统的纸质出版物相比，数字化电子出版物具有存储量大、检索便捷、便于保存、成本低廉等优点，所以数字化阅读日益受到年轻人的欢迎。要进行数字阅读，需要有数字资源，有专门的设备。在家里可以用有线电视，一般老人比较喜欢使用，年轻人更喜欢使用手机。这就需要图书馆针对不同的人群，研究采用什么样的方式，来满足读者对电子资源和信息的阅读需求，同时，阅读的设备的不断更新与应用，也在推进数字阅读，但设备的人性化还有待提高，使用也不够普遍。手机使用普遍，但是资源利用也有限，关键还是资源的知识产权和管理机制问题。

问：现在读者普遍要求免费阅读数字资源，我们知道，数字资源在制作中花费了大量的人力物力，这样的矛盾你怎么看呢？在提高数字资源利用方面，图书馆应该做些什么？

答：这个矛盾也是把双刃剑，我想从以下方面来说明：

1. 数字资源与传统资源有较大的区别，从技术手段的加工到阅读，信息资源的版权、信息传播权都有了改变，那么我们在阅读数字资源时，在不同的范围就要受到不同的限制。

2. 图书馆作为公益性服务机构，为公众提供数字资源的服务时，一次文献的提供（例如：数字化后的图书、期刊、报纸；电子图书；电子报刊等）应该是免费的,应由国家财政给图书馆投入,善用纳税人的钱来解决。经过加工的二次、三次文献,数字资源数据库等,有不同的专业读者,服务对象不同,因此,可以由图书馆购买,免费为注册读者服务,也可适当收费。

3. 数字资源建设规划与资金投入方面,在全国范围内按照不同行业,应有宏观规划。不同行业和本行业要有建设目标和计划,应防止重复建设与资金浪费,避免"小而全","大而全"。同时,国家对数资源建设经费应逐年增加,既有建设新资源的预算,也要考虑数字资源长期保存的问题。另外,要注意提高数字资源的利用率,让建设好的数字资源更好地为社会服务。

4. 数字资源建设还处于发展时期,数字资源的检索、查询、书目、导航、全文检索、数据的应用等都不是很规范,查全率、查准率也不能满足读者个性化检索需要,使读者使用起来不是很方便。

因此,在利用数字资源时,图书馆应该发挥它的作用:

- 向读者推荐国家正式发行的电子资源、数据库、电子文献等数字资源,在内容、数量、质量上有保障,向公众推荐优秀的、可靠的数字信息资源。
- 向读者提供规范的数字资源目录和便捷的查询手段,做好数字资源的导航。
- 利用图书馆的专业优势,整合与加工专题知识库,使读者更方便地获得知识信息。

4.8 吧主和版主的故事

陈昱嘉

【编者按】陈昱嘉是清华大学2009级本科生，她还有另一个身份——吧主、主页管理员、版主。在这一篇，我们邀请她来讲述自己的数字故事。

粗粗算来，我接触网络已有十年了吧。从一开始的被动接受者到现在的主动使用者，网络已经成为我生活中不可缺少的一部分。和别人不一样的是，我在网络中，扮演的不仅仅是一个受众，更是一个服务的角色。从两年前开始，我就在百度贴吧两个规模较大的贴吧（纳达尔吧和托雷斯吧，他们都在百度贴吧中分类排名中名列前茅）担任吧主，结交了很多同道中人，也学习了很多，并为大家提供了很多服务，后来，人人网开辟了公共主页这个新的栏目，我经过考核选拔变成了三个公共主页的管理员〔西班牙国家（足球）队、托雷斯、纳达尔〕，并且在世界杯期间积极参与了各项管理，同时，我还承担了利物浦足球俱乐部的“利物浦中文论坛”的版主工作，并且曾经做过百度百科词条的人工审核工作。

我管理的公共主页　我关注的公共主页

我一共管理3个公共主页

公共主页：托雷斯
类型：运动员
规模：10025个好友

公共主页：纳达尔
类型：运动员
规模：2766个好友

公共主页：西班牙国家队
类型：运动团队
规模：37149个好友

▲本文作者管理的三个公共主页

这一系列的网络工作，不仅使我结识了许多朋友，也教会我如何处理一些不愉快的挑衅事件和紧急事务。许多滋味是在我较为简单的大学现实生活中无法品尝到的,虽然很多时候也会觉得不值得,但是最后还是坚持了下来,现在我也基本养成了无视一些不友好的我不想看到的帖子留言,珍惜应该珍惜的友情的能力。

而在信息素养的培养上,我觉得成为一个吧主、主页管理员、版主令我受益匪浅,从一个初来乍到的菜鸟,到现在每天花上三个小时打理我的网络事务,从图片、新闻、视频等一系列资源的获取开始,我想讲讲做这些事情的心得体会和小经验,尤其是在百度贴吧和人人网这两个重要的信息平台上。

图片的获取和整理

我这里讲的图片,主要是指需要每天更新的新闻图片,比如西班牙国家队每天的训练图,纳达尔在温网的比赛图等。从速度上来说,Getty(www.gettyimages.cn)的更新速度毫无争议得拔得头筹,基本上是一边比赛一边更新的,但是正是由于 Getty 不是一个单独的图片库,而是一个集合了各大媒体新闻图片的仓库,所以它的重复率很高,当你需要批量下载的时候,会发现基本有一半图片是一样的,更为严重的是,Getty 的图片每一张都难逃水印,从质量上来说,daylife(www.daylife.com)的图片是最好的,daylife 和世界五大通讯社保持着长期的联系,图片数量自然不是问题,更重要的是,他有一套完善的分类系统,所有的图片都是有序的排列,几乎不存在重复,而且没有水印。

而在图片的整理方面,我曾经遇到过这样的困境,很久以前上传到网上的图片在本机浩如烟海的图片中找不到了,主要还是由于图片整理的思路问题。在这里,我推荐 Google 的图片整理软件 picasa。它可以对图片进行批量的添加标签,在一开始,就会按照时间排列,一方面是图片本身的时间,另一方面是你存图到本地电脑的时间,而添加的标签,则是在逻辑上的,比如“训练”、“出席新闻发布会”等,这样你就可以按照多个标准准确定位到你想要的图片。

另外,我还想提的是,在人人网和百度贴吧上,我们怎么样把图片批量下载到自己的电脑里。首先是在人人网上,我们需要使用 Google 的浏览器,然后安装一个人人网改造器插件,选择在同一页面上显示所有的相册图片,然后点击开始下载即可。在百度贴吧和百度空间上批量上传和下载图片则只需要安装百度贴吧相册助手这个软件即可,我用这个软件完成过一天上传 2000 张图片,下载 3G 图片。

新闻的获取

如果只是需要了解信息，当然推荐新浪这些中文门户网站，在体育方面，ESPN 中文网做得最为客观，而在足球这一块上，GOALHI 做得很不错。但是如果需要第一手资料和最全面的视野，自然还是去要去国外的网站收集信息。我个人比较喜欢 TIMES(《时代》周刊)和 NY TIME(《纽约时报》)。同时由于网络工作需要，我还需要去一些西班牙语的网站看新闻。Marca 的官网是不二之选，虽然我学了两学期的西班牙语，但是还是不能完全理解。这时候使用 Google 的翻译是最好的选择，因为我发现，Google 对于西语翻译到英语的处理远远好于英语翻译到中文的处理。同时，如果需要英文和中文的互译，我比较推荐谷歌金山词典。

同时，在工作中我发现，在张贴新闻的时候最好能配上图片，这样，无论是点击率还是回复数都会远远好于只贴文本，哪怕那张图片是一张旧图。

视频的获取和处理

首先，作为一个网络工作者，我认为最需要把握的一般是及时度，对于质量的要求并不是第一位的。优酷上的视频，基本播放流畅，但是质量普遍不高，使用网站自主研发的软件就能下载。YouTube 上有海量的视频，优酷上的基本就是从这边拖下来又上传的。对于 YouTube 的视频，我推荐使用 keepvid (keepvid. com)这个在线下载网站——使用方便。

如果需要高清的视频，这些网站是无能为力的，需要专门的下载网站，而且不是基于 BT 原理的，而是基于 FTP 和 PT 架构的网站。在国内，“北邮人”和上海交大的“葡萄”做得比较好，清华的 FTP 实在差强人意，cosair 的建设也不是很完善。在国外，有很多的 PT 网站都是非开放式申请。另外，如果需要下载足球视频呢，江城足球网是做得比较好的。当然你也可以自己录制，使用 UUSEE 软件就可以实现。

在视频的处理上，软件层出不穷，我推荐两个：一个是格式转换软件——格式工厂，一个是多媒体万能剪切软件——exact cut。当然如果需要 DIY，会声会影和 SONY VEGAS 是最好的软件了吧。

以上，就是我长长短短的絮语，也许可以给别人以启发；也许，只是我给自己的总结。我做每一份网络工作，付出的每一分努力和真心，都是为了我所爱的球队和球员，为了和我一样爱着他们的球迷们。

4.9 一位爸爸的数字阅读指导经验

记者　宋文燕

在拥有数字资源方面，畅畅爸绝对称得上是一位“富爸爸”，他积累了2T的数字资源，大多数都是适合儿童使用的。他在多个亲子和儿童网站、论坛上都非常活跃，乐此不疲地下载和上传资料，他说自己是一个“不找到绝不罢休的人”。根据大纲设计，本书需要采访一位善于利用数字资源为亲子阅读添上翅膀的家长。小书房公益儿童文学网的多位妈妈异口同声地向我们推荐了同一个人，他就是本篇的主人公畅畅爸。我们希望通过他的经验，带给其他家长以启示，使他们知道数字资源在哪，以及如何使用。

受访者： 畅畅爸——4岁女孩畅畅的爸爸，儿童阅读推广志愿者。

问：你收集的数字资源主要有哪些？

答：经典的动画片、电子版图画书、纪录片、电影等。还有其他方面的，如幼儿舞蹈、幼儿儿歌、童谣和其他的幼儿教育资料。

问：你怎样找到这么丰富的亲子资源？

答：网上的资源很丰富，很全面，也很分散，但大部分都能通过网站和论坛找到。我经常利用的网站和论坛，我列了一个表给大家（附文后）。除了这些网站以外，QQ群，百度（www. baidu. com）、谷歌（www. google. com. hk）等搜索引擎的帮助也很大。

问：下载儿歌，哪个地方最好？

答：Verycd，网址是：http://www. verycd. com/。它比较全，查找也方便。在这里找不到的话再去其他网站或论坛，比如金苗网（www. jinmiao. cn）、阳光宝贝、丫丫网、三齐儿童网等。

问：找图画书，你一般去哪里找？

答：网上的图画书资源很丰富，我主要去图画书资源比较集中的几个网站和论坛：小书房、儿童教育网、梦想三峡社区，再有就是利用百度、谷歌搜索而得。

问：要想下载的话，这些网站、论坛有门槛吗？谁都能下载吗？

答:小书房网站书库里的图画书资源浏览者均可观看,小书房论坛里的图画书资源板块只对小书房义工开放;儿童教育网的图画书资源只对论坛会员开放,下载需要积分;梦想三峡社区里的图画书资源是全开放的,谁都可以下载。

问:音频资料,你主要收集了哪些?

答:儿歌、童谣、睡前故事、图画书故事、童话故事。

问:动画片和电影,你一般去哪里找?

答:高清 PT 站点里的动漫和电影区,以及电驴网站的电影和动漫频道。

问:搜索引擎在你找资料中有什么用处?

答:如果通过以上网站和论坛还没有找到你需要的资源,我建议大家使用百度(www. baidu. com)、谷歌(www. google. com. hk)等搜索引擎进行网上搜索。下面附上百度、谷歌两大搜索巨头的搜索引擎技巧全攻略的网址:

《想要成为搜索高手吗? BaiDu 搜索引擎全攻略》:

http://www. sowang. com/SOUSUO/20080803. htm

《无所不能:Google 搜索引擎技巧全攻略》:

http://www. sowang. com/SOUSUO/20080801 – 11. htm

这两篇文章图文并茂,方法全面,仔细研读,经常使用,相信大家都会成为网络搜索的高手。

问:能不能晒一下你找到的最得意的数字资源?

答:电子版图画书:适合 0—6 岁宝宝看的近 1000 个电子版图画书文件。

图画书 MP3:世界大奖图画书系列 mp3 等

幼儿动画片:《粉红猪小妹》、《小羊肖恩》、《爱探险的朵拉》、《米奇妙妙屋》等。

科教纪录片:《人体旅行》、《再说长江》、《故宫》、《世界遗产在中国》、《行星地球》等。

动画电影:《冰河世纪系列》、《马达加斯加系列》、《狮子王》系列等历年动画片的高清版。

问:你觉得应该怎样指导儿童的数字阅读呢? 孩子会因此而沉迷于电脑以致上瘾吗? 数字阅读与纸质阅读,是否冲突?

答:首先,儿童数字阅读要坚持“以纸质书为中心”的原则;其次,要根据儿童不同成长阶段的心理、行为和智力发展特点,有选择性地运用视、听、触等多感觉通道,寓教于乐,帮助孩子掌握阅读,获得数学、音乐、百科等知识。

两年多来的实践证明,我们家的畅畅还没有沉迷于电脑和电视,这关键在于家长的正确引导。我认为,数字阅读只是纸质阅读的扩展和延伸,二者并无矛盾。

问:你收集了这么多数字资源,一定很占用硬盘空间,你是如何管理这些数字资源的?

答:买了两个1T容量的硬盘,分门别类地把文件放在各自的文件夹里。

问:你怎样与他人分享数字资源?上传资料会不会浪费很多时间?

答:如果有人需要我的资源,我会通过QQ群群发或者硬盘对拷或者刻盘共享,此外还会放在网盘里与网友一起分享。因为单位的网络带宽速度快,还能满足要求,当然上传资料会花费一些时间,在不耽误工作的情况下,我会尽量满足需求者。

问:你是否在阅读中给孩子用得上这些资源?你是怎样利用这些数字资源为你的亲子阅读添上翅膀的?

答:能用得上的。比如说《比得兔的故事》,我家宝宝是先看的动画片,我觉得这可以帮助她理解书的内容。有些图画书有音频,我下载了很多,这些音频资料可以让孩子通过另一个途径了解图画书。

我也经常给孩子买各种各样的图画书,当然是指纸本书。拿到书我总是先仔细浏览,然后考虑阅读方式,在亲子阅读中,如果有机会,我会利用网络数字资源拓展孩子的阅读空间。下面就以《聪明豆绘本系列:咕噜牛》为例,说一下我是怎么做的。

《咕噜牛》讲的是这样一个故事:一只小老鼠高兴地在森林里散步,不巧遇上了一只狐狸。狐狸馋得口水直流,假装好心邀请他吃午餐,然后借机一口把他吃掉。小老鼠识破了狐狸的阴谋,就编了一个喜欢吃狐狸的可怕怪兽——咕噜牛的故事,吓得狐狸慌里慌张地逃跑了。接下来,小老鼠又遇到了不怀好意的猫头鹰和蛇,小老鼠同样用咕噜牛的故事把他们吓得屁滚尿流。吓跑了三个劲敌,小老鼠得意得不得了,正想着世界上怎么可能有咕噜牛这种可怕的动物时,一只和他描述的一模一样的怪物出现在他面前!小老鼠吓得大喊救命,这回他要怎么办呢?

作者朱莉娅·唐纳森利用朗朗上口的韵律,三咏三叹,把小老鼠遇到狐狸、猫头鹰、蛇三段相似的经历说得妙趣横生、各具特色,尽现小老鼠的智慧。故事一波三折、充满悬念,如果是先听故事,一定会激起孩子看图画书的欲望,于是我就上网找这本书的音频版。通过搜索,发现真的有啊,还是中央人民广播电台文艺之声的主持人李佳的深情演说,配乐紧张松弛有度而又不失诙谐,李佳的讲述更是惟妙惟肖，角色转换如鱼得水、衔接无缝，让听众仿佛身临其境。音频下好的第二天早饭后，我就利用迷你音箱播放，音乐响起，正在闹腾的畅畅一下子安稳了下来，静静地听着故事，一连听了两遍。然后我把《咕噜牛》拿到她眼前，惊喜的畅畅马上夺走书翻看起来，紧接着便缠着我与她一起阅读，一连读了三遍还不满足。

过了几天，等畅畅阅读此书的热情稍退的时候，我突然在高清 PT 站点 HDC 发现，竟然有会员发布了英国 BBC 制作的高清动画片《咕噜牛》，来得真是时候啊，赶快下载。然后找个空闲，和畅畅一起欣赏起动画片《咕噜牛》。和图画书不同的是，动画片先出场的是寻找榛果的松鼠妈妈，一开始，画面是阴暗的冷色调，背景音乐紧张刺激，松鼠妈妈惊险不断，随着小老鼠的出场，画面色彩便鲜亮起来，变成了黄色的暖色调，背景音乐轻快活泼，让人感觉轻松愉快。动画电影的光影效果带给观众神奇而愉快的视觉享受。看的时候，畅畅随着剧情的层层跌宕递进而喜怒于色。

阅读一本图画书由聆听开始，接着阅读文字图画，最后是听觉与视觉的结合。数字阅读应该是有顺序的，我个人认为应该从聆听开始，给孩子想象的空间，以视频结束，实现阅读的立体化。此前数字资源的选择也尤为重要，毕竟互联网上的资源良莠不齐，父母要优中选优。

通过数字阅读，我们会感觉到，与以纸张为载体的传统阅读相比，数字资源能够容纳更多更丰富的信息。在传统阅读方式中，文字和图片是最常见的。但在数字化阅读中，除了文字和图片外，还包括视频、音频、互动环节等，相比纸质图书阅读，数字阅读使得阅读立体化，丰富了人们的阅读体验，能产生更多的阅读乐趣。

附：畅畅爸推荐的儿童数字资源

1. 电驴网站(http://www.verycd.com)

汇集国内外动画电影精华，普通、标清、高清资源应有尽有，幼儿教育资料门类齐全、种类丰富，供种时间长、下载方便、速度快。

获取资源方法：推荐下载主页左上角的电驴下载软件，安装软件后，找到想要下载的资源，点击查看该项资源的“详细内容”，可选择使用电驴下载软件。在大多数情况下，使用其他下载软件，如迅雷、网际快车也可下载到资源。

2. 儿童教育论坛(http://bbs.etjy.com)

板块齐全，集合了各种优秀童书电子版、育儿书、故事 mp3、各类英语资源、国内外各种早教方法、早教机构的介绍及研讨、育儿具体方案等。

其“早期教育”板块的内容包括：各种早教指导书下载、国内外各种早教方法、早教机构的介绍及研讨、育儿具体方案、早期识字方法及措施、早教字卡及相关图表、早期儿童读经等。

“网络硬盘”板块里都是论坛会员提供的各种资源的下载链接。

“亲子阅读”板块有各种优秀童书电子版、育儿书、故事mp3的下载。

“儿童英语”板块，有外语教养法的分享和讨论、家长的英语教养记录、各类英语资源共享。

获取资源方法：首先注册为论坛会员，然后找到需要下载的资源，按提示下载即可。

3. 三齐儿童网(www.3kid.net)

三齐儿童网是一个早教教育资源网站，适合0—10岁孩子学习、娱乐的网站。栏目细化、内容丰富、网络视频多、音频内容比较全。包括：科普，少儿故事，动画游戏，学知识，学语言等儿童各类flash动画、视频、mp3资源。

获取资源方法：“有声图书馆mp3”里的所有资源只提供在线播放。其他的资源为在线视频，可以下载。如果要下载，需要下载“维棠FLV视频下载”之类的软件。

4. 丫丫网(http://qq.iyaya.com)

丫丫网分为“丫丫社区”、“宝宝主页”“爱孕网”。旗下的“丫丫社区”号称全球最大的中文亲子社区，120万的爸爸妈妈在这个平台交流、学习、分享。

首先要注册成为会员，然后加入发布资源的“圈圈”，探寻需要的资源，才能下载到资源。我个人推荐大家加入“亲子资源”圈圈，这里资源丰富(幼儿动画、幼教资料、电影等都有)，会员活跃程度高。

获取资源方法：圈圈里提供的很多资源链接是网盘文件地址，需要根据不同的网盘下载、安装不同的软件，如RaySource、米人等。找到想要下载的资源，按网页提示操作就能下载到，如果资源发布已经有一段时间了，会出现资源文件被删除无法下载的现象。

5. 梦想三峡社区(http://bbs.mx3x.com)

幼教和中小学教育资源极为丰富，英语类、科普类、语言类、数学类、音乐类、DVD、美术劳动类、国外儿童软件、益智启蒙等，全部覆盖。

获取资源方法：现在该论坛已经禁止注册新会员，不过可以浏览论坛的大部分内容，“亲子阅读”板块的大部分是育儿资料电子版和图画书电子版，既可浏览又能下载。

6. 阳光宝贝儿童教育社区(http://www.bbxpp.com)

一个纯粹免费的网站，它免费提供儿童抚养、教育的各种资源，你在培养孩子的过程中所需要的各种资料、软件几乎都能在这里找到。

网站的“下载区”和“BT”、“eMule ”区以及论坛的“儿童教育资源交流”区提供了很多儿童抚养、教育、娱乐的资源。

获取资源方法：在这里找到所需的资源，点击“下载地址”下载即可。

7. 高清 PT 站点

(如:CHDBits,网址:http://chdbits.org/torrents.php;

HDC,网址:http://hdchina.org/browse.php;

TorrentCCF,网址:http://et8.org/torrents.php)

汇集国内外电影、科教、动画高清资源,更新速度快,资源质量高。点击论坛内的“种子”标签,就能浏览到所有的高清资源。

获取资源方法:高清 PT 站点都是采取邀请注册,论坛也会不定期开放注册,只有注册成为会员才能下载到资源。注意,PT 是需要统计你的下载量和上传量的,分享率及上传量和下载量在你登录以后可以看到,要想在 PT 里生存,就必须在下载的同时有一定比例的上传分享,从而保证你的账号不被封禁。

此类站点对下载工具也有特殊要求,建议使用 uTorrent。软件安装后,点击种子链接,下载种子文件后,双击打开,按提示操作即可。

8. 小书房(http://www.dreamkidland.cn)

小书房致力于儿童阅读推广,提供儿童阅读指导和图书免费在线阅读。这里聚集了一大批儿童阅读推广人和儿童文学爱好者,以为儿童推荐最优秀的儿童文学作品为己任。

小书房网站的图画书的精品资源较多,质量有保证;网站“书房阅读”的“书库”里收罗了国内大家的著名图画书、论坛内“豆蔻镇”板块里图画书资源丰富多样,“幻想国”板块聚集了一大批介绍国外精彩图画书的热心网友,还能看到他们翻译的国外图画书,“黄昏海”板块里上传了很多论坛会员的原创图画书,“月亮湾”里汇集了有声图画书。

小书房里的图画书资源质量高,画面清晰度高。其他站点的像儿童教育网、梦想三峡社区的图画书资源也很多,但质量参差不齐,很多是网友自己拍照或扫描制作的,很多清晰度不够好,但更新快。

第 5 章

数字阅读技能 ABC

随着数字阅读的广泛推广和 Web 2.0 等新技术以及手机、电子书阅读器等新阅读载体的发展，数字阅读已日益成为大众获取信息的重要途径，徜徉于数字大花园中，或许，你也会在浩如烟渺的信息中沉醉不知归路，或许也会面对新式的阅读载体茫然不知所措，或许很多小功能小技巧你至今还未探知……数字酿蜜，又成为你我共同面对的挑战，掌握熟练的数字阅读技能也无疑成为数字阅读浪潮下大众的共同选择。本章即从当下网民使用最多的信息搜索方法，阅读设备选用，博客阅读跟踪等出发，手把手教你数字阅读技能，从零开始，从你的最多需要开始，每一个步骤为你翔实解密，每一个技巧给你贴心提示，让你真正学有所获。

Google 以及维基百科的使用技巧让你对网络信息挖掘更加有效，而常用数据库的使用方法又能提高你学术信息的获取能力，帮助你提高数字信息搜集协作性、及时性、方便性等技能。针对新兴的数字阅读设备，如何选购，如何使用，如何维护，你也皆能从本章一一解惑。

俗语曰，磨刀不误砍柴工，当你修炼好熟练的数字阅读方式方法，定能帮助你节省时间和精力，在最短时间达到最好的阅读效果。

5.1 你所不知道的 Google 使用技巧

叶少青

谷歌(www.google.com)是当今优秀的搜索引擎,其功能强大、特点突出、技术先进、服务优良。它在业界评测中获得多项大奖,功能和特色被各大引擎竞相模仿。Google 非中国本土公司,但它支持中文搜索,其中文搜索引擎(www.google.com.hk)是收集亚洲网站最多的搜索引擎之一。目前,全世界访问量最大的 4 个网站中,有 3 家采用了 Google 的搜索技术,80% 的互联网搜索是通过 Google 或使用 Google 技术的网站完成的。目前全球网民可以使用 86 种语言通过 Google 搜索 30 多亿个网页及其网页快照以及 4 亿多张图片。

但你知道吗,Google 除了网上搜索外,还具有很多功能!以下介绍五种简单而实用的功能。

❶ Google 是运算高手

在 Google 首页,输入任何数学题,不管是简单的加减乘除还是深奥的函数运算,甚至尺寸、温度、货币汇率等数值转换,Google 都会返回一个准确的结果给你。不信?可以试试,随便输入一串带 + - * / 符号的数字或 sin(789)、sqrt(789),都能返回一个准确值(注:sin 是正弦函数,sqrt 是求平方根函数);再试试输入“200 dollars in RMB”或“98 f to c”,返回结果都不会令你失望吧。

❷ Google 自带绿色防护衣

如果你不想在 Google 图片结果中看到色情内容、露骨的性内容、亵渎性内容以及其他令人厌恶的内容,那么 Google 的 SafeSearch 过滤器可以帮你实现。设置方法是打开 Google 首页进入“Search Settings”,在“SafeSearch Filtering”选项中可以选择你想要应用的 SafeSearch 级别(中等过滤,严格过滤,不过滤),设置完后保存“Save Preferences”。当然,没有任何一个过滤器能做到 100% 准确地过滤,SafeSearch 会检查网站的关键字和词组、网址以及“开放目录”类别以判断并过滤掉不良网站。

❸ 熟悉与(+、空格)、或(OR)、非(-),查全查准率更高

检索复杂专题依靠单个关键词查准率很低,要提高查全查准率,需进行详细的主题分析,选择多个关键词构造检索式。逻辑符使用时应注意下面几个事项:①无需用“+”来表示逻辑“与”操作,只要空格就可以了;②逻辑符“+”和“-”号,是英文字符,而不是中文字符的“+”和“-”;③逻辑符与作用的关键字之间,不能有空格,如果中间有空格将视为逻辑“与”操作,中间的“-”被忽略;④用大写的“OR”表示逻辑“或”,小写的“or”在查询的时候将被忽略,从而变成“与”查询;⑤逻辑关系优先使用圆括号。

❹ 通配符、大小写、句子用法各不同

Google 不支持通配符,如“*”“?”等,只能做精确查询。如果你在关键字后面输入“*”或者“?”将会被忽略掉;Google 对英文字符大小写不敏感,即“APPLE”与“apple”搜索的结果是一样的;Google 的关键字可以是词组也可以是句子,但如果用句子作为关键字必须加英文双引号。

❺ 合理使用 site、filetype、inurl、intitle、intext,搜索更精确

“site”表示搜索结果局限于某个具体网站或者网站频道,如“sina. com. cn”“edu. sina. com. cn”,或者是某个域名,如“com. cn”“com”等。如果是要排除某网站或者域名范围内的页面,只需用“-网站/域名”即可。例如,搜索包含“东莞图书馆”的中文新浪网站页面,在 Google 中输入“东莞图书馆 site:sina. com. cn”(此处引号仅起引用作用,不能带入搜索栏内)就可搜索到新浪网(www. sina. com. cn)中有关“东莞图书馆”的网页。注意 site 后的冒号为英文字符,而且冒号后不能有空格;网站域名不能有“http”以及“www”前缀,也不能有任何“/”的目录后缀。

“filetype”表示搜索结果局限于指定的文件格式。Google 只支持有限的常用文本格式,如 htm、doc、xsl、ppt、pdf、jpg 等,表达格式与 site 一样,如 filetype:htm。

“inurl”(拆开来就是 in url)表示在 url(资源定位器)中搜索指定内容,例如,“祖国颂 inurl:mp3”,搜索结果是在 URL 中含有 mp3,且网页中含有“祖国颂”这首歌的网页。

“intitle”(拆开来就是 in title)表示限定在网页的 title(标题)内搜索指定内

容，例如，“歌颂祖国 intitle：祖国颂”，搜索结果是标题中含有“祖国颂”的有关“歌颂祖国”的网页。

“intext”（拆开来就是 in text）表示限定在网页的 text（正文）内搜索指定的内容，忽略链接文字、标题和 url，例如“歌颂祖国 intext：祖国颂”，搜索结果是在网页正文中含有“祖国颂”的有关“歌颂祖国”的网页。

5.2 常用数据库使用技巧(维普、方正、龙源等)

施志唐

数据库的广泛普及能够为读者提供各学科、更加具有针对性的信息资源,掌握数据库的使用技巧无疑能增强读者自身的信息搜索和掌控能力,本文选取了国内最常用数据库维普资讯、方正、龙源期刊,从其登录方式、检索功能、阅读方式等方面一一进行介绍。

维普期刊数据库

❶ 快速检索维普期刊数据库

凭用户名和密码登录维普期刊数据库后,可以使用快速检索功能。直接在检索框输入关键词,然后点击"检索"即可检索到结果。快速检索比较适合普通用户,但往往在筛选结果的时候比较浪费时间。

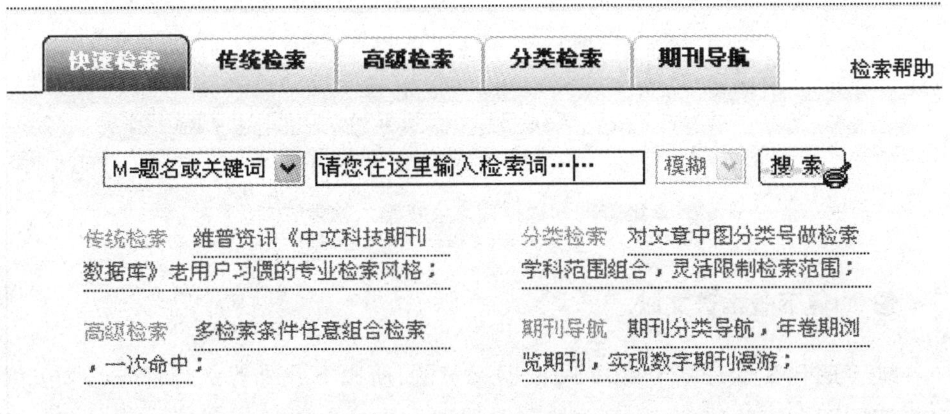

▲维普期刊数据库的快速检索界面

❷ 使用维普期刊数据库高级检索功能

维普高级检索分为界面辅助式和直接输入检索式两种方式:界面辅助方式可直观地输入检索关键词,再选择各关键词之间的逻辑关系以进行检索;直接输入检索式适合对维普检索式比较熟悉的高级用户,通过直接输入由检索关键词和逻辑符号组成的检索式进行检索。高级检索比快速检索得到的结果更加精准。

逻辑	检索项	检索词	匹配度	扩展功能
	K=关键词		模糊	查看同义词
并且	A=作者		模糊	同名/合著作者
并且	C=分类号		模糊	查看分类表
并且	S=机构		模糊	查看相关机构
并且	J=刊名		精确	期刊导航

检索　重置　扩展检索条件

▲维普期刊数据库之界面辅助方式

直接输入检索式:

检索规则说明: "*"代表"并且" "+"代表"或者" "-"代表"不包含"　更多帮助 >>

检索范例: 范例一: K=维普资讯*A=杨新莉

范例二: (k=(cad+cam)+t=雷达)*r=机械-k=模具

检索条件:

检索　重置　扩展检索条件

▲维普期刊数据库之直接输入检索式

❸ 如何下载维普文献

维普期刊文献是基于 PDF 阅读器阅览的,所以下载维普文献首先必须安装 PDF 阅读器。安装好之后,用户就可以根据检索结果选择下载论文文献了。用户在点击任何一条记录对应的"全文下载"图标后即弹出下载窗口,并由 IE 浏览器启动下载任务。

方正电子图书

❶ 安装方正阅读器

阅读方正电子图书需要方正公司的阿帕比阅读器(Apabi Reader),用户访问方正电子图书网站或镜像网时可找到下载阅读器的链接。安装后,就可以通过阅读器使用方正电子图书了。安装时建议使用 windows 系统管理员账号,不要使用受限用户,以免在阅读图书时出现提示未安装阅读器的情况。

❷ 检索和阅读方正电子图书

查找方正电子图书一般有两种方式:一种是关键词检索,通过方正镜像网的首页检索框输入关键词,可以直接搜索到相关图书;一种是按《中国图书馆分类法》分类查找,通过点击树状分类,找到任一类别的电子图书。直接点击图书封面或书名即可进入图书详细介绍页面,点击在线阅览或者借阅均可。如下图所示,右上方是关键词检索框,左边是分类查找栏。

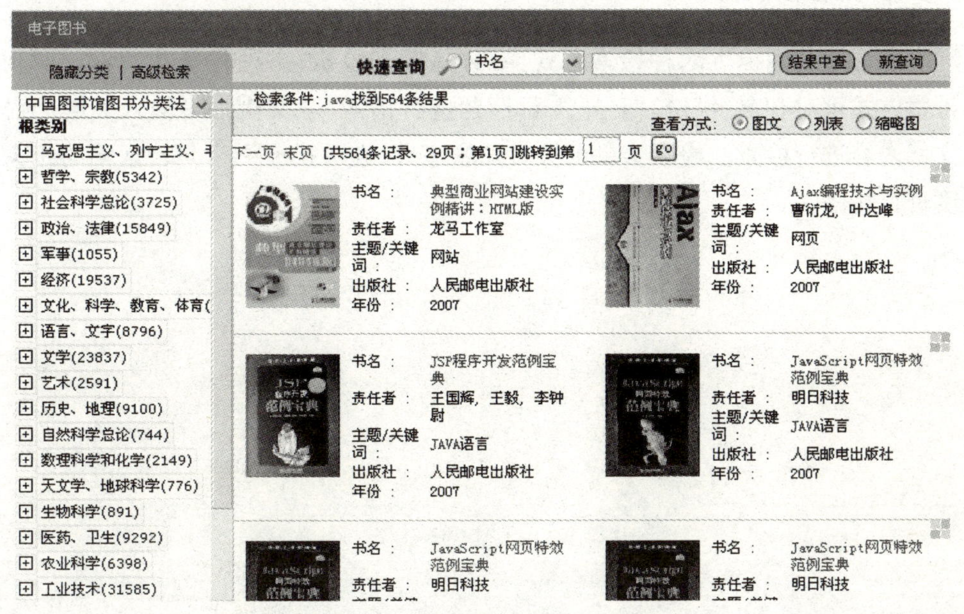

▲方正电子图书检索页面

龙源期刊网

❶ 登录方式

龙源期刊网提供各种热门期刊阅览，读者可使用用户名认证或者 IP 包库方式进入。登录认证后，可以使用龙源期刊网提供的多种服务方式。

①整刊版：提供刊物的目录和内容全文以及往期检索，读者可以更直观地选择自己喜爱的期刊阅读。

②专题版：完全突破每本杂志的局限，按照不同类别划分不同专题，使读者聚焦自己感兴趣的话题。

③原文原貌版：原汁原味地再现纸版期刊原貌，无需下载安装浏览器，电子版翻阅更便捷。

④语音版：打破期刊文字的束缚，让期刊“活”起来，男声女声两个版本的语音阅读，变读刊为“听刊”。

❷ 检索使用方式

龙源期刊网提供两种检索方式：一种是期刊检索；一种是全文检索。期刊检索方式可对刊名、年份、期号、文章标题进行检索；全文检索可输入关键词对文章内容进行检索。检索结果可按时间顺序排，也可按照文章与检索词的相关度进行排序。

5.3 维基百科使用十大技巧

叶少青

维基百科(Wikipedia)是多语言、内容开放的网络百科全书计划。英文“Wikipedia”是“wiki”(一种可供协作的网站类型)和“encyclopedia”(百科全书)结合而成的混成词。中文名称“维基百科”是经过投票讨论后所决定的。“维基”两字除了音译之外,“维”字意为系物的大绳,也做网解释,可以引申为因特网;“基”是事物的根本,或是建筑物的底部。“维基百科”合起来可引申为因特网中装载人类基础知识的百科全书。在维基百科的条目内有许多链接,可引导使用者前往有关页面更进一步地获得资讯。

维基(wiki)技术的核心理念是多人协作,目前这一技术最成功的应用就是维基百科。维基百科是基于维基技术的多语言百科全书协作计划,也是一部网民共同编成的网络百科全书。其目标及宗旨是为全人类提供自由的百科全书。它是一个动态的、可自由访问和编辑的全球知识体,也被称作“人民的百科全书”。

http://www.wikipedia.org 是维基百科多语言入口页,这里列出所有维基百科的语言版本,中文维基是 http://zh.wikipedia.org,英文维基是 http://en.wikipedia.org。维基百科有三个特点:首先,维基百科将自己定位为一个包含人类所有知识领域的百科全书,而不是一本词典、在线论坛或其他任何东西;其次,计划充分体现了维基的理想,允许大众的广泛参与;再者,维基百科是一部内容开放的百科全书,开放的材料允许任何第三方不受限制地复制、修改,它方便不同行业的人士寻找知识,而使用者也可以不断增加自己的知识从而充实自己。

毫无疑问,维基百科是互联网上最有用和最令人称绝的信息来源之一。十大维基百科使用技巧能帮助你更有效地使用维基百科。

第一,奉献。如果没有人义务地编辑条目、排版、添加引用、修正格式,就不会有维基百科的存在。只要点击“编辑”按钮,你就可以成为维基的贡献者。

第二,随机条目。点击“随机页面”会指向最让你意想不到的条目。这也许是最简单也最容易被忽视的技巧。把这个链接作为浏览器主页,可以让你在打开浏览器的时候,了解更多的知识信息,让你有更多意想不到的收获。

第三,利用 Google 搜索。在 Google 上搜索的时候在关键词的后面添加“wiki”,很多时候你会优先得到来自维基百科的资料。

第四,维基教育 CD。维基百科光盘(wikipedia cd)1.0 版本为在校儿童及年轻学生精选了 2500 条教育条目,由 SOS Children 组织编译,所有的文章均为英文,提供免费下载:http://torrentfreak. com/wikipedia-cd-distributed-over-bittorrent/。

第五,Similpedia(http://similpedia. org/index. html)。可以帮助你得到更多与网页相关的信息。在此贴上一篇文章的 URL 或者一段文字,它会帮你在维基百科上寻找与之相关的文章。这个搜索引擎比较有创意,因为很多人即使拿到了一篇文章也不知道如何去提炼其中的关键字。此外,Similpedia 工具里还有更方便的 Firefox Bookmarklet 功能,把它添加到书签工具栏上,在浏览任何网页时可快速获得与页面内容相关的维基条目。

第六,编辑者可信度。你在维基百科所看到的条目可被任何人编辑。编辑者可以是该领域的专家,可以是坐在地下室里的黑客,也可以是一些喜欢以某种方式混淆信息的人。加州大学圣塔克鲁斯分校(UCSC)的研究者们为维基百科开发了一个可信度颜色工具(试用版),用于显示条目是否由可靠的用户提供(编辑者名字越接近桔黄色,就越不可靠)。但是它的功能还不完善,目前只有数百个页面应用了这一工具,并且编辑者的口碑不完全是条目是否可信的可靠标准。想了解更多有关编辑者的信息可以使用 Wikiscanner(http://wikiscanner. virgil. gr/)。它可以搜索出任何一次在维基百科上修改资料的记录,包括 IP 来源,在什么时候修改了哪些资料等。

第七,WikiMindMap(http://www. wikimindmap. org/)。这是一个神奇的可视化维基工具,用来展示条目间的关联。当你输入关键字后,搜索结果是以思维导图的形式来提供的,在思维导图的帮助之下可以很快地发掘其中的主题和相关信息,你可以通过那些连线来找寻访问条目的路径。

第八,Wikiwax(http://www. wikiwax. com)。其特色在于能够像 Google 那样具有相关词搜索功能,也就是说在输入前几个字的时候,它便会自动出现一些相关的热门搜索词让你选择,以免去繁复的输入,从而可以高效、准确地在维基百科里找到你所需要的条目。当然也不是每个检索词都会出现相关热门词,如果恰巧搜索的是一个冷门话题,当然就不会出现更多相关热门词了。

第九,把维基百科放进你的 iPod。开源软件 Encyclopodia(http://encyclopodia. sourceforge. net/en/index. html)是一个可将维基百科导入 iPod 的

免费软件。可以把维基百科装入 MAC 或是 Windows 格式的 iPod、iPod Mini 及 Photo iPod,你可以通过触摸盘来获得海量信息。

第十,利用中文维基百科的简繁转换系统。维基百科为每个用户提供用户页面(http://zh. wikipedia. org/wiki/User:你的注册名)。想利用该页面进行简繁转换,需要做的是首先注册成为中文维基百科用户,登录后进入用户页面的编辑模式,写入想转换的内容并提交编辑;接下来就可以利用页面上方的"简体"、"繁體"、"大陆简体"、"港澳繁體"、"马新简体"这一排转换按钮随意转换了。但是维基百科对用户页面有严格规定,所以最好在完成简繁转换后,立即在用户页移除这些内容。

5.4 如何选购适合自己的数字阅读设备?

叶少青

电子产品不是越贵越好,适合自己的才是最好的。电子产品更新换代快,永远无法一步到位,没有必要盲目追求新出的高端产品。关键要看自己的实际使用需求。本文分别选择价格最低、性价比最高、最受欢迎、最高端的四款主流国产数字阅读器作介绍,希望为大家购机时提供参考。

❶ 价格最便宜——博朗 EV960 听书机

这是主流产品中最便宜的一款数字阅读器,仅售 500 多元,别以为它叫听书机,就觉得它只能听书不能看书,实际上它是原来 EV880 和 EV980 合二为一的一款机器,既拥有原 EV980 的听书功能,也拥有原来 EV880 的看书功能,还增加了 SD 卡插槽。但是它使用的是传统的4.3 英寸 LCD 屏,而不是电子纸,这正是其价格便宜的主要因素;字体是点阵字体,看起来没有电子纸屏幕舒服,但拥有了背光功能。EV960 支持的电子图书格式不多,只支持 TXT 和 EBK,纯文字的 DOC 文档需要通过软件转换来支持。值得一提的是 EV960 的听书功能非常强大,内置了语音转换软件,可以将 TXT 文本直接朗读出来,可以调音调、男声女声、语速等,语音效果接近真人朗读。EV960 非常适合学生、刚工作收入不多的上班族、长时间挤公交地铁的上班族、盲人朋友、晚上不方便开灯的小说迷们及晚上喜欢听读入睡的人群。TXT 格式的小说网络上比比皆是,资源不是问题,加上价格便宜,既可听又可读正是此款产品较长时间在主流市场占一席之地的主要原因。

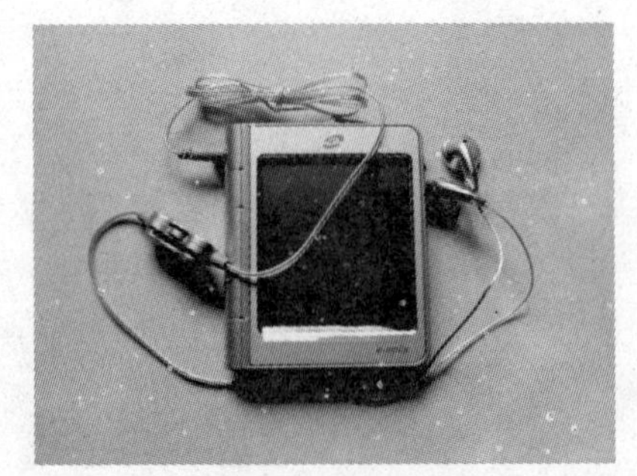

▲博朗 EV960 听书机

❷ 性价比最高——翰林 V5

这是一款最受欢迎的中低端产品,2009 年 5 月上市,它拥有不俗的外观,5 英寸的 E-Ink(电子纸)屏幕,8 级灰度,可以任意更换自己喜欢的字体及开关机界面，支持20多国语言，支持10多种电子图书格式，支持最大32G的SD卡扩展，可以调节亮度、可以播放MP3、支持直接跳页等功能。V5是V3的缩小版，并在V3的基础上增加PDF重排，CPU由200MHZ升级到400MHZ，增加了TTS朗读等功能，虽然屏幕小了一英寸，但是价格也下降了几百元，上市价为1880元。在同等尺寸的E-INK的电子阅读器中，翰林V5的价格不是最低的，但是在综合性价比上，它的性价比无疑是最高的。400MHZ的CPU、TTS、PDF重排通常我们只能在高档产品上才能看见，而作为一款中低端产品，翰林V5就提供了这些功能，翰林V5改进的工艺、字体任意转换、20多国语言界面支持、超多的图书格式支持，都是吸引用户眼球的地方。翰林V5适合想要一部电子纸屏幕阅读器，拥有的图书格式比较杂的用户。它也适合学习外文或学习中文的朋友。如果它的价格还能下降一些，那么可以说，翰林V5在中低端同类产品中是无敌的，作为用户，我们找不到拒绝它的理由。无论你是男性，还是女性；无论你是为了学习，还是为了休闲；从翰林V5上，你都能找到自己想要的东西。如果你正在寻找一款电子阅读器，那么看看翰林V5，也许有意想不到的收获。翰林V5基本上兼顾了各方面的需求。不过它不支持手写，如果你必须要手写，那就只能绕道而行了。

▲翰林 V5

❸ 手写之王——汉王 N518

以手写板出身的汉王科技进军电子阅读器行业以后推出了一系列产品，不过最受欢迎、最值得推荐的还是这款汉王N518，拥有5英寸E-INK屏幕，与原来的汉王N516、N510不同的是，汉王N518使用了全屏手写屏幕。汉王N518的上市，打破了只有高端产品才能全屏手写的惯例，使我们有机会在中端电子阅读器上也使用到手写功能；此外，此产品的另一强项就是它的手写识别功能，使用了汉王具有知识产权的手写识别技术，配合WinCE操作系统，可以轻松地在任何时候

▲汉王 N518

记录想记下来的东西并直接识别成汉字，并且把文件可以直接输送到电脑上进行二次编辑，操作非常方便。如果说它的手写识别功能第二，那绝不会有人敢说自己的第一。汉王 N518 还内置了大量图书，如果手写对你来说很重要，如果你属于比较懒的用户，那汉王的手写功能和内置的几千册图书还是非常有吸引力的。

❹ 最高端——onyx boox 60

boox 60 应该是目前最火爆的一款中高端电子书阅读器，2009 年 9 月上市，它的确有火起来的条件：拥有 6 英寸 E-ink Vizplex 环保显示屏，532MHZ 的处理器，全屏触摸及全屏手写，是一款功能强大的电子阅读器；采用了滑动翻页方式、支持全文查找、可以通过 WIFI 无线网络接入互联网浏览网页，也是目前唯一能真正上网看网页的阅读器；虽然 onyx boox 只有 6 英寸的屏幕，但是 onyx boox 对 PDF 的处理方式非常好，宽度自适应、高度自适应、拖动放大、按百分比放大，它都可以实现；在界面设计，onyx boox 一改传统的书柜列表方式，而是使用电脑文件夹的管理方式，我们可以对图书按日期、大小、类型等多种方式排序，并且可以选择使用缩略图、列表、详细资料等方式来显示文件；支持 TTS 朗读，支持文本调节行间距。而市场上看 PDF 稍好的机器都是 8 英寸、甚至 10 英寸的屏幕，价格也是动辄 4000—5000 元以上；而看 PDF 能达到 8 英寸屏幕效果的 boox 60 才 3000 元不到。最重要的是，boox 60 是同等尺寸屏幕里对 PDF 支持最好的，在 6 英寸屏幕上阅读 PDF 图书的效果和 8 英寸屏幕的 iLiad 相比，也毫不逊色。

5.5 手机阅读时，如何保护你手机的寿命？

叶少青

不管什么地方、什么时间，只要愿意就可以掏出手机阅读喜欢的书。这种方便、时尚的阅读方式已成为潮流。但是，使用手机阅读，如果不注意保护，时间一长，你爱机的上下翻页键就会报废，甚至会让你忍痛割爱——换机。下面与手机阅读爱好者分享一些经验，希望大家在享受随身阅读的乐趣时，也能有效地保护自己的爱机。

第一，将屏幕亮度调至最低，可以一举三得：省电，延长手机待机时间；减少发热，温度不会过高，保护机器配件电路寿命；保护视力，眼睛感觉比较柔和，不刺眼，不易导致视力下降，尤其是晚上关灯后长时间阅读。

第二，借助手机翻盖保持上次阅读位置：如果你的手机是翻盖的，“百宝箱”设置中默认的是“关盖退出程序”，只要你将此功能取消，即把相应的对勾去掉，这样当你看累了，不想看了，或其他原因要终止本次阅读的时候，只要把手机直接关盖，而千万不要按“返回”键，那么，下次打开“百宝箱”，就可以直接接着看，而无需再重新查找及定位了。

第三，利用书签，快速定位：如果经常要在几本书之间，或者在看书与游戏之间切换，那书签功能绝对实用方便，阅读长篇小说时书签也是大有作用，可以快速有效定位到上次阅读结束点，既节省时间，又可避免频繁按键查找。其实书签很好用，只是很多朋友没有养成使用的习惯。

第四，改变翻页方式，保护上下按键：每当看到一些读者在使劲地按手机的上下按键来翻页看书的时，我就觉得心疼，因为有些手机右侧的滚动条设计太靠边，用手指按起来也不舒服，甚至越往下越难受，按的频率高了，对按键是个很大的考验，容易失灵或偏差。这里有个简便的方法可以解决这个问题：在图书的设定功能中，一定选择小字体、窄行距，启用自动翻页功能，一种方式是根据自己浏览的速度，选择一个比较合适的时间，但这样做也有一些局限，有时候看不完就自动翻页了，有时候不想看了只能等；但有时也会出现个别页面内容没看完而翻页时间又快到时，这里可以快速按“暂停”键，看完此页后，按“继续”，这样就可大大减少上下按键的使用了。

5.6 你会利用博客的 TrackBack 功能吗?

叶少青

我们常在一些独立博客的文章结尾处发现"TrackBack"字样,可以说 Trackback 是博客的一个重要特性,然而由于 TrackBack 的歧义导致不少人都没有真正明白它的用途。Trackback 通常译成"引用通告",因此带来一个很大的误解。不少人将之理解为引用地址,并把它用作转载链接,这显然是错误的理解和使用。事实上 TrackBack 不是这么使用的。

TrackBack 有什么作用?

使用 TrackBack 可以将无数个不同的博客连接起来。其用处就是通知被你引用的日志你引用了它,并对它作出了评论或感想。这样不同的博客之间就通过 Trackback 互相连接起来了,所以 TrackBack 也被称为"博客间的桥梁"。①

例如,当你在我的博客上读到一篇感兴趣的文章并想对这篇文章发表自己的一些看法,如果直接在我文章的评论栏写,文字较多,通常会超出字数限制而无法把自己的观点表述完整。这时候你可以在自己的博客中写下看法,这样字数就不受限制了,而且因为是写在你的博客中,利于以后管理维护。但是我怎样知道你写了评论呢? 如果没有 Trackback 的话,你只能将你的链接 URL 地址回复在评论上,但有了 Trackback Ping 就不再需要这样做了。只要通过 Trackback 将你的文章信息 Ping 过来,我的博客系统会自动接收并将其发布到文章中。这样,从读者的角度,可以看到更多相互补充的文章;从博主的角度,通过 Trackback 可以将自己的博客文章和其他博客的相关文章有机联系起来,能有效地推广自己的博客。这才是 Trackback 的正确用法,可惜国内大多数博主还没有形成正确使用 Trackback 的习惯。

如何使用 TrackBack?

具体操作过程如下:①获取引用链接地址。点击要引用文章下面的

① 建站. 博客如何使用 Trackback 功能? (2009－02－13). http://jianzhan8.blog.hexun.com/29288278_d.html

Trackback 链接,输入验证码,获取引用链接地址,复制。②粘贴链接地址。在自己的博客文章的编辑栏中找到“Trackback 框”,粘贴刚才复制的地址。③发表文章。发表文章后就可以在被引用文章的下面看到发表文章的链接了。

哪些博客能使用 TrackBack 呢?

并不是所有博客都能实现 TrackBack。就目前来看,绝大多数独立博客都具备该功能,但提供免费博客服务的 BSP(博客服务托管商)一般不能使用,比如和讯博客、新浪博客、中华网博客等都不能使用 TrackBack,但博客大巴可以。需要注意的是:请勿把“Trackback”当作转载,全文引用他人文章;请勿仅将“Trackback”作为宣传推广的工具,乱发垃圾引用。

小贴士:儿童喜欢的英语学习网站(下)

刘可歆/辑录

资料来源:黄智成主编《不花钱亲子英文》,外语教学与研究出版社 2010 年 3 月版。

1. **网站:KidsSpell. com**

   网址: http://www. kidsspell. com/

   特点:帮助幼儿和青少年学习大量的英语词汇,也有小游戏哦。

2. **网站:BBC Tweenies**

   网址:http://www. bbc. co. uk/cbeebies/tweenies/

   特点:BBC(英语国家广播公司)的儿童英语学习网。有动画剧情、歌曲舞蹈、在线游戏、手工制作等。著名的儿童电视节目《Tweenies》的四个主人公会与你一起游戏。

3. **网站:Story Place**

   网址:http://www. storyplace. org/

   特点:美国北卡罗来纳州公共图书馆开发的儿童在线图书馆。从幼儿园到中学,都可以从中获益,提供英语学习类动画、游戏、推荐书目等。

4. **网站:Origami Club English**

   网址:http://www. origami-club. com/en/

   特点:折纸和英语学习的最佳结合,通过折纸游戏调动孩子的积极性。

5. **网站:Art Attack**

   网址:http://www. hitentertainment. com/artattack/

   特点:手工创意制作网站,能充分培养孩子的创造力和想象力。

6. **网站:DLTK's Sites**

   网址:http://www. dltk-kids. com/

   特点:介绍多个国家的节庆活动,并设计了与节日有关的亲子小游戏,如做手工、做卡片、学歌谣等。

7. **网站:Scholastic's Family Playground**

   网址:http://www. scholastic. com/parents/play/

   特点:美国最大的儿童教育出版集团建设的亲子英语学习网站。

8. **网站:Game Goo**

   网址:http://www. earobics. com/gamegoo/gooeyhome. html

   特点:这里提供大量的儿童游戏,孩子们不可能不喜欢!

9. **网站:Primary Games**

   网址:http://www. primarygames. com/

   特点:以游戏的模式来检测孩子英语听、说、读、写的能力。

10. **网站:iknowthat**

    网址 http://www. iknowthat. com/com

    特点:频频获奖的英语学习网站,为 2—12 岁的儿童服务,全部免费。

参见　本书第 30 页:儿童喜欢的英语学习网站(下)

第 6 章

图书馆与数字阅读

图书馆与阅读历来就有不解之缘，数字环境下的图书馆与阅读自然也脱不了干系。数字资源的发展和数字阅读的悄然兴起也逐渐改变了图书馆的传统定位，同时也对其功能角色提出了更多的期待和挑战，提供数字阅读已然成为未来图书馆的重要功能。它到底能为数字阅读带来什么？它能为广大读者带来哪些便利？

本章从图书馆在数字阅读中的定位出发，在分析数字阅读与图书馆关系的基础上对当下图书馆的数字攻势进行介绍，不仅包括常见的图书馆数字资源及提供商，也包括图书馆常见的一些数字阅读服务，让读者对数字图书馆有更加感性的认识，从而实现对数字资源更有效便捷的综合利用。基于此，本章也从读者角度出发，针对各类图书馆及其数字资源收藏的特点，对读者如何获取图书馆数字资源、如何参与图书馆数字资源相关服务等进行介绍，此外，对于风靡全球的图书馆在线借阅等，文章更是重点着墨，从而帮助读者在这些最新鲜的数字阅读资讯指导下开展更有深度的数字阅读活动。

6.1 图书馆在数字阅读中的定位

向剑勤

要阅读不一定非要去图书馆，但是图书馆一定是一个阅读场所。阅读是图书馆与生俱来的功能，因此图书馆为读者阅读创造条件，并在图书馆里开展阅读活动，是再正常不过的事了。图书馆的这种作用不仅现在如此，将来也是不会变的。

图书馆从藏到用的“升级”

图书馆生来就是阅读的天堂，丰富的藏书为人们的阅读提供了最重要的物质基础。但是最初图书馆只注重藏书而往往忽略了阅读，认为图书馆只是一个藏书的地方，如果把书借给别人去阅读，很难保证这些图书不被人们损坏。图书馆真正作为一个阅读场所是在近代，并且这种功能近年来得到了不断加强，因此图书馆功能经历了从藏到阅的转变。

现在的图书馆都提倡大开间的藏阅一体化，更彻底地实践着阅读功能。大开间藏阅一体化带来的后果是图书破损丢失的比率上升。这引起了部分图书馆对方便人们阅读这一功能的质疑。这种质疑其实是完全没有必要的，有学者认为，图书适当的破损和丢失比率是可以接受的。如果图书总是要保持完好无损的状态，不让人碰，这些图书的价值是难以体现的。难道要等书虫把这些书都啃噬掉吗？

从藏到用的转变中可以看出图书馆越来越重视图书的利用了，而不是把书保护得死死的不给人看。实际上这是图书馆对阅读功能日益重视的表现。

从另外一方面讲，阅读也需要图书馆。人的一生之中阅读最多的时候是在学校的时候。在学校里每天要读很多书，但是出了学校以后大多数人阅读量都下降了。这有很多原因，可能是没有那份阅读的闲心，也可能是有心无力，没有阅读的条件。如果是后一种原因，图书馆正好可以提供这样的便利。图书馆向来有“社会学校”之称，是能为人们提供再学习机会的机构。公益性和丰富的藏书都是图书馆作为“社会学校”的资本。如果想在离开学校后再“充电”，如果想要阅读，那么图书馆是“充电”和阅读的理想场所。

这里特别要强调的是图书馆的公益性与专业性。它的公益性与专业性是阅读为什么需要图书馆的重要原因。社会上也不乏为人们阅读提供条件的机构,比如专门的书社贝塔斯曼书友会等,庞大的书店新华书店等,但为什么说阅读一定需要图书馆呢?

这是因为图书馆是唯一的无偿为人们系统地提供阅读保障的专业机构。从知识管理的专业程度而言,没有机构能出图书馆之右。没有谁能比图书馆更了解公众的阅读需求,更善于优化信息,更能提供专业的阅读服务。

图书馆与数字阅读

我们必须正视这一点,图书馆并不是与纸质阅读画等号的。不要以为图书馆就只能提供纸质阅读,而不能提供其他形式的阅读;也不要认为纸质阅读只能在图书馆里才能享受得到,社会的其他机构都不能提供这个条件。对于后者我们容易理解,不去图书馆还可以去书店,还可以借别人的书来看。而前者,“图书馆不是只能提供传统的纸质阅读”是接下来要重点说明的。

要理解为什么图书馆不是只能提供纸质阅读,就要明白图书馆到底真正给读者提供了什么。从表面来看,读者从图书馆借出了图书,图书馆给读者提供的是一本实实在在的纸质图书。但读者真正想要的是从书中获取什么,而不是拿一本书去把玩。这就好理解了,图书馆真正给读者提供的是书中的内容,既然知道了最终答案,又何必去计较中间的形式呢?所以说,把图书馆的阅读局限于纸质阅读是片面的。

其实现代图书馆是复合型的,它一方面既是人们心目中的传统图书馆,里面收藏有纸质图书,也就是人们通常认识的图书馆;另一方面也是现代意义上的数字图书馆,还收藏很多数字资源,比如数据库、电子图书,这是人们所不熟悉的另一个图书馆。两种图书馆对应着两种不同的阅读类型,也就是传统阅读与数字阅读。

未来数字阅读必然是一种趋势。在图书馆界流行这样一种论调,那就是在不远的将来图书馆有可能在数字阅读侵蚀下消亡,这不是没有根据的胡乱猜测,从现在数字阅读发展的势头来看,如果图书馆不及时调整自己,创造条件适应新的阅读方式,很有可能被淘汰掉。

从当下来看,纸质阅读不可能在短时间内彻底退出我们的视线,但是从现在的阅读需求来看,人们既需要阅读纸质图书,也需要新型的数字阅读。二者并存的复合式阅读是目前社会阅读的现状。机会留给有准备的人,图书馆在激烈的信息时代要求生存就必须早做准备。抱残守缺、故步自封最终只会自掘坟墓,从现在开始要认识数字阅读,开始探索,做好提供数字阅读的原始积累,未来逐步向数字阅读时代过渡。目前国内主要图书馆已经形成了纸质阅读与数字阅读各占半壁江山的局面。这是图书馆界与时俱进的表现,也是图书馆人具有危机意识的表现,可以预见的是,提供数字阅读将是未来图书馆的重要功能。

6.2 图书馆常见数字资源及其提供商

向剑勤

随着网上电子资源的普及,电子期刊、电子图书、电子报纸等也在图书馆馆藏资源中占据了重要份额。它们能够帮助读者更有效、更便捷地实现信息资源获取,是数字环境下获取信息不可或缺的渠道。本文对图书馆当下最热门的数字资源及其提供商进行分类介绍。

电子图书

这里说的图书馆里的电子图书与大家从网络上下载的电子书有很大差别,最直观的差别就是格式上的差异,具体来说表现在以下几个方面。

❶ 格式与内容规范

网络上以 TXT 文本格式的电子书居多,不管是内容还是格式上有很大随意性。TXT 是一种简单的文本格式,在文字排版和内容显示上都不能充分满足人们的需求。在内容上,由于在内容生产与传播过程中缺少监督,网络上的电子书内容质量普遍较差;而图书馆里的电子图书都有专门的格式,需要特定的浏览器支持才能阅览,这些书通常是传统纸质图书经过扫描数字化后产生的电子书,比起 TXT 文本格式的电子书而言更规范,也更便于阅览。

❷ 知识产权保护

图书馆采购的电子图书的知识产权通常由电子图书提供商解决。在控制知识传播方面,这些从专业电子书商那里采购的电子书有这样一种机制,那就是在线借阅机制。因为需要特定浏览器支持,所以浏览器能对读者下载的书进行有效管理。在线借阅机制下的书都有一定的阅读期限,期限一过,浏览器就会自动删除这本书的内容,从而达到在线借阅的效果,并有效地限制人们复制书中的内容,从而为保护作者知识产权提供支持。

❸ 电子书提供商

综合性图书提供商主要有方正电子图书、书生之家数字图书馆和超星电子图书这三家。

• 方正电子图书。目前，中国 80% 以上的出版社应用方正阿帕比(Apabi)技术及平台出版发行电子书，每年新出版电子书超过 6 万种。阿帕比电子书产品已在全球 3000 多家学校、公共图书馆、政府和企事业单位等机构应用。

• 书生之家数字图书馆。收录 2000 年以来出版的各学科图书，有全文图书 26 万种。

• 超星电子图书。超星公司是国内最早从事纸质资料数字化以及制作电子出版物的公司之一。拥有全国最大的图书数字化加工中心；于 2000 年建成世界最大的中文数字图书馆，目前藏书量达到数十万种，并以每天 800—1000 本的速度递增。2000 年 5 月超星数字图书馆被列为国家 863 计划中国数字图书馆示范工程。旗下有超星浏览器等知名软件，可阅读 PDG、PDF、TXT、HTM 等多种格式(现更名为浩瀚浏览器)。

电子期刊

电子期刊有学术的也有大众的，不过这些电子期刊都不是单独在网上发布的，而是包含在综合性期刊数据库中，如龙源电子期刊数据库、重庆维普数据库、中国期刊网(CNKI)等，不同的期刊数据库在收录内容的学科范围上有所不同。

❶ 龙源电子期刊

内容偏向大众型，汇聚了近 3000 种人文大众类优秀中文期刊的全文内容，网络同步出版，成为业界最具规模的期刊数字化出版平台和阅读平台；龙源独家签约的作家达 1 万余人。龙源期刊网本着授权合作的原则，与签约授权方遵循“分成共享”、“按篇/本计费”、“量化透明”的版权解决模式。

龙源期刊分别以原貌版、文本版、语音版、手机版、多媒体版的形式在线优质呈现。网站设有名家博客、UGC 原创中心(“网民投稿中心”)、个性化服务(“我的阅览室”)等功能版块，实现了多媒体版、语音版、手机版、原貌版等全媒体的出版形式。龙源期刊可用 IE 直接阅读，不用下载任何浏览器，充分优化读者的阅读体验。

❷ 重庆维普数据库

是以自然学科为主的学术论文期刊数据库，与龙源期刊相比，维普偏重学术型电子期刊。其中收录中文期刊12 000余种,全文2300余万篇,引文3000余万条,分三个版本(全文版、文摘版、引文版)和8个专辑(社会科学、自然科学、工程技术、农业科学、医药卫生、经济管理、教育科学、图书情报)定期出版,拥有高等院校、中等学校、职业学校、公共图书馆、研究机构、政府部门、企业、医院等各类用户5000多家,覆盖海内外数千万用户。用户在购买了维普数据库后可以下载相关论文,这些论文的格式是PDF格式。

❸ 中国期刊网

是我国最大的全文期刊数据库,也是目前世界上最大的连续动态更新的中国期刊全文数据库。收录1994年至今约7486种期刊全文,并对其中部分重要刊物回溯至创刊。目前文献总量为7242多万篇。中国期刊网里的论文除了PDF格式外,还有CAJ格式(是中国期刊网特有的格式,需要使用CAJViewer阅读)。软件也在不断更新中,目前(2010年3月11日)最新版本是CAJViewer 7.0.2,与维普一样,中国期刊网也是学术型期刊论文库。期刊网的一些基本情况如下:

- 主管单位:中华人民共和国教育部,主办单位:清华大学
- 收录年限:1994年至今(部分刊物回溯至1979年,部分刊物回溯至创刊)
- 产品形式:WEB版(网上包库)、镜像站版、光盘版、流量计费。
- 更新频率:CNKI中心网站及数据库交换服务中心每日更新,各镜像站点通过互联网或卫星传送数据可实现每日更新,专辑光盘每月更新,专题光盘年度更新。

❹ ECO-Index 数据库

这是国外一家比较有代表性的电子期刊数据库。ECO-Index数据库是OCLC向全球图书馆和信息机构提供电子期刊在线服务,拥有来自全球70多家著名出版机构的期刊共7000多种。ECO-Index收录日期从1995年至今,共有420多万条记录,提供所有期刊的书目信息,并通过多种方式提供文章的引文和全文。

电子报纸

现在传统报纸一般都发行电子版或网络版,并且大部分都是免费的,供人们在线阅读。图书馆里收录电子报纸和收录电子期刊一样,也不是单品种收录

的，而是购买了电子报纸数据库，其中影响比较大的电子报纸数据库是人民数据库。

人民数据库由人民日报社网络中心（人民网）、金报电子出版中心联合编辑制作，是我国最大的权威党政时政数据平台。

这一数据库囊括了六大子库，三十余个栏目。内容涵盖党政时政的各个方面，信息权威，数据海量，检索方便。数据库将高新技术和多媒体优势融入传统的资料整合中，为广大图书馆、资料室、各研究机构和企事业单位的资料储备和信息查找提供极大便利。

参见　附录5　常用中文学术全文数据库

6.3 如何利用国家图书馆的数字资源?

宋文燕

国家图书馆作为国家总书库,拥有世界上最丰富的中文文献资源,馆藏文献资源种类丰富。随着数字化技术的发展,电子出版物及网络文献的出现,国家图书馆通过各种途径,建设了大批数字资源,为公众提供丰富多样的数字文献信息。国家图书馆就像一座资源和知识的宝库,面对宏富的数字资源,读者怎样打开这座宝库,怎样找到自己所需要的资源呢?

自建的特色资源库

地址:国图首页——特色资源。

国家图书馆自 2000 年开始进行馆藏资源的数字化加工工作,目前自建数字资源内容涉及中文电子图书、博士论文、民国文献、在线讲座、在线展览、甲骨实物与甲骨拓片、敦煌文献、金石拓片、地方志、西夏文献、年画、老照片,音像资源等,包括文本、图像、音频、视频等多种类型,资源总量达 180TB,其中全文数据内容已达到 1.7 亿页,形成了具有特色的数字资源库。目前,国家图书馆已经在网上发布的自建数字资源总量达到 4.01TB。

❶ 中文图书

网址:http://res4.nlc.gov.cn/home/index.trs?channelid=2

1949 年以后出版的部分图书,读者可以在馆内外在线阅读其 PDF 电子版。根据国际通行的惯例,只提供前 24 页。当然,读者若想了解此书的大概内容,这些页数也足够了。

❷ 博士论文

网址:http://res4.nlc.gov.cn/home/index.trs?channelid=3

国家图书馆学位论文收藏中心是国务院学位委员会指定的全国唯一负责全面收藏和整理我国学位论文的专门机构;也是人事部专家司确定的唯一负责全面入藏博士后研究报告的专门机构。20 多年来,国家图书馆收藏博士论文近 17 万种。此外,该中心还收藏部分院校的硕士学位论文、我国台湾地区的博士学位论文和部分海外华人华侨的学位论文。

为了便于永久保存，国家图书馆着手学位论文全文影像数据建设。国家图书馆博士论文资源库现提供16万多种博士论文的展示浏览。读者可以在馆内外在线阅读前24页。如果想阅读全文，必须前往国家图书馆查阅。

❸ 民国专栏

网址：http://res4.nlc.gov.cn/home/index.trs?channelid=4

包括民国图书、民国期刊、民国法律。国家图书馆民国资源库目前推出民国图书15 028种、民国法律8117种、民国期刊4350种影像资源的全文阅读，不受馆内外IP地址限制，即：在馆外上网也可以使用！

❹ 音视频资源

(1)馆藏音视频资源(http://res4.nlc.gov.cn/home/index.trs? channelid=7)

从载体形式来看，国家图书馆音视频资料包括：录音带、CD、MP3等音频资料，及录像带、LD、VCD、DVD等视频资料。这些音视频资源内容涵盖政治、经济、文化、教育以及工业、农业、医学等各个学科领域，其中有很多优秀的国内外影视资料及音乐资料。截至2007年底，已完成数字化音频资源515 889首，数字化视频资源53 305小时。

观赏音视频资料的读者可在国家图书馆书目检索系统检索后到阅览室得到观赏服务，也可直接通过局域网VOD系统点播节目选择自己所喜爱的电影、音乐以及其他音视频资料进行观赏。馆外读者可观赏30秒的音视频内容，观赏全部内容要到国图。

(2)在线讲座(http://vod.nlc.gov.cn)

国图讲座是国家图书馆主办的围绕建设学习型社会和倡导全民阅读而开展的公益性文化活动，邀请国内外著名的专家学者来馆演讲，面向公众开放。至今已形成文津讲坛、中国典籍与文化、艺术家讲坛、教育家讲坛、科学家讲坛、企业家讲坛、文津读书沙龙、世界图书馆馆长论坛、联合国与中国讲坛等10多个讲座系列。“在线讲座”让各地读者都可以通过网络观赏这些讲座。观看讲座不受IP地址限制。

❺ 数字方志

网址:http://res4.nlc.gov.cn/home/index.trs?channelid=8

国家图书馆对所存地方志资源进行数字化加工,旨在促进地方志文献的研究与利用。读者想要了解某一个地方的历史、地理、文化、风俗等,数字化的地方志资源提供了阅读的便利。查阅数字方志不受 IP 地址限制。

❻ 图片专栏

国家图书馆馆藏图片资源丰富,目前图片频道涉及的数字资源包括已有文物级图片数字资源和在线展览。

(1)已有图片资源(http://res4.nlc.gov.cn/home/index.trs?channelid=9)

主要包括甲骨实物、甲骨拓片、金石拓片、年画、西夏文献、西夏论著、老照片等。可以在线查看全文影像,并且无论馆外馆内都可以使用。

比如,实物甲骨是珍贵的文物,一般人很难见得到,如果你想看看甲骨是什么样的,通过国图特色资源图片专栏,就能看到清晰的甲骨实物、拓片图像。这样的数字资源不仅能为一般公众提供了解甲骨的可能性,也具有重要的学术研究意义。

(2)在线展览(http://www.nlc.gov.cn/zxfw/zxfw_zl.htm)

国家图书馆依托丰富的馆藏资源,多次举办国内外知名的大型展览,取得了良好的社会效益。在线展览,把每次举办的展览通过数字化的形式展现给读者,如果你没有时间亲临展览或者错过了某次展览,通过国图网站,同样能方便地在线观看,既能满足观看的意愿,还能不受时空限制,多次观赏。

❼ 中国学

网址:http://res4.nlc.gov.cn/home/index.trs?channelid=16

包括两个栏目:国外中国学家数据库、海外中国学导航。国外中国学家数据库重点介绍国外的中国学家及其文献。海外中国学导航为大家列出不同国家的 310 个中国学网站。

表　国家图书馆各类数字资料及使用说明

资源名称	内容	检索方式	使用权限
中文图书	1949 年以后出版的图书	简单检索、高级检索、二次检索、关联检索和条件限定检索	馆外在线阅读前 24 页，到馆阅读全文
博士论文	博士学位论文	简单检索、高级检索、二次检索、关联检索和条件限定检索	馆内外在线阅读前 24 页，到馆阅读印刷型全文
民国专栏	民国图书、民国期刊、民国法律	单一字段的简单检索和多条件限定组合的高级检索	不受 IP 地址限制，馆内外可在线浏览
音视频	馆藏音、视频	通过国图书目检索系统检索	馆外读者可观赏 30 秒的音视频内容，观赏全部内容须到国图
	在线国图讲座	通过讲座名称、时间、地点、类别、摘要、主讲人、主讲人简介、关键词、组织单位等检索	不受 IP 地址限制，馆内外可在线浏览
数字方志	馆藏方志	简单检索、高级检索、二次检索、关联检索和全文影像浏览	不受 IP 地址限制，馆内外可在线阅览
图片专栏	甲骨实物、甲骨拓片、金石拓片、年画、西夏文献、西夏论著等影像	简单检索、高级检索、二次检索、关联检索和全文影像浏览	不受 IP 地址限制，馆内外可在线阅览
	在线展览	直接点击图文	不受 IP 地址限制，馆内外可在线阅览
中国学	国外中国学家数据库	简单检索和高级检索	不受 IP 地址限制，馆内外可在线阅览
	海外中国学导航	简单检索和高级检索	不受 IP 地址限制，馆内外可在线阅览

中国国家图书馆少儿数字图书馆

网址:http://kids.nlc.gov.cn

中国国家图书馆少年儿童图书馆于2010年5月31日成立,同期开通了少儿数字图书馆。它借助国家数字图书馆建设成果,为那些不能亲自到国图阅读的少年儿童读者提供网上服务。

国家图书馆少儿数字图书馆,网页设置色彩鲜明,内容生动活泼,采用了音频、视频、多媒体动画等形式,为少儿读者提供普通中文书刊、动漫图书、连环画等数字资源。在此,我选取几个有特色的栏目,为大家介绍一下其中有哪些可读、有趣、寓教于乐的数字资源,以及这些资源的获取途径。

❶ 电子图书

书刊阅读频道为小朋友提供以下电子图书:

(1)文津图书奖图书,目前共有219册图书,这些图书都是国家图书馆文津图书奖的参评图书,内容涉及各个方面,既有《我的野生动物朋友》、《果壳中的宇宙》这类知识性、科普性图书,也有文史哲等方面的书籍。读者可到国图在线阅读全文,馆外提供图书的前24页。

(2)新闻出版总署推荐百种优秀图书,共有300种图书,寓言、童话、名人故事等都可以查到。读者可到国图在线浏览全文,馆外提供前24页。

(3)小人书,提供300本上个世纪出版的受大众欢迎的小人书精彩节选。

(4)在线书屋,提供2000册电子图书的检索借阅。根据少儿读者的特点,将这些图书分为科普百科、文学故事、传统文化、励志成长、历史地理、艺术世界、卡通漫画、体育益智等八个大类。需安装方正阿帕比阅读器(Apabi reader),把图书下载后才能阅读。

❷《千家诗》朗诵版视频+小学各年级的学习课件

在校外课堂频道,目前提供朗诵版的《千家诗》以及小学各年级各科的学习课件。朗诵版的《千家诗》,以视频的形式,把国家图书馆珍本图书——明朝太子用过的宫廷彩绘本《千家诗》,做成视频展示,并为每首诗配上朗诵和音乐,既能让孩子欣赏古籍图书的精美,又能让他们学习这部优秀的古代诗歌集。学习课件为小学生在线学习搭建了一个平台,把小学一年级到六年级的语文、数学、英语、音乐、美术等课程采用多媒体动漫的形式呈现给小读者,真正做到了寓教于乐,在玩中学到了知识,让孩子在快乐中学习。此栏目的数字资源不受地点限制就可利用。

❸ 连环画和漫画

我爱动漫频道提供《西游记》等连环画。还以图文并茂的方式为小读者及家长讲述漫画的历史,简直就是多媒体形式的漫画史展览。家长可以在这里找到熟悉的童年读物。我在其中的漫版动画在线观看了《老鼠嫁女》、《三毛流浪记——狗屋篇》等,还在线玩了一会漫画游戏。读者欣赏这部分电子资源,不用专门跑到图书馆,在自己家就能实现。

中国盲人数字图书馆

网址:http://www.cdlvi.cn/index/node_149889.htm

中国盲人数字图书馆把数字化的资源提供给广大盲人读者,持有第二代中华人民共和国残疾人证的残疾人朋友可以通过输入姓名、残疾证号的方式进行注册,登录后即可在线浏览、听取网站内所有书籍、音频及视频讲座等资源,并享受系统提供的各种贴心服务。全网站遵循 WCAG2.0 进行无障碍网页设计,符合 XHTML1.0 技术规则,适用于盲用读屏软件。

除了以上三大块的数字资源外,国家图书馆还购买了很多数据库来充实自己的数字资源。全部数据库包括电子图书、全文期刊、电子报纸、学位/会议论文、专利/标准、数值事实、索引/文献、工具类、音视频等内容。中文数据库有文渊阁四库全书、敦煌遗珍、中国知网、龙源期刊网、世界美术资料库等 87 个数据库;外文数据库有 EEBO 早期英文图书在线(ProQuest)、Gale Virtual Reference Library(Gale 虚拟参考书图书馆)、ACS 网络数据库、美国国会文献集(USCSS)、英国外交部档案:中国、ASCE 全文期刊数据库等 89 个各种形式、各种专业门类的数据库。这些数据库为专业研究提供了帮助,读者可到馆使用这些数字资源。

6.4 如何从各类图书馆查找并获取电子资源?

向剑勤

要从各种类型的图书馆中查找并获取所需的电子资源,第一步就是要了解各类图书馆及其数字资源收藏的特点。不同类型的图书馆收藏着不同的资源,面向不同人群,资源数量不同,了解这些可以帮助读者快速锁定要查找的图书馆范围以及获取电子资源的便捷途径。

公共图书馆的电子资源

公共图书馆主要指各级行政区域内设立的区域性图书馆。从省级到村级都有对应的图书馆。比如,广东省省级有省立中山图书馆,市级有东莞图书馆,区级有东莞莞城区图书馆,下面还有镇村一级的图书馆。各级行政单位对应的区域性图书馆组成了公共图书馆网络。

公共图书馆面向社会大众,收藏大众型电子资源。公共图书馆的读者各个年龄段的、各个知识层面的都有,但主要以普通民众为主。

公共图书馆的读者对电子图书需求旺盛,偏好畅销书,对小说情有独钟,而对于电子期刊、专业学术论文库、外文电子资源则需求不大。

根据图书馆面向的主要读者群体及其资源需求特点,公共图书馆主要购买电子图书类数据库,比如超星电子图书、方正电子图书、书生之家数字图书馆。同时也兼顾少部分专业读者的需要,适当购买一些综合性学术期刊数据库。特别值得一提的是,公共图书馆还承担着保存地方文献,开发与挖掘本地经济、人文和地理资料并做合理保存的任务,因此公共图书馆还有一些特色地方文献与地方资料数据库。

下面重点介绍如何获取公共图书馆的电子资源,以及在公共图书馆获取这些资源有哪些便利。

便利一,获取公共图书馆电子资源的门槛相对较低,因为此类图书馆具有很高的开放性。一般来说,只要用身份证办一张读者证就能自由使用图书馆的电子资源,有的甚至都不用办读者证,图书馆会提供临时的电子资源试用账号给读者。

便利二,公共图书馆的电子书资源是很丰富的,使用也很方便。不过电子书提供商为了保护作者的知识产权,不会像在网络上那样任读者下载这些电子书，而是模拟传统图书馆的借书模式，提供有时限的借阅。读者在下载专门的浏览器之后可以将电子书下到浏览器之中阅读。一段时间后，浏览器会自动删除所下载的内容，真正实现网上借阅期限的控制。

便利三，虽然公共图书馆的电子期刊资源通常算不上很丰富，但是有资料查找服务。只要向图书馆提出查找相关资料的申请，图书馆相关部门就会及时在网上联机数据库中查找，查找到了之后会向兄弟图书馆提出文献传递要求，从而满足读者的信息需求。

高校图书馆的电子资源

高校图书馆是大专院校的图书馆，也就是大学图书馆。图书馆是大学的标志之一。它们一般面向本校师生，有的高校图书馆还有限制地向社会大众开放。高校图书馆的读者需要大量电子期刊学术论文库以满足科研、教学和学习需求。因此，高校图书馆学术电子期刊占了很大比例。常见的 CNKI、重庆维普、万方数据等综合性期刊论文库都是必备的，而其他专业论文库、国外数据库更是不计其数。这些电子期刊数据库费用很高，每年高校图书馆要花大量经费用来购买这些学术电子期刊的使用权。重点综合性大学每年花在这上面的经费都是上千万，可以说这也是高校图书馆的主要价值所在。

不同高校图书馆在电子资源收藏方面存在差异，主要是因为学校的规模、经费与专业设置的不同。首先，我国大学大部分都是公立学校，由于公立学校一般都是国家财政拨款，而国家通常又重点扶持“211”与“985”高校，在财政拨款上有所倾斜，所以重点大学规模通常比一般大学要大，经费也相对充足，相应地，其图书馆的电子资源收藏量也较为丰富。其次，各个学校各个专业规模与实力不同，亦影响着图书馆专业数据库的采购。学校里越是有实力的专业，图书馆里对应的专业电子期刊论文库就越多。了解这一点对查找相关专业的资料很有帮助。

怎样从高校图书馆有效地获取相关电子资源，对于某些在校大学生，甚至对有些老师都是一个大问题。高校图书馆对不是本校的读者存在很多限制性条款，校外读者可以获取高校里让人眼馋的电子资源吗？下面来介绍怎样有效地获取高校图书馆的电子资源。

本校师生要充分利用图书馆里设置的学科馆员。每个专业都有一个学科馆员，学科馆员相当于本校这个专业在图书馆的联络员、常驻代表。他/她很熟悉这个专业有哪些数据库，并能提供检索帮助，所以在学校图书馆里查找专业资料的时候碰到了什么问题，找学科馆员是没错的。

对于非本校读者而言，可以通过文献传递获取电子资源，用户可以先在高校图书馆的网站上远程检索所需的电子资源，再联系本地图书馆提出文献传递申请，通常图书馆会收一定费用。

怎样通过图书馆查找电子资源？

在了解了各类图书馆的电子资源特色之后，怎样查找并获取自己需要的电子资源呢？

1. 利用图书馆一站式检索框查找数字资源。目前，很多图书馆都对本馆所购买的电子资源进行了整合，对不同平台的数据库进行了加工整理，以统一的界面、统一的检索框出现在读者面前，使读者自由、快速、高效地选择要检索的数据库。同时提供丰富的高级检索功能，满足用户对资源的特殊需求。这些平台主要分为三类。

第一类，主页统一检索框。通常是同时整合了馆藏纸质资源与电子资源，以选项卡形式切换检索，给人一目了然的感觉。目前国内大多数公共图书馆采用这种形式。如国家图书馆（http://www.nlc.gov.cn）、上海图书馆（http://www.library.sh.cn）、深圳图书馆（http://www.szlib.gov.cn）。

第二类是电子资源一站式检索框。纸质馆藏资源检索与电子资源检索分开，纸质资源检索框放在主页，而电子资源检索框另做链接。没有主页版面的限制。这种类型的电子资源一站式检索平台功能丰富，检索更为高效。如东莞图书馆（http://search.dglib.cn:8088/metasearch/jsp/index.jsp）即采用此类平台。

第三类是电子资源分类检索一站式检索平台。这种检索平台适合电子资源众多的图书馆，必须要将电子资源分类才能清晰地展现给读者从而方便利用。大学图书馆通常采用这种数字资源整合方式。这类平台属于资源分类性质的导航系统。有的图书馆还将这些电子资源导航细分，分为电子期刊分类导航检索平台和电子图书分类导航检索平台，查找十分便利。如清华大学图书馆（http://nav.lib.tsinghua.edu.cn:88/journal/ej.htm）、浙江大学图书馆（http://libweb.zju.edu.cn/newportal/resource/journal.jsp）等都采用此类平台。

2. 利用外部搜索引擎查找相关电子资源。通过外部搜索引擎可以搜索到商业电子资源数据库里的电子图书与电子期刊，然后再去购买收藏了这本电子书或论文的商业电子资源数据库的图书馆网站上，利用图书馆的登录账号下载或是阅读电子书和论文。网络上的搜索引擎功能都很强大，通常用搜索引擎比较多，但多是用它来搜索网页，其实它还可以搜索图书、期刊和论文，具有代表性的是谷歌的图书搜索和学术搜索。

谷歌公司通过与图书馆和出版社合作,数字化了大量图书,通过“谷歌图书搜索”可以检索到。如果你所查的图书已进入公共领域,或出版商已授权给谷歌,读者便可以查看该图书的预览,在某些情况下甚至可以查看全书内容。如果它是公众领域的图书,读者可以免费下载 PDF 副本。

Google 学术搜索提供广泛搜索学术文献的简便方法。用户可以从一个位置搜索众多学科和资料来源,包括来自学术著作出版商、专业性社团、预印本、各大学及其他学术组织的经同行评论的文章、论文、图书、摘要和文章。谷歌学术搜索可帮助用户在整个学术领域中确定相关性最强的研究。具体来说,它的功能包括:①从一个位置方便地搜索各种资源。也就是在指定网址后,可以查找这个学术资源网站内的资源。②查找报告、摘要及引用内容;③通过读者所在的图书馆或在万维网上查找完整的论文;④了解任何科研领域的重要论文。

获取图书馆电子资源的途径

获取图书馆电子资源的途径,主要有以下三种。

1. 办理读者证,去图书馆电子阅览室直接利用。虽然去图书馆麻烦了一点,但有时是必须的。图书馆很多数据库限馆内 IP 地址才能使用或阅读全文,因此你不得不去图书馆。

2. 在家里登录图书馆网站,使用登录账号远程利用图书馆电子资源。现在网络普及程度越来越高了,很多人家里都有了电脑,在家里足不出户利用图书馆已经成为了可能。通常只要有图书馆读者证(有的图书馆需要把这个读者证激活成电子资源账号),读者便可以使用图书馆里的电子资源了。也有些数字资源不需要办理本馆读者证,而是面向所有公众开放。例如国家图书馆基于馆藏资源数字化而建立的“特色资源库”

3. 直接求助图书馆相关部门,比如参考咨询部。这种途径适合那些对电子资源要求高的学术型读者,他们在做课题时需要对某个主题的所有电子文献进行检索。这不仅对图书馆电子资源的收藏量提出了要求,也对读者查找电子资源的技巧提出了要求。求助图书馆的参考咨询部可以解决这两个问题。参考咨询部的工作人员不仅在检索技巧上很专业,他们获取电子资源渠道也很丰富,普通读者找不到的资料他们可以很容易地找出来。

6.5 怎样获取图书馆的数字阅读服务？

向剑勤

资源是数字图书馆的基础，上一篇文章介绍了各类图书馆拥有的丰富电子资源，但这些资源都必须有一定的服务支持，读者才能够使用。

图书馆提供的数字资源服务方式

❶ 馆内服务

如果你有时间去图书馆的话，你可以享受到最完全的数字资源服务。不仅可以检索到书目信息，还可以阅读全文，使用视频等多媒体数字资源。

❷ 馆外访问

大部分图书馆的书目数据库可以通过远程网络在馆外访问并且也有些数字资源，全文可在馆外使用，但是有些经由购买渠道获得的数据库，出于保护知识产权的要求，会限制在图书馆局域网内才能阅读全文。而大学校园的学生即使不去图书馆，只要在校内上网，也可以阅读本校图书馆的电子资源全文。

❸ 原文传递

如果读者馆外访问的限量使用完毕或者没有图书馆电子资源的使用账号，读者还可以使用“原文传递”这项电子资源服务获取原文。

❹ 电子资源个性定制服务

有的图书馆读者可以在登录了个人空间后对填写的相关信息做一定设置，这样就可以定期获取图书馆某个主题的电子资源，建立起相关新文献的定期提醒。

关注图书馆对馆藏电子资源的宣传

❶ 馆内相关宣传

图书馆在入口处或大堂内都有数字资源指示牌，指示图书馆内电子阅览室的位置,并显示图书馆有哪些电子资源。在电子阅览室,还有电子资源使用说明。有的图书馆还在电子阅览室内,专门设立帮助使用电子资源的咨询台,或者在显要位置列出使用电子资源的咨询电话。

典型的馆内电子资源使用体验活动有下面这样一些例子。

国家图书馆的数字阅读体验活动。2009 年 4 月 23 日,国家图书馆举行了“阅读中国”大型公益活动。读者可以在五个活动现场免费阅读经典图书,并亲身体验 3G 时代通过手机、电脑来阅读数字化图书的方式。“阅读中国”活动区推出了 500 本文学作品,并以数字化方式供读者阅读。这些作品几乎囊括了中华人民共和国成立以来的所有当代文学作品。从这天起,读者也可以直接登录 read. nlc. gov. cn 或通过国家图书馆主页免费阅读这些图书。

东莞图书馆数字资源体验区活动。该体验区包括库客音乐网(http://www. kuke. com)、方正电子图书、年鉴、报纸等丰富的数字资源,以及手持阅读器、MP6 网络音响等数字资源设备的免费体验使用。东莞图书馆的读者可以前往图书馆二楼粤剧馆免费“阅览”。

上海图书馆推出的“数字移动阅读”活动。上海图书馆正尝试推介一种新形式的阅读体验——手持式电子图书阅读器外借服务:图书馆允许读者将阅读器借回家。这在全国图书馆业界尚属首创。读者借回这个巴掌大的数字移动阅读器后,可挑选装进整个图书馆所藏 24 万册电子书中的任何一本。这样,读者可以随时随地从口袋里“掏出”休闲书来阅读、“拿出”词典来解惑,甚至“捧出”厚重的工具书来参考。上图副馆长周德明介绍,移动阅读器外借是他们推行“数字移动阅读”理念的开始,上图还将推出移动报刊阅读以及专门提供给盲人读者的“可听图书”。

❷ 图书馆网站上的宣传

主页上的相关电子资源广告。图书馆对一些刚开始启用的电子资源和本馆特色电子资源,会在主页上做一些图片广告,从而增加读者对这些数据库的关注度。

数据库使用通知。在馆情公告里,图书馆网站会显示馆内新增的数据库试用或正式使用通告,从而便于读者了解图书馆最新电子资源的收藏情况。

电子资源使用说明。一般包括使用本馆电子资源的使用方式和条件说明、某个电子资源的收录范围说明等介绍性文字,以及介绍如何检索电子资源的步骤等的说明性文字或演示动画。

❸ 图书馆介绍电子资源的相关讲座与培训

图书馆通常会开展一些电子资源检索讲座与培训，其中高校图书馆这方面的宣传工作做得比较多。高校图书馆会在新生入学之时为他们开一些入门的检索课程，让他们了解图书馆有哪些数字资源以及如何利用这些数字资源。对于学校里面从事科研的教师，图书馆也会在采购新数据库后，开设这个数据库的使用培训班，让用户尽快熟悉并了解新采购的电子资源。有的公共图书馆也会开一些类似的培训班。这些讲座与培训班信息一般都会公示在图书馆的网站上，同时在图书馆里也会有相应的指示，感兴趣的读者可以关注。

• 中山大学图书馆。它的参考咨询部通过提供专题讲座、研究生入学培训和图书馆导引等服务帮助读者了解图书馆和熟练使用图书馆资源，讲座有“一小时系列讲座”。另外，其他大学图书馆一般都有类似“一小时讲座系列活动”的培训活动，比如，北大图书馆。

• 武汉大学图书馆。该馆开设有信息素质系列课程和各种形式的读者培训讲座。信息素质课程包括各类信息资源的检索利用课程。培训讲座以“90分钟专题讲座”系列为主，每周定期在四个分馆电子阅览室举办。主要内容有互联网基础知识及网上搜索引擎介绍、中外文数据库使用方法、各学科资源检索方法、各种类型文献查找和获取技巧、常用软件及热门软件使用方法等，边授课边操作。另外，还针对不同学历层次的读者开展不同的相关培训。

• 复旦大学图书馆。每学期初，图书馆会制订培训计划，开展定期培训讲座。讲座内容涉及各学科的资源介绍和检索技术，以及各种类型文献的获取技巧。

6.6 身边的数字图书馆

向剑勤

“地球村”这个说法已有经年，在不同地域上生活的人就算相距再远也好像是住在同一村子，人们交流信息越来越便利了。这都要归功于强大的网络。网络时代图书馆也发生了新的变化，在“地球村”里，图书馆与读者的距离也缩小了。

当前网络四通八达，这为承载着电子资源的数字图书馆走近我们提供了可能。未来数字图书馆走到我们每个人身边并不是遥不可及的梦，我们正在一点点地接近。网络是连接人们和数字图书馆的媒介，无论身在何处，只要有网络连接线或只要有网络信号，就可以登录数字图书馆，使用海量电子资源。

目前比较有规模的图书馆都收藏了大量电子资源，形成数字资源与纸质资源各占半壁江山的局面。读者只要输入账号与密码就可以远程登录数字图书馆，丰富的电子资源在家里就可以自由使用了。除此之外，还有“指尖上的数字图书馆”，也就是手机图书馆。当前国内主要有上海图书馆、深圳图书馆、东莞图书馆在做手机图书馆。

❶ 上海图书馆

上海图书馆是国内最早建立手机图书馆的，在资源建设和服务开展上都做得比较成熟。它的手机图书馆主要包括以下几个方面。

(1)手机书目检索，上海市图书馆馆藏尽在掌中。通过3G手机上网或具有GPRS上网功能的任何一部手机都可以通过访问 http://m.library.sh.cn/手机网站，进行全市书目和馆藏联合检索。该手机图书馆提供200万种，1150万册馆藏书刊、音像资料和文献的搜索，读者可到上海图书馆以及上海市中心图书馆等全市130多家开通“一卡通”服务的分馆和服务点进行借阅，同时如果手机安装有手机地图等服务，可导引读者前往各图书馆借阅书刊。

(2)手机自助服务，可以利用手机为读者提供个性化服务。通过访问 http://m.library.sh.cn/手机网站，使用书目检索，登录“我的账户”查询借阅信息，进行图书续借；同时可以通过网上“一卡通行证”查询读者卡信息和借阅信息，设置图书及读者卡逾期提醒服务、个人信息查看及修改等。对于图书逾期提醒可以设置提前天数和每天发送短信提醒数量，读者卡逾期提醒可以选择短信提醒次数，方便了读者利用图书馆的资源和服务。

(3)手机移动服务，方便读者了解馆所动态和最新服务信息。包括：①通过手机浏览上图最新信息。②图书馆利用一百问。通过手机查阅上图最新服务内容。例如怎样查询书目，如何进行文献检索，怎样使用专业数据库查询资料，图书馆的借阅规则以及图书馆各类咨询服务的具体内容。

(4)手机讲座预订。读者可通过上图开通的手机特服号 021 - 2333008702 统一发送“JZ□讲座代码□机主姓名”进行上图讲座预订。该功能支持移动、联通和电信的手机用户，方便读者随时随地进行讲座预订。同时可以利用手机短信提供咨询问答服务。

❷ 深圳图书馆

虽然深圳图书馆的手机图书馆只被称作图书馆短信服务，但它开展的服务并不少，主要分为以下三个方面。

(1)定制各类型短信服务。如：图书馆服务公告，定制后读者将及时收到深图的开馆和服务时间变更、服务动态以及各类活动等信息；外借到期提醒，定制后将适时收到所借图书、期刊、音像资料的到期提醒信息。

(2)请求应答类型的短信服务。如：图书续借，通过发送短信可续借所借中外文图书，并收到续借是否成功的反馈信息；查询外借状况，通过发送短信将收到本证所借图书、期刊、音像资料的名称及应还日期；查询馆藏书目，通过发送短信可查询深图的馆藏状况；读者证挂失，通过发送短信读者可挂失读者证；虚拟参考咨询，通过发送短信可以就馆藏服务与资源利用等方面遇到的问题咨询馆员，图书馆通过短信回复读者；自助缴费，通过发送短信可以以预付款扣除的方式自助支付欠款。

(3)其他类型服务。预借到书通知，即在提交预借请求时可选择短信作为到书通知方式。书找到并送达社区图书馆时，将通过短信通知读者。读者荐购通知，读者在参与图书荐购时，可选择短信作为回复方式。当荐购的图书，深图已决定购买和已到馆时，将通过短信通知。咨询回复通知，读者在使用图书馆网上填单咨询时，可选择短信作为咨询结果的通知方式。

❸ 东莞图书馆

读者可以在手机上登录 http://wap. dglib. cn 这个网址体验试用东莞图书

馆的手机图书馆服务。手机图书馆 WAP 网站为广大读者免费提供图书续借、馆藏查询、掌上阅读、展览介绍、服务指南等丰富多彩的信息服务。东莞图书馆还推出手机短信订阅服务，用户通过订阅本馆短信服务可获得活动讲座信息、图书推荐和读书格言等短信服务。

6.7 在线借阅新体验

郑珍宇

在线借阅风靡全球

数字时代,国内外一些传统图书馆的读者数量连年减少,民众尤其是较年轻的人群较少通过传统图书馆借阅图书。这一状况在图书馆推出电子书在线借阅服务后出现了极大改观。美国紧跟潮流,推出电子书借阅服务,如今全美大约有 5400 个公共图书馆提供电子书及可供下载的视频书,这些服务吸引了大批年轻的美国读者。在英国,由于在线借阅电子书操作简便,服务一推出即受到了大批英国民众甚至海外读者的青睐,图书馆读者在短时间内激增。中国台湾台中市的公共图书馆为读者开通了便利的在线借阅服务,可供获取的电子书达 9858 种,每种书各有 3 个复本可供借阅。这些书的类型也是广受民众喜爱的,包括绘本、商业管理用书、语言学习书及考试用书等。这种随时随地阅读的新体验掀起了民众利用图书馆的又一股全球热潮。

在线借阅优质体验

电子书本身具有无须擦拭清洁、维护成本低、防盗窃等诸多优势,便于图书馆保存和管理。在读书过程中,读者可以任意调整字体大小,做阅读标记,并且实时发表与其他读者在线交流。图书馆拥有丰富的、最新的电子资源,如国家图书馆电子图书资源平台拥有电子图书约 19 万种、38 万册,年鉴 1 千余种。其中,电子图书来自 400 多家出版社,覆盖了《中国图书馆分类法》所有二级分类。图书馆的在线借阅服务使读者能不受时间、空间的限制,省去出门借还书的不便,远程实现借阅。电子书在线借阅的整个过程极为简单,读者只要有图书馆的借书证即可申请借阅。电子书下载所需时间也不长,如有的图书馆下载每页书约 1 到 2 秒,整部电子书下载约需 4 分多钟。

在线借阅尚存局限

电子书除了通过个人电脑下载阅读外,还可以直接与读者的手机、电子阅读器设备互联,但大部分图书馆的电子书只能与索尼阅读器、iLiad、Cool-er 等电子书阅读器兼容。由于版权限制,电子书借阅也有一定的时间限制,一般借阅期限为两周。两周过后,已借阅的电子书就会自动封锁,无法再阅读。另外,每一本电子书一次只能供一位读者借阅。尽管电子书的在线借阅还存在一定的限制和不足,但总体而言,在线借阅电子书的新体验,确实给人们利用图书馆资源带来了便利,代表着一种新的阅读方式。

图书馆的在线借阅服务

现在国内各类型图书馆陆续推出了电子书在线借阅服务。面向所有读者服务的图书馆有国家图书馆、上海市图书馆、深圳图书馆等。图书馆中的电子书除了提供在线阅读外,中文电子书还可提供一定期限的离线借阅。国内大多数图书馆的在线借阅系统都采用方正公司开发的方正 Apabi 电子图书系统,包括国家图书馆、上海市图书馆、北京大学图书馆、清华大学图书馆、复旦大学图书馆、香港大学图书馆等。其电子图书均直接获得作者和出版社的双重授权,是目前中文电子图书中解决版权问题最好的。该系统采用了国际上最先进的 DRM(数字版权保护)技术,是国内唯一妥善保护了电子图书知识产权的数字图书馆方案。另外该系统的电子平台还具有版面显示效果好、阅读操作方便等优点。

在线借阅流程

1. 办理图书馆借书证。拥有图书馆借书证的读者可登录电子图书借阅系统借阅电子书。以上海图书馆为例,上图推出 e 卡通远程服务,持有上图有效证件的任何读者都可随时随地登录“e 卡通”平台,远程访问获得授权的电子资源。下载并安装方正阿帕比阅读器以后,读者登录 e 卡通电子资源远程服务系统,即可访问方正电子书主页。

2. 利用多种途径检索电子书。读者可以通过分类浏览或是关键词检索方式查找电子书。查看“中国图书馆图书分类法”和“分类浏览”,点击类别名,页面会显示当前库该分类下所有资源的检索结果。另外,读者可以选择系统提供的快速检索或高级检索方式查找。

3. 点击“下载”完成电子书借阅。找到所需图书之后,在该书目的“详细信息”中有“在线浏览”和“下载”两个选项。读者可以在一定时间内在线浏览任何一本书(包括已借完的)。如果要借书,点击“下载”即可。下载成功,即借书成功。上图每次借书最多 2 册,借期 7 天。

4. 网上预约、续借及归还电子书。读者在指定借阅期限之前看完电子书,可以登录系统，通过阿帕比阅读器的“文档管理器”中的还书功能，手动还书。在指定期限内未归还的电子书将自动被封锁，无法使用。电子书的续借也可在阅读器的文档管理器中实现。当然，当读者所要借的电子书已被借出，读者也可以“预约”电子书。预约有效天数可以修改，但不能超过 60 天。预约成功后，在有效天数里，系统将在有复本后发送电子邮件通知。读者在收到邮件通知之后的 2 天内，用户可以到“我的图书馆→我的借阅信息→预约书”中借阅下载。如果到期仍未借阅，此预约将不再保留。

5. 丰富多彩的阅读功能。方正阿帕比数字图书馆采用的是 CEB 格式，阿帕比阅读器可以阅读 PDF、HTML、TXT 或 XEB 格式的电子图书和文件。它在保留纸介图书阅读习惯的基础上，提供了一些阅读纸介图书无法享受到的便利功能，如字体缩放、查找、快照等。方正电子图书为全文电子化的图书，可输入任意知识点或全文中的任意单词进行全文检索。阿帕比数字资源平台还设有“我的图书馆”功能，允许用户收藏图书到我的书架，在线阅读时添加自己的读书笔记，发表对该书的评论，对图书进行评分操作（评分标准为力荐、推荐、还行、较差和很差），用标签功能对资源进行分类、收藏、整理，添加阅读标志及好书导读等。

6. 利用手持设备借阅电子书。利用手持阅读器也可在图书馆使用电子资源。国家图书馆新馆为读者提供了 80 部手持电子书阅读器，每部阅读器内预装 500 本电子图书。凡是持有国家图书馆读者卡的读者都可以在数字共享空间办理手持电子书阅读器的使用手续，并根据自己的阅读喜好，通过国家图书馆电子图书资源平台完成电子书资源下载。如果读者自带移动阅读终端，也可以通过国家图书馆网站实现授权电子图书的下载、更新和借阅，从而携带至任意地点、在任意时间进行阅读。利用手机也可以体验图书馆的借阅服务。如国家图书馆推出的“掌上国图”手机阅读服务，读者只要拥有智能手机并在手机中安装手机阅读服务终端，即可按照个人兴趣订阅报纸和下载图书。在阅读过程中还可以进行页面跳转、书签设定等操作。

6.8 图书馆怎样提高了我的信息素养?

潘 岳①

一学期《文献检索与利用》课程的学习,使我在文献检索方面受益匪浅。回想上学期,我在网上查找学术文献还只是通过百度、Google 等大众化搜索引擎。搜索结果自然难以令人满意:垃圾信息泛滥、无权下载全文、链接不可用等问题层出不穷,需要浪费很多时间在手工筛选结果上。因此我当时对电子学术文献的利用很少,大多数学术信息来自于图书馆的纸质书籍。访问校图书馆主页,也无非就是检索、预约馆藏图书,查询索书号和图书存放位置。至于数据库导航页面,对那复杂的检索条件和两排长长的列表的"恐惧",让我从来没有试着用过。那时图书馆主页的作用仅仅是一个帮助我顺利借到馆藏图书的工具。总的来说,在学习文献检索课之前,我的学术信息素养很差,难以高效地获取有用文献。

文献检索课为我展示了一种全新的信息检索方法。随着课程的进展,从前很神秘的各种缩写(诸如 SCI、SSCI、A&HCI、SFX、LexisNexis 等)纷纷被揭开面纱,那些复杂的检索条件不再让我不知所措,图书馆主页竟然隐藏着这么多资源。在这学期某些课程的期中论文写作时,我开始尝试用中国知网、超星、读秀、法宝、法意、LexisNexis、Westlaw、SSCI 等数据库。虽然由于英语水平的限制,有些用起来还不习惯,但是其中大部分数据库都提供了很好的搜索结果,这给我的论文写作提供了很大的帮助。几篇期中论文完成后,我无意中发现,最常访问的网页由"人人网"变成了"清华大学图书馆"。可见文献检索课对我的学习方法产生了很大改变。

在运用各种数据库检索资料的过程中,我总结了几种常用数据库的特点,逐渐形成了自己的检索方法。

中国知网是我最主要的文献来源。它提供了各种数据库供用户选择,在检索法学资料时,可以选择性地剔除一些自然科学方面的数据库,以排除不相关文献。它依据用户需求不同,提供了各种检索模式。我一般使用"高级检索"模

---

① 本文作者为清华大学法学院 2009 级本科生。文中提到的《文献检索与利用》课是清华大学图书馆面向全校本科生开设的旨在提高大学生信息素养的选修课。

式,因为它相比于"标准模式",提供了更多的可检索字段,而且更加简单明了。至于"专业检索",我只是在文献检索课的练习和作业中才使用,因为我现阶段所需要的学术资料还比较简单,而且法学专业的关键词比较清楚,很少存在一词多义的情况,用"高级检索"模式足以满足需求。就我现阶段的体验来讲,"专业检索"需要自己键入检索式,容易出错,还浪费时间,不如"高级检索"实用。当然,不排除随着研究的深入和文献检索经验的积累,"高级检索"表现出它优势的可能。在检索结果方面,中国知网收录的文献相比于其他中文数据库,是比较全面的。而且它提供 caj 或 pdf 格式的全文下载,资源的质量也有保证,很少出现空链接的情况。

我一般把读秀和超星组合使用,作为最主要的电子图书来源。读秀和超星都可以在图书全文中搜索关键词。

法宝和法意相比,我更多使用法宝。因为我目前阶段学习的法学专业均以法条为主,法宝中对于每条法条都有联想功能,可以连接到相关的司法解释、案例、学术文献,帮助理解法条。但遗憾的是,其收集的案例、文献数量远不足以令人满意。

由于 Westlaw 需要计算国际流量,我没有使用。所有英文的法律文献都是通过 LexisNexis 获取的。初用 LexisNexis 时,不太适应美国数据库的布局,往往找不到某个功能按钮。在复习了课件,并阅读了图书馆主页提供的 LexisNexis 的 PDF 版说明书后,逐渐熟悉用法。LexisNexis 的谢泼德引文清楚地提供了某个判例规则的演变过程、现状、效力,是研究普通法的有力工具。

由于网络数据库相比于图书馆,有获取方便、检索高效、随时随地均可访问的特点,它已经取代纸质图书,成为我最主要的学术资料来源。

网络除了改变我的学习方法以外,还改变了我的某些生活方式。

我与其他同学实时沟通最主要的方式是飞信,因为它可以直接发送短信而不必担心对方是否在线。此外,群发短信、互传文件都是很实用的功能。

我的邮件处理、日程安排、通讯录管理是通过 Microsoft Outlook 2007 实现的。在清华校内,访问 mails. tsinghua. edu. cn 的邮件服务器速度很快,远远超过访问 gmail、163、新浪等外网服务器。因此,我开通了清华邮箱,并把以前 gmail 邮箱设置为自动转发到清华邮箱,这样,就可以快速收发邮件。Outlook 2007 除了具有最基本的收发邮件功能外,还有联系人、日历、计划任务等功能,还可以通过蓝牙与手机同步以上各种信息。这样可以把手机中记录的联系人、日程信息导入到电脑中存储、处理,电脑处理后的又可以导到手机中,既发挥了手机携带方便、随时记录、随时查看的优点,又发挥了电脑功能强大、处理迅速的优点。一旦手机丢掉或坏掉,电脑里有所有的通讯录和日程备份,不会影响工作学习。

身为一名技青(指拥有技术知识的青年——编者注),P图(指处理图像)做海报是我的一大课余工作。P图软件不必说当然是Photoshop,这对所有技青都是一样的。但收集、管理素材,每个人的做法不尽相同。"昵图网"可谓是素材下载最著名的网站了,只不过在那里下载资源需要花钱。我这种不以设计为主业的技青,花钱下素材实在不值得。我最常用的素材网站是"素材中国",这个网站是完全免费的,而且资源数量、质量都有保证。它收集了许多高分辨率的分层PSD图片、矢量EPS和AI图片、大尺寸的JPG图片等,有详细的资源介绍和预览图片,支持站内基于Google搜索引擎的检索。美中不足的是下载速度不稳定。我用Google的Picasa作为图片素材管理软件。它可以把所有图片集成到一个界面中浏览(而且支持PSD预览),方便查找素材。有用的素材可以集中到新的相册中,统一管理。唯一的问题是刚开始用时不是很顺手,需要时间熟悉。

总的来说,通过学习文献检索课,我提高了自己的信息素养。这种素养包括通过网络数据库获取资源的技能、论文写作的规范意识、各种网络工具的运用等。这种信息素养,不仅表现在学术资源的检索上,更体现在日常生活和工作中。

附录 1

百科全书网站汇集

温　宝

互动百科:http://www.hudong.com/。互动百科是全球最大的中文百科网站之一,致力于为中文用户免费提供海量、全面、及时的百科信息,并通过全新的维基平台不断改善用户对信息的创作、获取和共享方式。互动百科发布了全球第一款免费开放源代码的中文维基建站系统 HDWiki,充分满足中国数百万家中小网站的建站需求,并在此基础上建立起一个活跃的维基社群,大力推动维基在中国的发展。截止到 2010 年 3 月,互动百科已经发展成由全球2 193 745位网民共同编写而成,共计4 450 513词条,49.0 亿文字的百科网站。

百度百科:http://baike.baidu.com/。百度百科始于 2006 年 4 月。是一部由全体网民共同撰写的百科全书。每个人都可以自由访问并参与撰写和编辑,分享及奉献自己所知的知识,从而共同编写成一部完整的百科全书,并使其不断更新完善,同时实现与搜索引擎的完美结合,从不同的层次上满足用户对信息的需求。百度百科与百度贴吧、百度知道三位一体的服务,共同构筑了一个完整的知识搜索体系,成为网页搜索的有益补充,可以更好地提升用户的搜索体验。

维基百科(Wikipedia):http://en.wikipedia.org/。网站词条间链接性很强,并支持多种语言。

中文维基百科:http://zh.wikipedia.org/。中文维基百科是维基百科协作计划的中文版本,繁简同站,大部分内容由世界各地的华人一起合作完成。

大不列颠百科全书网站(英文网站):http://www.britannica.com。大不列颠百科全书,又称大英百科全书,被认为是当今世界上最知名也是最权威的百科全书。英文印刷版装订为 32 卷,电子版本和在线版本也已推出。

哥伦比亚百科全书:http://www.bartleby.com/65/。各门学科都有涉及,内容比较全面。而且操作方便。但读者如果希望深入一个专题调查的话,可能会略感不足。

百科全书:http://www.encyclopedia.com/。资料丰富。

网络天书:http://www.cnic.org/。是一部内容开放、立场中立的在线天书(不仅仅是百科全书),使用维客(Wiki)技术构建,现在已有20 321个条目。

ITWiki:http://wiki.ccw.com.cn。ITWiki 是一个以 IT 行业为话题的大型知识库型的网站,这里可以凝聚大家的力量,是一个讨论的殿堂,不是个人说了算,是众多有识之士聚会的地方。

附录 2

外文在线书库汇集

温　宝

在线图书馆—The Online Books Page。该网站建立于 1993 年，由美国宾夕法尼亚大学主办，对所有用户免费开放。不仅有在线图书，还有新闻、博客等服务。网站几乎每天都会进行书目更新，目前它所拥有的在线免费图书已超过 2 万本，内容涉及众多领域，阅读格式也多种多样。并且提供很多非常有价值的在线书库和丰富多彩的内容内容的链接。

网上图书馆—Bartleby. com。Bartleby. com 亦建立于 1993 年，拥有巨大的数字藏书量，免费提供文学类、非小说、参考类文献，自诩为“Great Books Online”。其“哈佛经典丛书”就多达 100 卷，此外还收录了很多极有价值的百科全书和词典，比如哥伦比亚百科全书（第六版）、美国文化遗产词典、名人名言词典等。网站还为所有的词汇提供发音功能，是英语学习者不可不过得好网站。

私房知识网—selfknowledge. com。主要收录 460 名最优秀作家的画像、传记和照片，并提供 1258 种古典文学在线图书，但值得一提的是它配有百科辞典功能。每本书中的很多词汇都可链接到辞书中，读者可听到该词的正规发音以及释义，有些书还有真人阅读片断，实为外语学习的好帮手。

互联网档案馆—Internet Archive。Internet Archive 成立于 1996 年。定期收录以便永久保存全球网站可抓取信息，大网站比如 Google 会每天备份一次，每次收录入十个左右网页，一些小网站每年只收录几次。用户可以通过 Internet Archive 的“Take Me Back”对网站的发展与历史资料进行研究。其百万书库项目（Million Book Project）号称到 2005 年底要将百万册图书数字化，不过到目前为止该书库还只有 1 万多本书，其中的很多书都有 DjVu、PDF 版。

美国的形成—Making of America。Making of America（MOA）几乎收藏了全部美国从南北战争到重建时期社会、历史、文化的网上资源，当然其收藏内容远不止于此，其收录的欧洲各国的历史以及著名作家的经典著作也非常之多，比如英国湖畔派诗人的全集、休谟的《英国史》（6 卷本）、基佐的《法国文明史》（8 卷本）等等，而且所有图书皆为图形格式或 PDF 格式，并且都是扫描输入的，原汁原味。遗憾的是，出于版权保护的考虑，所收图书的作者差不多都是已故距今至少 70 年以上的。其中很多书都有极高的收藏价值，但是其 PDF 格式不能整本下载。

电子图书中心—The Electronic Text Center。The Electronic Text Center 是美国弗吉尼亚大学的电子图书中心，建立于 1992 年，主要收录人文和社会科学类图书。网站还提供地理信息系统，统计分析，查询和定制编程的分析方法。目前网站部分内容只限于该校师生访问，但是其对外的部分也有丰富的资源，值得一看。

波斯纳图书馆—Posner Library。Posner 的个人藏书网站，书籍的数量虽然不是很多，但每本差不多都是善本，甚至可能有孤本。比如其所收藏的莎士比亚戏剧集居然是第一个剧团演出本。吉本的《罗马帝国兴衰史》也是第一版的。所有图书皆为原书扫描输入，保留了这些善本书的全貌，非常值得藏书家收藏，但是缺陷是其图书不能整本下载。

经济思想史书库—Archive for the History of Economic Thought。McMaster 大学的经济思想史书库，主要针对学生的非商业性的教育网站，所收集的经济学家著作相当齐全，实为研究经济学的不可多得的好网站。除经济学有关的书籍外，也收集哲学、社会学等学科的书籍。比如亚里士多德、孟德斯鸠、伯克等人的著作。

自由基金书库—Liberty Fund。由自由基金会组织建立的在线书库，收录了社会政治、哲学、经济、历史等多领域的经典著作著作，很多著作还是扫描输入的 PDF 版，比如吉本的 12 卷本《罗马帝国兴衰史》就是原书复印的，而且可以全书下载。此外，像格拉斯哥版的《亚当·斯密全集》也是最好的版本。书库经常更新，值得收藏。

古登堡项目书库—Project Gutenberg。古登堡项目是目前全球最大的免费在线图书网站，有很多电子书。其中不乏精品之作，比如爱德蒙·伯克的 12 卷本全集、带有著名画家达利插图的但丁《神曲》等。其图书大多数都是 TXT 格式的，此外还有一些图书的音频资料。缺点是这个网站在国内有时会无法登录。但还是值得一试。

学者文库—UC Press E-Books Collection。加州大学的学者文库成立于 1982 年，历史悠久，但收录的很多书都是非常新的著作，制作也相当精良。其中关于中国社会、历史、经济、文化方面的书也不少。

法国蔷薇书库—Gallica。这是全球互联网上最齐全的法语图书资源库，也是希拉克总统希望挑战英语在互联网上统治地位的一个阵地。对法语爱好者来说，是不可多得的宝库，其中有《巴尔扎克全集》、《波德莱尔全集》等等，还有很多中世纪的法语书籍和图形资料，原版扫描，非常值得法语爱好者收藏。

帕修斯数字图书馆—Perseus。帕修斯数字图书馆是研究西方古典著作的最佳网站，几乎所有目前遗存的古希腊和古罗马经典都能在此找到，很多书都有希腊文、拉丁文原本以及英文译本，而且有希腊文和拉丁文词汇研究工具，原文著作中的几乎每一个词都可以点击查看其英文词意以及使用频率等。除此之外，该图书馆还有英国文艺复兴时期书库，有莎士比亚的全部戏剧。

小说网—Fictionbook。一个俄国的英文原版小说下载站，收录的图书比较齐全，而且经常更新，里面的书搜集的大多是长篇小说。缺点是网站页面的说明语言是俄语，有些可能显示为乱码，但总体来说还是值得去看看。

亚洲进行时—Asiaing。亚洲进行时是一个综合型的阅读网站，拥有电子书、电子杂志、音频、视频等多种数字资源。其大部分电子书是 PDF 格式的，质量很高、速度也很快。缺点是图书数量有限，一些书目前只提供部分章节预读，但是其他丰富的内容还是很有吸引力。

附录3

女性资讯网站汇集

温　宝

瑞丽女性网：http://www.rayli.com.cn/

瑞丽是中国女性阅读界的知名品牌，不仅它旗下的平面杂志《瑞丽》是引导女性获得时尚知识的先驱和典范，它所打造的瑞丽女性网亦在用户量、影响度方面堪称女性阅读领域遥遥领先的主力军。

太平洋时尚女性：http://www.pclady.com.cn

PClady通过建构美丽中心、生活中心、时尚中心，致力于提供关于女性生活的时尚信息，包括生活、容颜、品位、艺文、休闲、居家、健康等各个方面。

粉红家园：http://www.notome.com

粉红家园关注新女性的消费导向，融时尚资讯、潮流话题交流、女性产品交易于一个平台之内，集实用性、互动性、鉴赏性为一体，并致力成为影响和带动中国女性审美取向和着装潮流，而且是具有实用特色和竞争实力的女性门户网站。

爱丽女性网：http://www.27.cn

爱丽女性网由爱丽国际科技（北京）有限公司运营，是一个汇集当代女性时尚资讯，依托新浪、网易、雅虎、中华网等一大批强势网络媒体的资源优势，展现当代女性生活风貌、交流女性心声的网络平台。

伊秀女性网：http://www.yxlady.com

伊秀女性网是国内知名的女性门户网站，也是女性资讯与导购平台，拥有完备的资讯系统，拥有超过百万的女性时尚、生活、娱乐等资讯。

腾讯女性：http://lady.qq.com

腾讯网站旗下的女性频道，和30多个女性时尚网站有合作交流，拥有美容、整形、服饰、瘦身、秀发、情感、视线、图片站、视频、博客、周刊、专题、晒客、论坛、秀发首页、美丽发型、DIY晒客、美发宝典、潮流播报、明星榜样等数十个精彩栏目，为你提供既新鲜又全面的时尚资讯。

中国伊人网：http://www.uupo.com

中国伊人网针对当代女性群体的健康时尚，开设时尚资讯、流行服饰、美容美体、两性健康、情感人生、职场技巧、娱乐八卦等栏目，主要为女性提供前沿服饰、美容瘦身、休闲、娱乐、健康等生活资讯，以满足E时代女性“爱生活，秀美丽”的需要，是目前国内最专业的女性信息服务网站之一。

时尚服饰：http://www.800meinv.com

专业的介绍服饰搭配的网站，通过介绍诸位明星成功的装束，教授穿衣打扮的技巧。是为穿什么、怎么穿而苦恼的“美眉”们量身定做的专业网站。

情感屋：http://www.55pink.com

情感屋是一家致力于整合最好最齐全的情感、健康等爱情信息的网站。为女性提供与爱情相关的资讯。

维度女性网：http://www.vdolady.com

采用“网站+社区+商城”的电子商务新模式，是颇具影响力的时尚美容新传媒，也是顶级时尚品牌的网络营销新媒体。

女友时尚网：http://www.nvyou.com

这是一家致力于整合美容、美体、服饰、奢品、家居、情感、性爱、健康、旅行、新娘、测试、格调、职场、美食等女性时尚资讯的网站。

佳人网：http://www.jiaren.com

佳人网以提供高品质内容、分享女性精彩生活为目标，致力于提供关于女性生活的时尚信息，同时提供一个专属于女性生活的互动空间，是美丽女人展现自信风采的地方，也是展现不同女人生活型态的地方。

爱靓网：http://www.2liang.net

爱靓网以资讯为主，环绕“靓”字开展网站建设。主要进行护肤品、化妆品、服装、饰品、减肥产品、健身产品以及健身美体机构、整形美容机构的介绍评价。

产后女性网：http://www.26lady.com

产后女性网的理想是为中国每年三千万个新妈妈提供全方位的资讯和产品服务，为新妈妈提供全面的产后资讯信息和产后恢复学习的平台。

附录 4

烹饪网站汇集

郑珍宇

一、互动分享的烹饪网站

好豆网(http://www.hoto.cn):美食发现和分享社区平台。

好豆网是一个发现和分享美食的平台,一个美食爱好者聚集的社交网络,通过打造一个虚拟化的在线厨房,为那些正在发愁吃什么的人解决实际问题。无论你是为第二天便当搭配而发愁的小资白领,还是为一家人三餐费心费力的家庭主妇,或者是经验丰富的烹饪大师,还是刚入厨房、手忙脚乱的菜鸟新手……都可以在好豆网上展示自己,获取建议。同时,在这里你能方便快捷地找到自己喜欢的食物,更可以在小组里找到与你口味相似的朋友。

下厨房(http://www.xiachufang.com):美食食谱四库全书。

下厨房是一家以美食食谱为主题的互动百科全书,提供丰富多彩的个性美食菜谱系列。它是一家由受众的目标用户直接参与内容的创作,以美食爱好者分享美食、发现美食、交流美食为宗旨的美食菜谱网站。在下厨房,所有与菜谱相关的内容都向用户自由开放,任何人都可以创作、编辑和修正其中的菜谱信息。网站还为用户准备了专门的美食相册,供美食爱好者随时记录和分享个人的奇思妙想。

豆果网(http://www.douguo.com):丰富的菜谱大全。

提供各种美食、菜谱、食谱的做法,丰富的菜谱大全可以让你轻松学会怎么做美食。你还可以展现自己的高超厨艺,与千万会员一同分享美味的人生!网站还建立了很多QQ群,让网友一起讨论关于美食的话题,喜欢美食的网友有福了。

可口网(http://www.keko.com.cn):全球最大的中文食谱搜索平台。

拥有丰富的食谱及相关数据库资源,你想找的任何食谱及原料在可口网都能有所呈现!如果你为不知道吃什么或者因为正在瘦身减肥而需要相关食谱和营养师的指导而烦恼,“可口网”能帮您解决问题。每个被收录的食谱、原料,在可口网上都能按关键字进行查找。

菜婆婆美食菜谱网(http://www.caipopo.com):家常菜谱大全。

菜婆婆美食菜谱网提供各种美食、菜谱、食谱的做法,包括川菜、鲁菜、粤菜、湘菜、闽菜、浙菜、苏菜、徽菜、沪菜、国外菜谱、韩国料理、日本料理、西餐、法国菜、意大利、东南亚菜、烘焙食品等各种美食。

格致菜谱(http://www.gtogt.com):专业的菜谱网站。

这是一个专业的菜谱网站,里面所有的菜谱都是图文并茂的,完全可以跟着介绍学习如何做菜。网站可以切换城市。实际上这是个Web2.0网站,带有dig、点评、知道等网友互动元素,还可以加入圈子和有相同兴趣的网友一起交流。

二、知名的美食博客

胖星儿的相对美女私房菜(http://blog.sina.com.cn/wangxiaoxing)

胖星儿通过菜博分享生活化的私房菜烹饪方法及作为普通女子的幸福心经。她将烹饪美食与解说情感融汇于一体,通过美食解读人生和情感的话题,甚至推出自创的“男女关系菜”及一系列的育儿菜谱。

文怡♥厨房(http://blog.sina.com.cn/wenyi):美女厨娘的家常菜教学博客

北京大妞儿文怡的美食博客主攻各类家常菜的教学,肉菜、素菜、凉菜、主食、甜点、粥汤羹及各类简易套餐一应俱全,教学步骤详尽、易学,图文并茂,特别适合零基础学习者。

美食情书(http://blog.sina.com.cn/meishiqingshu):各式各样的休闲小食

博主主要介绍超级抢眼的休闲小食的烹饪方法,供单身、情侣及宝宝在休闲时享用。来自世界各地的休闲小食加上新颖的美食手绘小图,绝对能让人无限沉浸于秀色美餐之中。

梅子的写食日记(http://blog.sina.com.cn/plum):宝宝的美食天堂

作为妈妈的梅子在博客中记录了孩子的成长点滴,并分享了她为有孩子的家庭和妈妈打造的健康美食秘方。

80后男人的厨房(http://blog.sina.com.cn/ky1982):男人也要下厨房

80后男人下厨房的真实记录。博客按食材、做法及专题分类,全面详尽,独具匠心。

附录 5

常用中文学术全文数据库

常　薇

在数字出版的发展过程中，学术出版的电子化起步较早，目前也形成了诸多成熟的产品——学术资源数据库。本附录整理了常用的中文学术全文数据库，供参考。以下四点需要特别说明：

1. 以下数据库大都为商业数据库，通常需要付费订阅，才能看到全文，部分数据库开放了少量内容供互联网用户免费访问；大部分数据库支持面向个人用户的多种方式的支付订购。

2. 目前中文学术全文数据库种类、数目繁多，以下列出的仅为较为常用的数据库，并按文献类型或学科进行分类；但每个人的使用习惯、偏好不同，何种数据库为常用数据库见仁见智。

3. 因为电子数据库都是动态变化的，以下简要介绍中提及的品种、年代、文献总量等数据皆是 2010 年 7 月 13 日访问自各数据库页面。

4. 随着学术文献的电子化，读者的阅读习惯已经发生了变化。《清华大学图书馆读者利用图书馆行为方式的调查》显示：电子资源已经成为科学研究不可或缺的手段，在网络环境和数字资源时代，读者花更少的时间查找文献，花更多的时间阅读文献；检索文献更方便了，但查找文献的技术性要求更高了；查询和阅读文献的途径更多了，查到的文献更多了，读者阅读文献的数量增加了。

电子期刊

中国知网（期刊、学位论文、会议、报纸、年鉴、引文）

网址：www. cnki. net

简要介绍：中国知网收录了包括期刊、博硕士论文、会议论文、报纸、年鉴等学术资料；覆盖理工、社会科学、电子信息技术、农业、医学等学科范围，数据每日更新，支持跨库检索。其中，“中国期刊全文数据库”收录了国内 9100 多种综合期刊与专业特色期刊的全文，收录的年代范围是 1994 年至今（部分刊物回溯至创刊）。

中文科技期刊数据库(全文版)

网址:www. cqvip. com

简要介绍:“中文科技期刊数据库(全文版)”是重庆维普资讯有限公司开发研制的中文电子期刊数据库,收录我国自然科学、工程技术、农业科学、医药卫生、经济管理、教育科学和图书情报等学科8000余种期刊的2300余万篇文章的全文。该数据库中的期刊最早回溯至1955年。

万方数据资源系统(数字化期刊、科技信息、商务信息)

网址:www. wanfangdata. com. cn

简要介绍:万方数据资源系统内容涉及自然科学和社会科学各个专业领域,包括学术期刊、学位论文、会议论文、专利技术、中外标准、科技成果、政策法规、新方志、机构、科技专家等子库。其中“数字化期刊”子库收录自1998年以来国内出版的各类期刊6000余种,其中核心期刊2500余种,论文总数量达1000余万篇,每年约增加200万篇,每周更新两次。

电子图书(近现代)

超星电子图书、读秀学术搜索

网址:www. sslibrary. com

www. duxiu. com

简要介绍:超星百万电子图书和读秀学术搜索是超星公司的两个产品,前者侧重于提供电子图书内容,后者则侧重于书内内容的一站式检索。

超星电子图书数据库目前拥有中文电子图书100万种,涵盖各学科领域,不定期更换一批图书。读秀学术搜索是由中文图书资源组成的知识库系统,它以200多万种中文图书资源为基础,提供深入图书资源内容的全文检索、部分文献的全文试读。同时,它还与图书馆电子图书数据库、馆藏目录系统挂接,方便读者使用。

阅读超星电子图书数据库中的电子图书可以使用专用的阅读器,也可在IE等浏览器中直接阅读。

书生之家数字图书馆

网址:www. shusheng. cn

简要介绍:“书生之家数字图书馆”由北京书生数字技术有限公司于2000年创办,目前可提供10多万种图书的全文在线阅读,图书内容涉及各学科领域,较侧重教材教参与考试类、文学艺术类、经济金融与工商管理类图书。阅读“书生之家”电子图书全文之前需按照说明安装书生阅读器。

方正 Apabi 数字图书馆

网址:www. apabi. cn(公司网站)

简要介绍:方正 Apabi 数字图书馆是由北京大学方正公司开发的数字图书系统。截止到2010 年初,电子图书达 50 万种,其中,2006 年后出版的新书占到了 70%,涵盖了社科、人文、经管、文学、科技等分类。首次使用时须下载并安装方正 Apabi 阅读器。

百万册书数字图书馆(CADAL)

网址:www. cadal. cn

简要介绍:大学数字图书馆国际合作计划(China Academic Digital Associative Library,CADAL)前身为高等学校中英文图书数字化国际合作计划(China—America Digital Academic Library,CADAL)。CADAL 与"中国高等教育文献保障系统"(CALIS)一起,共同构成中国高等教育数字化图书馆的框架。项目一期建设了 102. 3 万册中英文数字资源,主要包括:155 910册中文古籍;236 594册民国书刊;298 869册中文现代图书;178 159篇中文学位论文;2786 册其他中文资源;151 107 册英文图书。目前,该项目二期正在建设中。用户浏览该平台的数字化图书资源,必须安装 DjVu 插件。

电子图书(古代)

文渊阁四库全书全文网络版(安装在局域网使用)

简要介绍:清朝乾隆年间编纂的《四库全书》,是中国古代最大的一部丛书,共收书 3461 种,总字数约 7 亿字。文渊阁四库全书电子版以《景印文渊阁四库全书》为底本,由上海人民出版社和迪志文化出版有限公司合作出版,分为"标题检索版"(简称"标题版")和"原文及全文检索版"(简称"全文版")两种版本。"全文版"具有全文检索功能,用户只需输入整段、片段甚至单个字词语,就可在极短的时间内,查找到所需资料。还可以随时在电脑上做笔记,同时可利用电子形式的《四库全书简明目录》、《四库大辞典》、《中华古汉语字典》查阅著者有关文献、了解古汉语字义。此外,还有古今纪年换算、干支/公元年换算、八卦、六十四卦换算等工具可以利用。用户在首次使用时需安装客户端软件。

四部丛刊全文网络版(安装在局域网使用)

简要介绍:《四部丛刊》是 20 世纪初由著名学者、出版家张元济先生汇集多种中国古籍经典纂辑的。学者们公认此书的最大特色是讲究版本。纂辑者专选宋、元、明旧刊(间及清本者,则必取其精刻)及精校名抄本,故版本价值之高远在《四库全书》之上。多年来,该书一直深受文史工作者推崇,所收书常被用作古籍整理的底本。该书共计收书 477 种、3134 册、232 478页、近九千余万字。

《四部丛刊》全文检索版使用当代数字化最新技术制作，保有纸张版本的全部内容，并使每个汉字数码化，从而实现字字可查、句句可检的快速全文检索，并且提供了摘要，笔记，纪元换算，以及简、繁、异体汉字相互关联查询的功能。用户在首次使用时需安装客户端软件。

二十五史全文阅读检索系统（安装在局域网使用）

简要介绍：二十五史包括《史记》、《汉书》、《后汉书》、《三国志》、《晋书》、《宋书》、《南齐书》、《梁书》、《陈书》、《魏书》、《北齐书》、《周书》、《隋书》、《南史》、《北史》、《旧唐书》、《新唐书》、《旧五代史》、《新五代史》、《宋史》、《辽史》、《金史》、《元史》、《明》、《清史稿》。“二十五史全文阅读检索系统”网络版由天津永川软件技术有限公司开发，具有全文阅读和全文检索功能。

法　律

北大法律信息网（北大法宝）

网址：www. chinalawinfo. com

简要介绍：北大法律信息网拥有中国法律检索系统、中国法律英文检索系统、中国司法案例检索系统、中国法学期刊检索系统等多个检索系统，内容全面涵盖法律法规规章、司法解释、司法案例、仲裁裁决、裁判文书、中外条约、合同范本、法律文书、法学教程、法学论文、法学期刊、参考数据及 WTO 法律文件等中国法律信息的各个方面。

中国法律资源全互动数据库（北大法意）

网址：www. lawyee. net

简要介绍：北大法意提供 17 个数据库检索服务：法院案例库、法律法规库、法学论著库、合同文本库、法律文书库、法律咨询库、法学辞典库、统计数据库、金融法库、WTO 法律库、政报文告库、审判参考库、立法资料库、行政执法库、法务流程库、司法考试库、法律人库。

音视频

KUKE 数字音乐图书馆

网址：www. kuke. com

简要介绍：KUKE 数字音乐图书馆是国内首家专注于非流行音乐发展的数字音乐图书馆，拥有 Naxos、Marco Polo、Countdown、AVC 等国际著名唱片公司的授权，同时整合了中国唱片总公司等国内唱片公司的资源。目前图书馆已经收藏了世界上 98% 的古典音乐，以及中国、美国、西班牙、日本、瑞士、南非、伊朗等多个国家独具特色的民族风情音乐，同时还包含爵士音乐、电影音乐、新世纪音乐等多种音乐类型；并且汇聚了从中世纪到现代 5000 多位艺术家、100多种乐器的音乐作品，总计约30万首曲目。图书馆除了海量的唱片外，还有丰富的文字资料介绍，配备了详细的唱片介绍，提供歌剧故事大纲、作曲家及演奏家生平介绍等，以满足不同乐器、不同层次的音乐学习者和欣赏者的需求。

知识视界

网址：www. yuanlaiedu. cn（公司网站）

简要介绍："知识视界"视频教育资源库收录了一万多部科教片，分为生命科学、环境保护、电子信息工程、历史、军事等18个专业类别。整体上"知识视界"又分为基础性、实用性和前沿性三个类别。基础性节目介绍了各种专业的科学原理和专业知识；实用性节目展示给学生实际操作场面和社会生活场景；前沿性节目则介绍了国内外在高科技领域和其他领域最新理论成果。这些科教片来自澳大利亚、美国、德国、法国、日本等不同国家，地道的外语发音，提供中外文双语字幕（字幕可进行显示或隐藏设置），带来原汁原味的英、德、法、日等多语种大量专业的词汇，是学习专业外语的最佳选择之一。

新东方多媒体学习库

网址：www. koolearn. com

简要介绍："新东方多媒体学习库"是由新东方在线推出的"一站式"学习平台，该平台由应用外语类、国内考试类、出国考试类、实用技能类四个大库，多门课程构成。

附录 6

主题索引

主题词按汉语拼音顺序排列，条目后的数字对应的是在本书中的页码。主题词由向剑勤作标引。

3G 技术　14,77,90,91,103,123,128,182,184
80 后男人的厨房　45
Adobe Digital Editions 数字文档管理软件　3
Coverleaf 电子杂志平台　54
daylife 网　137
DRM(数字权利保护)技术　188
ebay(易趣)　19
ECO-Index 数据库　169
ESPN 中文网(体育)　138
e 卡通远程服务　188
FeedDemon　92,93,94
Getty 图片网　137
Google 翻译功能　138
Google 使用技巧　146
iku 加速器　85
iPad　53,63,80,81,82,129,130
iPad 基本参数　83
iPad 介绍　80
IPOD　4
K68 网站　25
keepvid 在线下载网站　138
Kindle 阅读器　6,10,29,63,81,127
Kindle 阅读器介绍　77
MSN　4,8
onyx boox 60 电子书阅读器　158
Picasa 图片管理软件　137,192
RSS 订阅　13,25,93,96,97,101
RSS 介绍　92
RSS 阅读器　92,93
SNS 社区　3,96
UGC(用户原创内容)　117,168
Web 2.0 工具　66
Web 2.0 社区网络　36
YouTube 网　138
ZCOM 电子杂志平台　51
Zcom 杂志阅读器　10
ZINIO 电子杂志平台　53

A

奥林匹克百科全书　58
奥索乐儿动画　47

B

吧主　136
百度百科　50,58,136
百度贴吧　136
百科全书网站汇集　193
版权问题　17,18,72,188
办公无纸化　7
包月图书　114
保护你手机的寿命　159
报业集团　18
《比得兔的故事》　141
编辑团队　23
标签分类　24
博客　2,4,8,13,15,18,40,45,54,66,67,68,96,103,104,113,120,126,160,161,168
博客的 TraceBack 功能　160
博客订阅　25
博客来网络书店　27
博朗 EV960 听书机　156

博士论文网上阅读　171
博主　40,45,103,104,160
不列颠百科全书　8,57

C

藏阅一体化　164
常薇　201
常用数据库介绍　149,201
畅畅爸　139
畅畅爸推荐的儿童数字资源　142
超星电子图书　167,168,177
超星数字图书馆　18,98,100,168,191
陈晨　71,88
陈昱嘉　136
出版集团　82
传统出版业　78
传统印刷型文献　10,20
传统阅读的优势　11
创意网　25
纯数字阅读人群　5,13,14
《聪明豆绘本系列:咕噜牛》　141
丛挺　32,51,80,106,128
促销打折法　28
存储空间　8,27,49

D

当当网　7,28,29,69
第六次全国国民阅读调查　4,13,14,88
第三方平台　26
第四次国民阅读调查　13
第五次全国国民阅读调查　4
点点书库　49
点读机　75
点卡　7,55,113
点字电子书　72
电驴网站　142
电脑阅读　21,121
电信运营商　89,90,103,104,105
电子报纸　169
电子读物　16,21,77,127
电子屏幕　2
电子书　7,11,20,21,49,62,77,167
电子书的创建与发布　61
电子书格式　63,71,98,99
电子书价格　82
电子书借阅　189
电子书提供商　167
电子邮件　8,11,189
电子阅读　2,10,11,14,71,83,89,90,107,123,127,158,187
电子阅读器　29,71,76,77,99,157
电子阅读器的选择标准　122
电子杂志　2,51,52,53,54,55,56
电子杂志平台　51
电子杂志阅读指南　54
电子资源个性定制服务　181
电子资源检索讲座　183
东莞图书馆　48,90,147,177,179,182,184,185
动画片　142
豆瓣猜　37,38,39
豆瓣导航　37
豆瓣电台　37
豆瓣九点　68
豆瓣社区　38
豆瓣网　3,24,36,126
豆瓣网介绍　36
读览天下(电子杂志平台)　117
读书频道　17
读秀学术搜索　190,191
读者为王的时代　23
多媒体传输技术　8

E

儿歌下载地址　139
儿童教育论坛　142
儿童数字阅读指导　74,139
儿童喜欢的英语学习网站　30,162

F

法宝(北大法律信息网)　190,191
法兰克福书展　9,32,113

法律咨询在线　57
法意(中国法律资源全互动数据库)　191
方正 Apabi 数字资源平台　100
方正阿帕比数字图书馆　189
方正阿帕比阅读器　151
方正电子图书　151,167,168,177,182,189
方正电子图书使用方法　151
付费阅读　17,18,19,113,116
复旦大学图书馆　183
复合型图书馆　165
富平　131

G

高级检索功能　149
高清 PT 站点　144
高校图书馆　178,179,183
高校图书馆的电子资源　178
哥伦比亚百科全书　57
个性化报纸定制平台　69
个性化定制工具　69
“个性化图书馆”服务　34
个性化推荐　69
个性化阅读　24
更新用户通知　25
公共图书馆　90,133,168,169,177,179,183,187
公共图书馆的电子资源　177
公共主页　136
购买方式　28
古登堡,翰内斯　61
古登堡计划　29,60,61,62,63,71
古登堡计划的联盟站点　62
古登堡计划的志愿者行动　64
古登堡计划介绍　60
古登堡计划使用技巧　63
谷歌创始人　32
谷歌图书的来源　33
谷歌图书的使用技巧　34
谷歌图书馆　33
谷歌图书扫描计划　32
谷歌图书搜索　32,180
谷歌图书搜索合作商　33
谷歌文档　67
谷歌学术搜索　180
谷歌阅读器　69
谷歌杂志搜索　33
馆外访问　181
管理数字阅读的工具　66
广州图书馆　72
国际版权交易中心　115
国家版权局版权司　91
国家数字图书馆的建设　133
国家图书馆　50,90,117,131,133,179,182,187,188,189
国家图书馆藏图片数字资源库　173
国家图书馆的数字资源　171
国家图书馆少儿数字图书馆　50
国家图书馆自建特色资源库　171
国民图书阅读率　13
国内外流行的 RSS 阅读器　93
国内知名电子杂志　56
国内主要视频网站对比表　86
国外数字阅读的现状　127
国外知名电子杂志　56

H

哈特,迈克尔　61
韩寒的博客　40
汉王 N518 电纸书　157
汉王电纸书　76
翰林 V5 电子书阅读器　156
郝明义　8
《横刀立马》　25
《红楼梦》电子版　60
《华尔街日报》网络版　18
幻剑书盟　17
货到付款　28
获取图书馆电子资源的途径　180

J

甲骨电子版　173

将“悬赏”模式引入网站　25
《金融时报》网上付费阅读　18
晋江文学城　3,112,114
经典语录　40
静雅思听　106,110
镜像站点　169

K

空中网　89
库客音乐网　182
酷6网　85
快餐式数字阅读　21
快递公司　28

L

兰开斯特,F. W.　7
兰开斯特预言　9
离线阅读　16,127
李晓琪　118
连环画电子版　176
连载小说　17
联合国教科文组织　15
梁春芳　128
梁增剑　10,17,20
刘震云　12
六间房网站　86
龙源期刊网　52,56,126,149,168
龙源期刊网使用方法　152
卢振波　36,60,74
旅游杂志《Everywhere》　23

M

买书积分活动　28
麦志杰　4,7
漫画史展览(数字版)　176
盲人移动数字阅读服务　72
梅子的写食日记　45
美国8020公司　23
美国国会图书馆　14
美国记忆(American Memory)项目　14
美国烹饪第一书　44
美国书目检索服务社　57
美国学术百科全书　57
美食情书(博客)　45
梦想三峡社区　143
米提网　69
免费的电子书资源网站　100
免费阅读　17,18,19,134
民国文献资源库　172
名人博客　40,96
名人博客的经典语录　40

N

内容定制　14
内容服务模式　116
男性阅读烹饪书　45
农村用户可以使用的数字资源　131
女性资讯网站汇集　197

P

潘岳　190
胖星儿的相对美女私房菜　45
烹饪博客　45
烹饪书　44,45
烹饪书的历史　44
烹饪网站　46
烹饪网站汇集　199
苹果电子书店 iBook Store　82
苹果公司　29,77,80

Q

起点中文网　3,17,112,114
《千家诗》朗诵版视频　175
浅阅读　15
乔布斯　77
清华大学　136,190
清华大学图书馆　190
屈辰晨　115
全版权运营　112,113
全国文化信息资源共享工程　14,131
全天候服务　28

R

热卖新书　28
人民数据库　170
人人网　136,190
任务中国网站　25
日本手机阅读　127
榕树下　112,122,126
如何查找电子书　98
如何从各类图书馆中查找并获取电子资源　177
《瑞丽》　25,51

S

三齐儿童网　143
商业交易无纸化　7
《商业周刊》　7,53
上海图书馆　71,90,100,117,179,182,184,188
少儿电子图书　175
少儿数字图书馆　175
社会化书签　67,68
社会热点新闻　19
深阅读　16,119,125
深圳图书馆　179,184,185,188
盛大书童　114
盛大文学网　12,89,112
盛大文学网的付费阅读模式　113
盛大文学网的手机阅读计费方式　114
盛大文学网的书评　114
盛大文学网介绍　112
施志唐　47,149
《时代》周刊　24
实体出版　17,112
食谱百科网站　46
世界数字图书馆　15
视频处理软件　138
视频的获取和处理　138
视频网站介绍　84
视障读者免费邮寄送书上门　72
视障人士可使用的电子图书　71
手持式电子图书阅读器外借服务　182
手持阅读设备　4,88,189
手机版“谷歌图书搜索”　34
手机报　2,18,21,90,102,103,106,118
手机报用户　18
手机订阅　24,102,103,104,105,116
手机订阅的 5 种资源和方法　102
手机订阅天气预报　104
手机订阅新闻资讯　104
手机图书馆　90,184,185,186
手机网民　10,13,90
手机小说家　89
手机新文学大赛　89
手机阅读　4,13,14,16,20,21,24,88,89,90,91,103,112,114,118,119,121,122,123,125,126,127,134,159,189
手机阅读发展前景　90
手机阅读率　13
手机阅读内容提供商　89
手机阅读平台　90
手机阅读群体　13
手机阅读市场　90
手机阅读资源　114
书报刊等媒体的无纸化　7
书仓网　117
书痴症　2
书籍下载排行榜　63
书生之家数字图书馆　167,168,177
《书业报道》　9
数据库　149,176
数字产品　128
数字出版　8,16,17,20,22,23,25,112,113,115,117,118,119,120,125,126,128,129,130
数字出版论坛　99
数字出版商　23,24
数字出版在线　115,116,117,118,120
数字方志　173
数字化购书　27

数字化扫描　32
数字化阅读　13,14,15,16,130,134
数字媒体　3,71
数字设备　8,14,125
数字图书馆　5,184
数字无障碍信息系统　72
数字信息资源的组织和检索方式　8
数字阅读达人　66,118,119
数字阅读达人访谈　111
数字阅读的不足　11
数字阅读的定义　2,116,119
数字阅读的未来　117,120,130
数字阅读的优势　10,20,116,119
数字阅读方式　13
数字阅读工具　10
数字阅读技能　145
数字阅读能力和素质　129
数字阅读平台　80
数字阅读全民普及的条件　126
数字阅读设备如何选购　156
数字阅读使阅读立体化　142
数字阅读是否等同于浅阅读　16
数字阅读体验　19,81,125,182
数字阅读网站　24
数字阅读习惯　116,119
数字阅读与传统阅读各有千秋　10
数字阅读与图书馆　116
数字阅读与纸质阅读是否冲突　140
数字阅读终端　74,119
数字阅读资讯　117,120
数字资源建设　131,133
数字资源下载的门槛　139
双向互动和开放式信息交流　8
斯坦福大学　32
宋舟　112
送货上门　28
搜狐网　17,70,99,105
搜索引擎　8,21,28,58,98,99,100,116,117,118,134,139,146,154,179,183
苏岑博客　41
素材中国网　192

T

淘宝网　7
腾讯网　17,19,55,122
天方听书网　106,108
天天听书网　110
跳跃式阅读　8
听书的好处　107,108
听书的由来　106
听书阁　106
听书也是一种阅读　106
听书资源　106,108,110
图片的获取　137
图片交流社区　23
图片杂志《JPG》　23
图书馆常见数字资源及其提供商　167
图书馆电子书资源　100
图书馆对馆藏电子资源的宣传　181
图书馆灭亡论　165
图书馆数字资源建设　135
图书馆学家　7
图书馆研究馆员　131
图书馆应该如何推进数字阅读　117
图书馆与数字阅读　164,165
土豆网　84,85,86
推荐订阅　96,97

W

外文在线书库汇集　194
王晶　112
王朔　18
王晓光　125
网景公司(Netscape)　92
网络百科全书　57,58,59,153
网络百科全书的特点　58
网络出版权　18
网络广告　17,19
网络平台　23,58,103
网络社区　46

网络文学 13,110
网络新闻 13
网络信息个性化定制 69
网络语言 22
网络原创社区 24
网络原创文学 112,119
网络阅读 4,5,8,11,12,13,14,68,69,76,112,128
网络杂志 13
网络哲学百科全书 57
网上购书 27
网上购书的便利性 29
网上购物 36
网上购物公司 7
网上书店 28,29
网上书店查找图书的方式 28
网上书店个性化服务项目 28
网上银行付款 28
威客模式 25
威客网站 25
威客中国网站 25
微博 8,66,67,120
微支付系统 18,113
维基百科 71,153,154,155
维基百科使用技巧 153
维基技术 66
维普数据库 18,149,168
魏蔚 2
温宝 23,40,57,102,112,193,194,197
文本内容 17
文化的生产者 85
文化的消费者 85
《文献检索与利用》课 190
文献数据库 18
文学网站 17,112,113,114,119,121
文怡♥厨房 45
“我的豆瓣” 37,38
无觅网 70
无线通讯 88
无纸办公室 7
无纸化社会 7
武汉大学图书馆 183
物流系统 28

X

西班牙国家足球队(贴吧) 136
下厨房(博客) 45
下载电子书 77,99,121
鲜果订阅 117
向剑勤 164,167,177,181,184
小书房公益儿童文学网 50,139,144
小说网站 4
新浪短信息中心 105
新浪网 17,70,93,103,105,120,147,161
新闻的获取 138
新邮件提示服务 25
信息查询系统 28
信息存储 8,88
信息检索 28,88
信息素养 137,190
信息推送服务 90
信息载体 8
信息资源的共享 8
袖珍口袋书 5
虚拟货币 7
虚拟空间 27
徐静蕾博客 41
徐文兵博客 42
学科馆员 178
学术文献检索 169,190

Y

丫丫网 143
亚马逊网上书店 6,7,27,28,71,77,78,81,89
阳光宝贝儿童教育社区 143
杨累 13,15
姚晨微博 43
叶少青 77,146,153,156,159,160
一站式检索 179,181

伊利诺伊大学 61
移动数字图书馆服务 90
移动终端设备 13
易贴 67
音视频数字资源 172
英国皇家盲人协会图书馆 73
盈利方式 26
用户创造内容 23,24
用户买单 18
用户销售内容的模式 25
用户自主选择 90
优酷网 84,86,138
邮件订阅 24
余华 12
预览方式 33
原创小说 17,114
原文传递 181
远程借阅 187
悦读网 51,54,55,56
阅读的趣味性 21
阅读方式 4,10,12,13,14,15,16,19,22,49,54,74,76,81,83,88,92,106,107,119,122,127,129,149,159,165,188
阅读习惯 4,13,14,81,93,119,122,123,126,133,189
阅读需要图书馆 165
阅读载体 5,13
阅读自己订阅的内容 96
云中图书馆 113

Z

在线国图讲座 172
在线借阅 187
在线借阅流程 188
在线文档 66,67
在线阅读 16,18,19,66,92,103,119,122,123,169,188,189
在线展览 173
怎样获取图书馆的数字阅读服务 181
怎样利用数字资源为你的亲子阅读添上翅膀 141
怎样通过图书馆查找电子资源 179
怎样找到这些儿童数字资源 139
折扣图书 28
郑渊洁博客 42
郑珍宇 44,66,98,121,125,187,199
支付宝 7
支付方式 55
知识财富 14
知识产权保护 167
知识与情报服务 18
纸质书籍 4,9,49,123
纸质阅读 2,20,56,83,116,117,123,165
智能化的图书分类管理 88
智能手机 14,34,80,83,88,90,189
中国出版集团数字传媒有限公司 118
中国出版科学研究所 4,13,88
中国电信 89,102
中国儿童资源网 49,75
中国妇女报——彩信版 18
《中国国家地理》 25
《中国国家地理》手机杂志 103
中国联通 89
中国盲人数字图书馆 176
中国期刊网 168,169
中国学网站 173
中国移动通信集团公司 18,89,103,104
中国知网 18,123,190
中华连环画数字阅览室 47
中山大学图书馆 183
中小学生适读的数字资源 47
《朱莉和茱莉亚》 45
猪八戒网站 25
主页管理员 137
卓越网 28,29,69
自媒体 120
邹莉 27,84,92,115,118
最热门 DIY 杂志 52

——怎样帮助孩子爱上阅读？这本最全面的亲子阅读指南给你答案。

——中国图书馆学会阅读推广委员会整合行业力量，团结社会力量，奉献给中国家长的礼物。

亲子阅读

邱冠华主编

国家图书馆出版社 2010 年 4 月出版

内容提要

这是一本送给 0–12 岁孩子父母的亲子阅读指南，主要内容有：亲子阅读常见问题、好书推荐、亲子阅读技巧、亲子阅读案例等。书中，不仅有阅读指导专业人士为父母支招，而且有众多著名的亲子阅读实践者现身说法。阿甲、两小千金妈妈、作家保冬妮等海内外 20 来位大书虫爸妈讲述了自己的亲子阅读经验。书末附《亲子阅读推荐书目》（荐书 100 种），是家长买好书的指南。

精彩篇目

理想的亲子阅读是怎么样的？

怎样为孩子选择合适的童书？

推广英文亲子阅读的 10 本好书

怎样读书给孩子听？

孩子爱看电视、玩游戏，不爱看书，怎么办？

原创图画书《一园青菜成了精》亲子阅读笔记

阿甲的亲子阅读实践

快乐的亲子阅读——访儿童文学作家保冬妮

识字以后更要亲密共读（陈安仪）